21世纪汽车专业"互联网+"创新型规划精品教材

汽车保险与理赔

唐介军　沈法鹏　张小波　主编

天津出版传媒集团

天津科学技术出版社

内容提要

本书主要内容包括：汽车投保方案设计，汽车保险承保，汽车保险事故现场查勘，汽车保险事故定损，汽车保险事故核损、赔付。

本书可作为职业院校汽车专业教材，也可作为相关人员参考用书。

图书在版编目（CIP）数据

汽车保险与理赔／唐介军，沈法鹏，张小波主编．—天津：天津科学技术出版社，2022.4（2024.6重印）

ISBN 978-7-5576-9892-8

Ⅰ.①汽⋯ Ⅱ.①唐⋯ ②沈⋯ ③张⋯ Ⅲ.①汽车保险—理赔—中国—高等职业教育—教材 Ⅳ.①F842.634

中国版本图书馆CIP数据核字（2022）第033479号

汽车保险与理赔

QICHE BAOXIAN YU LIPEI

责任编辑：韩 瑞

责任印制：赵宇伦

出　　版：	天津出版传媒集团 天津科学技术出版社
地　　址：	天津市西康路35号
邮　　编：	300051
电　　话：	（022）23332390
网　　址：	www.tjkjcbs.com.cn
发　　行：	新华书店经销
印　　刷：	昌昊伟业（天津）文化传媒有限公司

开本 889×1194　1/16　印张 12　字数 346 000
2024年6月第1版第2次印刷
定价：48.00元

PREFACE 前 言

随着我国经济的快速发展，人们对汽车的消费需求越来越大。随之而来的是交通事故频发，造成巨大的财产损失和人员伤亡。经过多年的改革和发展，我国汽车保险政策不断完善，2020年9月19日开始正式实施汽车保险新政。在这样的背景下，提升整个社会对保险新政的了解刻不容缓。用人单位对汽车专业类学校的学生也提出了新的要求：既要掌握保险新政政策，又要熟知保险理论知识，更要能独立处理保险相关事宜。

我们按照职业教育的特点和培养方案，本着"适用、管用、够用"的原则，结合保险新政的相关要求，编写出这本《汽车保险与理赔》教材。

本书采用任务驱动、情境教学的模式进行编写。每个学习情境由若干学习任务构成。同时在每个学习情境中又分为学习目标、任务导入、知识准备和任务实施四大部分。每个任务实施工单上有质量检查和评估反馈，以便教师及时掌握学生的学习成效和信息反馈。

本书具有以下几方面特点。

①紧密联系汽车产业、汽车营销服务行业。

②有效实现中、高职教育的衔接。

③"任务引领"模式有助于实现"知行合一"。

④"理实一体"的编写理念，注重职业岗位核心能力的培养。

⑤紧跟国家、行业新政新规。

⑥借助于企业内训资料丰富教材内容。

本书在编写过程中，除参阅书后参考文献的资料外，还查阅了许多国内外汽车相关资料，在此一并感谢！

由于编者水平有限，疏漏之处在所难免，恳请读者不吝指正！

编　者

编委会

主　审　丁国存

主　编　唐介军　沈法鹏　张小波

副主编　唐兴杰　刁慧平　陈　伟
　　　　　舒　畅　国树文　张曼雯
　　　　　赵　明

编　者　吴生华　王　扬　潘晶婷
　　　　　顾　玥　李世磊　刘马利
　　　　　沈　娟　袁　望　杨臣尉
　　　　　卢　林

CONTENTS 目录

学习情境一　汽车投保方案设计 …………… 1

任务导入
学习任务一　汽车保险产品的认知 ………… 1
学习任务二　家庭用车投保方案选配 ……… 1
学习任务三　营运用车投保方案选配 ……… 1

知识准备
知识准备一　风险与保险 ………………… 2
知识准备二　汽车保险专业术语 ………… 8
知识准备三　汽车保险产品 ……………… 10
知识准备四　投保方案选配 ……………… 18

任务实施
学习任务一　汽车保险产品的认知 ……… 20
学习任务二　家庭用车投保方案选配 …… 22
学习任务三　营运用车投保方案选配 …… 24

学习情境二　汽车保险承保 …………… 27

任务导入
学习任务一　汽车保费核算 ……………… 27
学习任务二　汽车保单制作 ……………… 27
学习任务三　汽车保险业务办理 ………… 27

知识准备
知识准备一　最大诚信原则 ……………… 28
知识准备二　保险利益原则 ……………… 29
知识准备三　汽车保费核算 ……………… 30
知识准备四　汽车保险合同 ……………… 37
知识准备五　汽车保险投保流程 ………… 43
知识准备六　汽车保险核保 ……………… 44
知识准备七　汽车保单签发 ……………… 50
知识准备八　汽车保单批改 ……………… 54
知识准备九　汽车续保 …………………… 55
知识准备十　汽车退保 …………………… 56

任务实施
学习任务一　汽车保费核算 ……………… 58
学习任务二　汽车保单制作 ……………… 60
学习任务三　汽车保险业务办理 ………… 61

学习情境三　汽车保险事故现场查勘 …… 64

任务导入
学习任务一　汽车事故现场勘验、拍照和
　　　　　　数据收集 ……………………… 64
学习任务二　道路交通事故现场图绘制 … 64
学习任务三　典型保险欺诈案例识别 …… 65

知识准备
知识准备一　事故现场分类 ……………… 65
知识准备二　事故现场查勘准备 ………… 66
知识准备三　现场勘验主要内容 ………… 67
知识准备四　事故现场查勘方法 ………… 69
知识准备五　近因原则 …………………… 69
知识准备六　事故现场查勘 ……………… 70
知识准备七　汽车保险欺诈形成原因及影响
　　　　　　 ………………………………… 83
知识准备八　汽车保险欺诈常见的表现形式
　　　　　　 ………………………………… 86
知识准备九　汽车保险欺诈的防范和调查
　　　　　　 ………………………………… 89

任务实施
学习任务一　汽车事故现场勘验、拍照和
　　　　　　证据搜集 ……………………… 94
学习任务二　道路交通事故现场图绘制 … 96
学习任务三　典型保险欺诈案例识别 …… 98

学习情境四　汽车保险事故定损 ………… 100

任务导入
学习任务一　汽车保险一般事故定损 …… 100

· 1 ·

学习任务二　汽车保险重大事故定损……100
学习任务三　汽车保险火灾事故定损……100
学习任务四　汽车保险水灾事故定损……101

知识准备

知识准备一　车辆损失确定…………101
知识准备二　人员伤亡费用确定……104
知识准备三　其他财产损失确定……107
知识准备四　施救费用和残值确定……108
知识准备五　汽车保险火灾事故处理流程
　　　　　　………………………………111
知识准备六　汽车水灾定损…………114

任务实施

学习任务一　汽车保险一般事故定损……121
学习任务二　汽车保险重大事故定损……123
学习任务三　汽车保险火灾事故定损……125
学习任务四　汽车保险水灾事故定损……127

学习情境五　汽车保险事故核损、赔付……130

任务导入

学习任务一　汽车赔款理算………………130
学习任务二　赔款计算书缮制……………130
学习任务三　汽车保险事故核赔…………131
学习任务四　汽车保险事故赔付结案……131

知识准备

知识准备一　损失补偿原则………………131

知识准备二　汽车保险索赔………………132
知识准备三　汽车保险理赔………………135
知识准备四　汽车交强险赔款理算………138
知识准备五　汽车商业险赔款理算………141
知识准备六　赔款计算书…………………146
知识准备七　汽车保险核赔………………147
知识准备八　赔付结案……………………149
知识准备九　特殊案件处理………………150

任务实施

学习任务一　汽车赔款理算………………151
学习任务二　汽车计算书的缮制…………153
学习任务三　汽车保险事故核赔…………156
学习任务四　汽车保险事故赔付结案……158

附　录

附录一　机动车交通事故责任强制保险条款
　　　　………………………………………160
附录二　中国保险行业协会机动车商业保险
　　　　示范条款（2020版）……………163
附录三　中国保险行业协会机动车单程提车
　　　　保险示范条款（2020版）………176
附录四　机动车交通事故责任强制保险
　　　　新费率浮动系数方案………………184

参考文献………………………………186

学习情境一　汽车投保方案设计

导学视频

　　汽车投保方案的选配是汽车所有人或管理人基于自身风险保障的需要，利用已经掌握的保险知识及相关信息资料进行对比和综合分析，选择合适的保险公司、投保险种和投保方式的行为过程。汽车保险的选择权是法律赋予投保人的一项重要权利。什么是汽车保险，它有什么特征和功能？我们又该如何选配合适的投保方案？

①了解风险和保险的含义、要素与分类。
②熟悉汽车保险的专业术语。
③掌握汽车保险产品。
④能根据客户实际情况进行潜在风险分析。
⑤会选配合适的投保方案。

学习任务一　汽车保险产品的认知

　　2019年南京的王女士为其爱车换了一家保险公司投保，与原保险公司相比便宜了200多元，还送了赠品。某天，王女士停车时忘记拉手刹，结果车辆滑坡，与后面汽车相撞。保险公司查勘人员表示：在无人驾驶状态下，车辆滑坡造成的车辆损失和第三者损失，保险公司不予理赔。王女士说她以前在某公司投保时，也发生过类似事故，当时保险公司就给其理赔了。面对王女士的质疑，你若是保险公司理赔人员该如何解释？

学习任务二　家庭用车投保方案选配

　　张先生的爱妻刚拿到驾照，他准备在其爱妻生日时送一辆小鹏P7电动轿车给她上下班代步用，请你帮张先生设计一个合适的投保方案。

学习任务三　营运用车投保方案选配

　　蔡先生和好友刘某贷款合买了一辆吉利帝豪新能源车开滴滴快车，一人开白天，一人开夜间。在中国人民保险公司投保三年，今年蔡先生想请你帮他们优化投保方案。

知识准备一　风险与保险

一、风险

1. 风险的含义

风险一般是指某种事件发生的不确定性，即风险产生的结果可能带来获利、损失或者是无损失也无获利。

2. 风险要素

风险是由风险因素、风险事故和风险损失三个要素构成。

（1）风险因素

① 实质性风险因素。也称有形风险因素，是指某一标的本身所具有的足以引起风险事故发生或增加损失机会或加重损失程度的因素。比如我们汽车刹车系统和轮胎的可靠性就属于实质风险因素。由实质风险因素所引起的损失，多数属于保险责任，是保险公司保障的范围。

② 道德风险因素。是指由于人们不诚实、不正直或有不轨企图，故意促使风险事故发生，造成的财产损失和人身伤亡的因素。如投保人或被保险人的欺诈、纵火行为等都属于道德风险因素。投保人或被保险人的道德风险因素所引起的经济损失，不属于保险责任，不是保险公司保障的范围。

③ 心理风险因素。心理风险因素是指由于人们疏忽或过失以及主观上不注意、不关心、心存侥幸等，以致增加风险事故发生的机会和加大损失的严重性的因素。心理风险因素是与人的心理状态有着密切关系的无形的风险因素。比如停车忘记锁门、酒后驾车都属于心理风险因素。心理风险因素引起的损失，多数不属保险责任，不是保险公司保障的范围。

道德风险因素和心理风险因素都与人密切相关，也可合称为人为风险因素，同时这两种风险因素与人的心理活动和道德品质有关，没有具体形状，所以它们又可称为无形风险因素。

（2）风险事故

风险事故又称为风险原因，是指造成财产损失或人身伤亡的直接原因。比如碰撞、着火、爆炸和翻车等都是引起财产损失和人身伤亡的原因。

（3）风险损失

风险损失是指风险事故引起的损失，也是指非故意、非计划和非预期的经济价值的减少。比如轮胎的磨损、橡胶零件的老化，尽管让我们汽车的经济价值减少，却不是由于偶然的风险事故引起的。车祸发生后汽车被损坏，车主心情不愉快也是一种损失，但"心情不愉快"是无法用经济价值来衡量的，因此也不能认为其是风险损失。

风险损失包括直接损失和间接损失，前者指风险事故直接造成的有形损失，即物质损失；后者是由直接损失进一步引起或带来的无形损失，包括额外费用损失、收入损失和责任损失等。

如图1-1所示，风险因素、风险事故和风险损失三者直接存在因果关系，即风险因素引发风险事故，风险事故导致风险损失。

图1-1　风险因素、风险事故和风险损失三者关系

3. 风险特征

（1）客观性

风险是客观存在的，它不以人的意志而转移。随着科学技术的进步和管理模式的改进，认识、管控风险能力的增强，可以减少风险发生的频率和损失的程度，但风险不可能完全排除。风险的存在依然是客观的、必然的。

（2）普遍性

风险无处不在，且风险造成的损失也或大或小，大到国家，小到个人都面临着各种各样的风险，风险渗透到社会生活的每个角落，所以风险是普遍存在的。

（3）不确定性

我们交通的风险不确定性主要表现在以下几个方面。

① 空间上的不确定性。汽车在行驶时，由于驾驶员、路况、汽车性能等因素，都面临着发生交通事故的风险，并且必然有交通事故发生，但具体到某一辆机动车，是否发生交通事故是不确定的。

② 时间上的不确定性。事故的发生只在瞬息之间，具体时间无法确定。

③ 事故发生的原因和损失程度具有不确定性。

（4）损失性

损失是风险发生的后果，凡是风险发生都会造成利益损害，经济上的损失我们可以用货币来衡量。保险不是保证风险不发生，而是保证消除风险发生造成的利益损害，即对损失进行经济补偿。

（5）规律性

风险的发生是随机的、不确定的、也是不可预知的。但总体而言，根据数理统计原理，对一定时期内特定风险发生的频率和损失率，是可以正确测定的，即把不确定性转化为确定性。

（6）发展性

我们在创造、更新和发展物质资料的同时，也创造和发展了风险。尤其是随着高新技术的开发和应用，使风险的发展尤为突出，比如汽车普及带来了空气的污染、交通的拥堵等。风险的发展也为保险业的发展创造了更为广阔的发展空间。

4. 风险的分类

按不同的分类标准可将风险分为不同的类别，具体如下。

（1）按风险的性质分类

风险按性质不同可分为纯粹风险和投机风险，如图1-2所示。

两者的区别如下。

① 纯粹风险有规律性，可以用概率论的方法加以统计分析；而投机风险则无规律可循。

② 纯粹风险造成的损失是社会财富或人身的净损失；而投机风险的发生并没有改变社会财富的总量，只是将社会财富在一定范围内或某种程度上进行了重新分配。

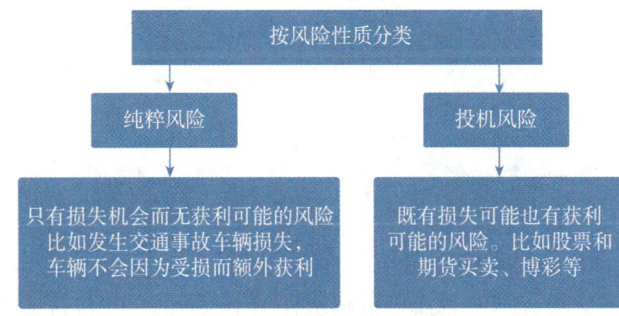

图1-2 按风险性质分类

（2）按风险的环境分类

风险按环境不同可分为动态风险和静态风险，如图1-3所示。

两者区别如下。

① 损失不同。静态风险造成的损失对社会和个人来说，都是纯粹损失；而动态风险对于部分个体可能有损失，但对另一部分个体则可能获利，对社会总体不一定有损失，还有可能收益。

② 影响范围不同。静态风险一般只影响到少数个体；而动态风险影响的范围较广，还有可能带来连

锁反应。

③ 发生特点不同。静态风险在一定条件下具有一定的规律性，而动态风险没有规律可循。

④ 性质不同。静态风险一般为纯粹风险；而动态风险则既有纯粹风险也有投机风险。

（3）按风险的对象分类

按风险的对象不同可分为财产风险、责任风险、人身风险和信用风险，如图1-4所示。

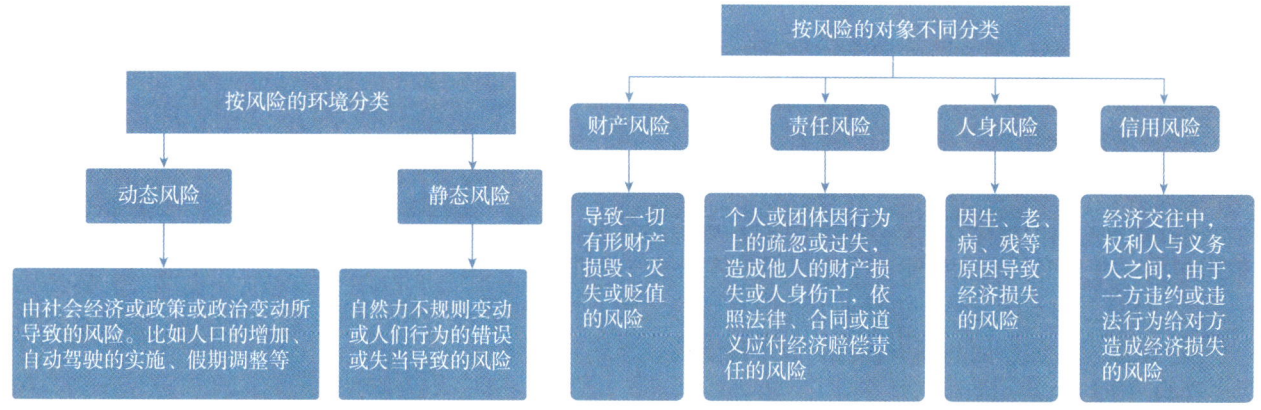

图1-3　按风险的环境分类　　　　　　图1-4　按风险的对象不同分类

（4）按风险产生的原因分类

按风险产生的原因不同可分为经济风险、自然风险、政治风险、社会风险和技术风险，如图1-5所示。

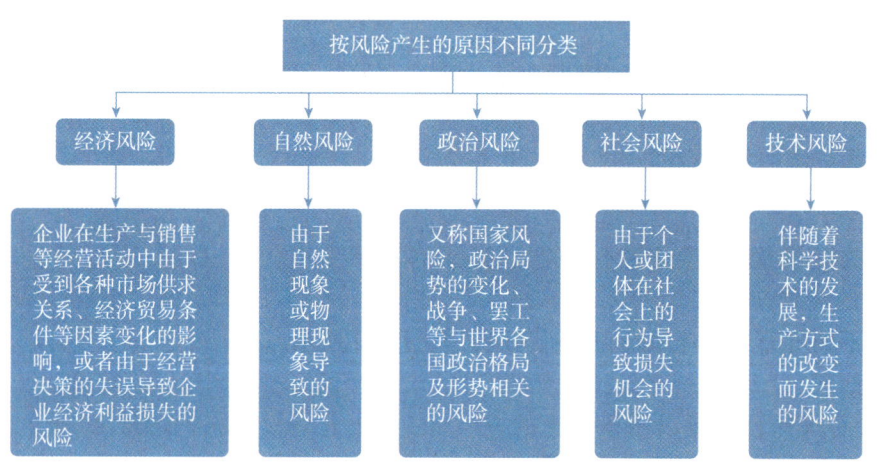

图1-5　按风险产生的原因不同分类

二、风险管控

1. 风险管控概念

风险管控就是研究风险发生规律和风险控制技术的一门新鲜管理科学，是指我们通过对风险的识别、衡量、评估和决策管理等方式，对风险实施有效控制和妥善处理损失的过程，以期用最小的成本，获得最大的安全保障。

风险管控的目的是实施安全保障。为达到目的，必然要付出一定的代价，这就是成本。一般来说，安全保障的程度越高，为此付出的成本也就越高。因此风险管控就是要在安全保障和成本之间进行权衡，也就是风险事故发生时对可能引起的损失与采取措施产生的成本两者之间进行权衡。

2. 风险管控的基本程序

风险管控的基本程序包括：风险识别、风险估测、风险评价、选择风险管控技术和风险管控效果评价等环节。

（1）风险识别

风险识别是指对企业面临的和潜在的风险加以判断、归类和对风险性质进行鉴定的过程。驾驶机动车辆主要面临着自然灾害和交通事故可能造成的财产损失或人员伤亡的风险，对此我们可以进一步对财产进行细分，列举可能涉及的人员，分析他们中存在风险因素以及风险事故中可能发生的损失。

（2）风险估测

风险估测是在风险识别的基础上，通过对收集的资料进行分析，利用概率统计理论，估计和预测风险发生的概率和损失程度。风险估测是将风险进行定量化分析的过程，也是风险管控者进行风险决策、选择最佳风险管控技术的科学依据。我们机动车所有者或驾驶员受能力和精力的限制，依靠个人力量难以完成对存在分析的全面评估，因此应该以所在地区公安机关相关部门和保险公司提供的统计资料为依据，结合自身特点进行估测和判断。

（3）风险评价

风险评价是指在风险识别和风险估测的基础上，结合其他因素对风险发生的概率、损失程度等进行全面考虑，评估风险发生的可能性及其危害程度，并决定是否需要采取相应的措施。

（4）选择风险管控技术

根据风险评价结果，为实现风险管控目标，选择最佳的风险管控技术并实施。

风险管控技术一般可分为控制型和财务型。

① 控制型，是以降低损失频率和减少损失幅度为目的，侧重于改变引起意外事故和扩大损失的各种条件。

② 财务型，是以消化发生损失的成本为目的，主要是以提供基金的方式对无法控制的风险所做的财务安排。

（5）风险管控效果的评价

风险管控效果评价是指分析、比较已实施的风险管控方法的结果与预期目标的契合度，来评判风险管控的科学性、适应性和收益性。风险管控效果的大小取决于是否能以最小的风险成本取得最大的安全保障。当然也要考虑其与整体管控目标的一致性，以及具体实施的可能性、可操作性和有效性等。

3. 风险处理方式

风险处理方式是指通过采用不同的措施和手段，用最小的成本达到最大的安全保障的过程。常用的方式有：规避、自留、预防、抑制和保险转移等，如图1-6所示。

（1）规避风险

规避风险是指放弃某一计划或方案达到避免可能由此带来的损失。一般在风险所导致的损失幅度相当高或处理风险时成本大于收益时采用此种方式。

（2）自留风险

自留风险是个人或企业自我承受风险损坏后果的方法，它包括主动自留和被动自留。一般在风险损失频率和幅度低，损失短期内可预测以及最大损失对企业或个人财务稳定无影响时选用此种方式。

（3）预防风险

预防风险是指在风险损失发生前，对可以消除或减少可能引发损失的各种因素采取具体措施的方法。通常在损

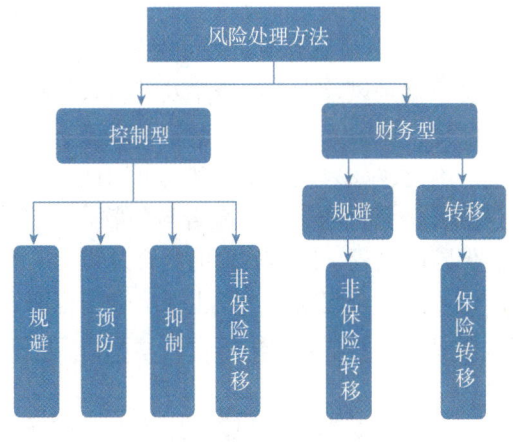

图1-6 风险处理方法构成图

失频率高而损失幅度低时采用。

(4) 抑制风险

抑制风险是指在发生风险事故时或发生后，为减小损失幅度或者防止损失幅度增加的各种措施。它是处理风险的有效技术，比如随车灭火器可以在发生汽车自燃时不致火势蔓延。

(5) 转嫁风险

转嫁风险是指企业或个人为避免承担风险损失，有意识地将损失或与损失有关的财务后果转嫁给另一企业或个人的方法。主要分为保险转嫁和非保险转嫁。车主购买机车车辆保险就是把风险转嫁给保险公司，属于保险转嫁。劳务派遣、经营承包属于非保险转嫁。

三、保险

1. 保险的定义

保险是指投保人根据合同约定，向保险人支付保险费，保险人对于合同约定的可能发生的事故因其发生所造成的财产损失承担赔偿保险金责任，或者当被保险人死亡、伤残、疾病或者达到合同约定的年龄、期限时承担给付保险金责任的商业保险行为。

2. 保险的要素

(1) 可保风险的存在

可保风险是指符合保险人承保条件的特定风险。一般来讲，可保风险应具备以下条件。

①风险应当是纯粹风险。即风险一旦发生成为现实的风险事故，只有损失的机会，而无获利的可能。

② 风险应当使大量标的遭受损失的可能性。保险标的数量的充足程度关系到实际损失与预期损失的偏离程度，影响保险经营的稳定性。

③ 风险应当有导致重大损失的可能。风险的发生应当有导致重大损失的可能性，这种损失是被保险人不愿承担的。如果损失很轻微，则无参加保险的必要。此外，保险费不仅包含损失成本，而且包括保险人经营的费用成本。因而对被保险人来讲，将轻微的损失通过保险转嫁给保险人在经济上是非常不合算的。

④ 风险不能使大多数的保险标的同时遭受损失。这一条件要求损失的发生具有分散性。因为保险的目的，是以多数人支付的小额保费，赔付少数人遭遇的大额损失。如果大多数保险标的同时遭受重大损失，则保险人通过向投保人收取保险费所建立起的保险资金根本无法抵消损失。然而，在保险实践中，有些可保风险可能并不完全满足上述条件。如洪水、地震等巨灾往往会导致多数保险标的同时遭受重大损失，因此保险人在承保时力求将风险单位分散，这不仅可以避免大多数保险标的同时遭受重大损失，而且可以保证预期的损失与实际的损失相一致，保证保险公司的经营稳定性。在保险经营中，通过再保险的方式转嫁一部分风险责任，也能达到力求风险单位分散的目的。

⑤ 风险必须具有现实的可预测性。在保险经营中，保险人必须制定出准确的保险费率，而保险费率的计算依据是风险发生的概率及其所致保险标的损失的概率。这就要求风险发生的概率及其所致的损失无法测定，保险人也就无法制定可靠稳定的保险费率，也难于科学经营，这将使保险人面临很大的经营风险。因此，如果风险缺乏现实可测性，一般不能成为可保风险。

(2) 大量同质风险的集合与分散

保险的过程，既是风险的集合过程，又是风险的分散过程。保险人通过保险将众多投保人所面临的分散性风险集合起来，当发生保险责任范围内的损失时，又将少数人发生的损失分摊给全部投保人，也就是通过保险的补偿或给付行为分摊损失，将集合的风险予以分散。保险风险的集合与分散举报两个前提条件。

① 风险的大量性。风险的大量性一方面是基于风险分散的技术要求；另一方面也是概率论和大数法则的原理在保险经营中得以运用的条件。更加概率论和大数法则的数理原理，集合的风险标的越多，风

险就越分散，损失发生的概率也就越有规律性和相对稳定性，依此厘定的保险费率也才更为准确合理，收取保险费的金额也就越接近于实际损失额和赔付额。倘若仅仅是少量的风险标的，就无所谓集合与分散，而且损失发生的概率难以测定，大数法则更不能有效地发挥作用。

② 风险的同质性。所谓同质风险是指风险单位在种类、品质、性能、价值等方面大体接近。如果风险为不同质的风险，那么损失发生的概率就不相同，风险也就无法进行统一集合与分散。此外，不同质的风险，损失发生的频率与幅度是有差异的，倘若进行集合与分散，则会导致保险财务的不稳定。

(3) 保险费率的厘定

保险在形式上是一种经济保障活动，而实质上是一种商品交换行为，因此厘定合理的费率及确定保险商品的价格便构成了保险的基本要素。保险费率厘定是保险产品定价的基础，保险的费率过高，保险需求会受到限制；反之，费率厘定得过低保险供给得不到保障，这都不能称为合理的费率，为了保证保险双方当事人的利益，费率的厘定是依据概率论、大数法则的原理进行计算的。

(4) 保险基金的建立

保险基金是用于补偿或给付因自然灾害意外事故和人体自然规律所致的经济损失和人身伤害的专项货币基金。保险基金是保险业存在的现实经济基础。也是保证保险人收支平衡和保证保险企业财务稳定性的经济基础，它主要来源于开业资金和保险费。就财产保险准备金而言，表现为未到期责任准备金、赔款准备金等形式；就人寿保险准备金而言，主要以未到期责任准备金形式存在。保险基金具有分散性广泛性专项性与增值性等特点。保险基金是保险的赔偿与给付的基础。

(5) 保险合同的订立

保险是一种经济关系，是投保人与保险人之间的经济关系，这种经济关系是通过合同的订立来确定的。保险的这一特性要求保险人与投保人应在确定的法律或契约关系约束下履行各自的权利与义务，倘若不具备在法律上或合同上规定的各自的权利与义务，那么保险经济关系则难以成立。

3. 保险的分类

保险按照不同的标准有不同的分类，可以按保险实施方式、保险标的、保障范围和承保方式进行分类，具体详见图1-7至图1-10。

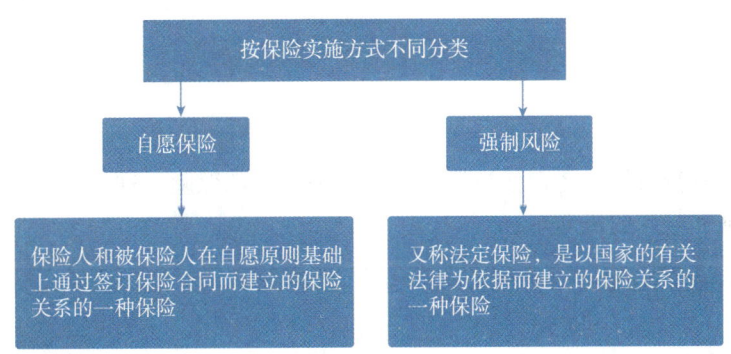

图1-7 按保险实施方式的不同分类

自愿保险与强制保险的主要有以下区别。

①范围和约束力不同，强制保险具有强制性和全面性。

②保险费和保险金额的规定标准不同。

③责任产生的条件不同。

④在支付保险费和赔款的时间上，强制保险都有一定的限制，自愿保险仅仅在赔款方面有一定的限制。

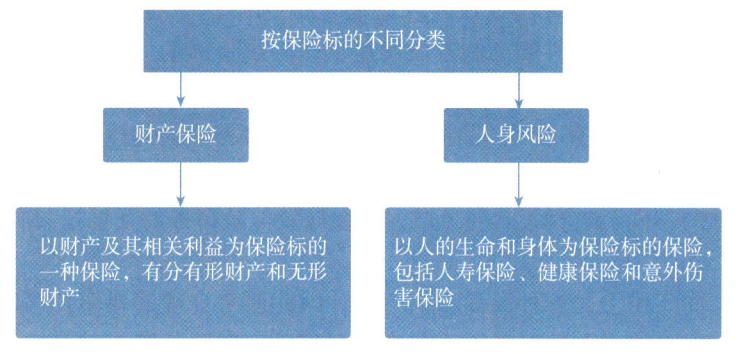

图 1-8 按保险标的的不同分类

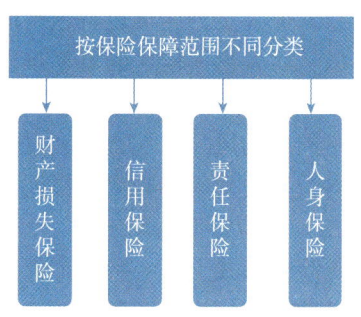

图 1-9 按保险保障范围不同分类

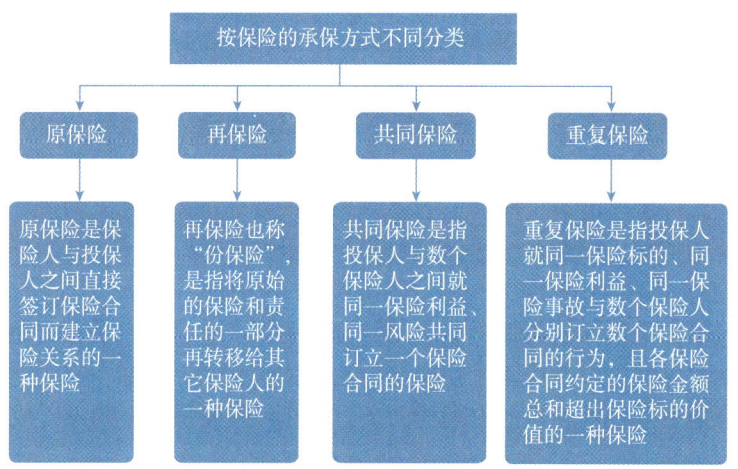

图 1-10 按保险承保方式不同分类

知识准备二　汽车保险专业术语

一、汽车保险定义

汽车保险是以汽车本身及第三者责任为保险标的的一种财产保险。这里的汽车是指经交管部门检验合格、核发有效行驶证和号牌的机动车。

二、汽车保险面临的风险

1. 财产损失的风险

任何机动车都面临着交通事故和自然灾害造成的财产损失风险。

财产损失分为机动车本身的损坏、灭失和其他财产损失、灭失。其他财产又分为车上财产和车下财产。

（1）车上财产

车上财产一般指位于机动车辆之上的，又不永久固定在车身上的物品。车上财产多种多样，包括驾驶员携带的物品、乘员携带的物品和载运的货物等。

（2）车下财产

不在车上的财产都属于车下财产。对于机动车辆保险来说，要严格区分车下财产的所有者，比如驾驶员的车下财产，驾驶员家属的车下财产，社会公共财产等。非驾驶员或其家属所有、但委托驾驶员或其家属保管的财产属于社会公共财产。

2. 人员伤亡风险

交通事故或自然灾害可能使驾乘人员受到伤害，同样也可能使车下人员（包括处于其他车辆上的人员）受到伤害。

在机动车辆保险中，要严格区分保险事故引起的人员伤亡和非保险事故引起的人员伤亡；驾驶员及其家属的伤亡和其他人员的伤亡；车上人员的伤亡和车下人员的伤亡。在车下的人员伤亡中，也要严格区分处于其他机动车辆上的人员伤亡、处于非机动车上的人员伤亡和行人的伤亡。

三、汽车保险的特征

1. 保险标的出现率高

汽车是陆地上的主要交通工具。其经常处于运动状态，总是载人或货物不断地从一个地方开往另一个地方，很容易发生意外事故，造成人身伤亡或财产损失。随着国内经济的不断发展，人们生活水平不断提高，汽车保有量迅速增加，交通设施和管理水平跟不上车辆的发展速度，再加上新手驾驶员较多和驾驶员的疏忽、过失等人为原因，交通事故频繁发生，汽车出险率较高。

2. 业务量大，投保率高

由于汽车出险率较高，汽车所有者或驾驶员需要以保险的方式转嫁风险。国家在不断改善交通设施、完善交通管理制度的同时，为了保障受害人的利益，对某些保险实施强制保险，比如对交通就实行强制保险。

保险人为适应投保人转嫁风险的不同需求，在开展车辆损失险和第三者责任险的基础上，推出一系列的附加险，完善汽车保险的险种。

3. 扩大保险利益

汽车保险中，针对汽车所有者和使用者不同的特点，汽车保险条款一般规定：不仅被保险人本人使用车辆时发生保险事故保险人要承担赔偿责任，而且凡是被保险人允许的驾驶人使用车辆时，也视为其对保险标的具有保险利益，如果发生保险单上约定的事故，保险人同样要承担事故造成的损失，保险人须说明汽车保险的规定以"从车"为主，凡是被保险人允许的驾驶人驾驶被保险人的汽车造成的保险事故的损失，保险人须对被保险人负赔偿责任。

4. 被保险人自负责任与无赔款优待

为促使被保险人注意维护车辆，确保汽车处于安全行驶技术状态，并督促驾驶人注意行车安全，减少交通事故，保险合同上规定：驾驶人在交通事故中所负责任，车辆损失和第三者责任险在符合赔偿规定的金额内实行绝对免赔；保险车辆在保险期内无赔偿款，续保时可以按保险费的一定比例享受无赔款优待。上述两项规定，虽然分别是被保险人的惩罚和优待，但要达到的目的是一致的。

四、汽车保险的作用

1. 促进汽车工业的发展，扩大了对汽车的需求

汽车工业是我国经济健康、稳定发展的重要动力之一，汽车产业政策在国家产业政策中的地位越来越重要。汽车产业政策要产生社会效益和经济效益，要成为我国经济发展的原动力，离不开汽车保险与之配套服务。汽车保险业务本身的发展对汽车工业的发展起到了有力的推动作用，汽车保险的出现，解除了企业和个人在汽车使用过程中可能出现风险的担心，一定程度上提高了大家购买汽车的欲望，扩大了汽车的需求量。

2. 稳定社会公共秩序

车辆所有者为了转嫁使用汽车带来的风险，愿意支付一定的保险费投保。在汽车出险后，从保险公

司获得经济补偿。所以开展汽车保险既有利于社会稳定，又有利于保障合同当事人的合法权益。

3. 促进汽车安全性能的提高

汽车保险业务中，经营管理与汽车维修行业及其价格水平密切相关。因为在汽车保险的经营成本中，事故车辆的维修费用是重要的组成部分，同时车辆维修质量在一定程度上也体现了汽车保险产品的质量。保险公司出于有效控制经营成本和风险的需要，除了加强自身的经营业务管理外，必然会加大事故车辆修复工作的管理，一定程度上提高了汽车维修质量管理的水平。同时汽车保险人从自身和社会效益角度出发，也会联合汽车生产企业、汽车维修企业开展汽车事故原因的统计分析，研究汽车安全设计新技术，并为此投入大量的人力和财力，从而促进了汽车安全性能的提高。

4. 汽车保险业务在财产保险中占有重要的地位

我国随着积极财政政策的实施，道路交通建设的投入越来越多，汽车保有量逐年递增。汽车险业务的保费收入每年也以较快的速度增长。在国内各保险公司中，汽车保险业务保费收入占其财产保险业务总保费收入的50%以上。汽车保险业务已经成为财产保险公司的主力险种，其经营盈亏，直接关系整个财产保险行业的经济效益。

知识准备三　汽车保险产品

国内汽车保险产品主要分为机动车交通事故责任强制保险（以下简称"交强险"）和商业保险两大部分。具体如图1-11所示。

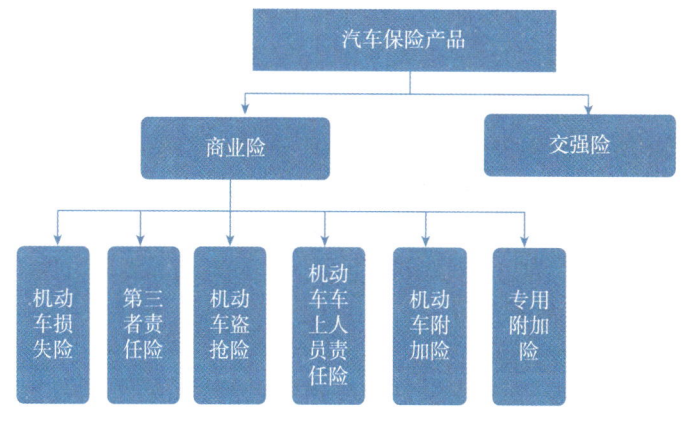

图1-11　汽车保险产品

机动车附加险包括不计免赔险、玻璃单独破碎险、车身划痕险、自燃损失险、车辆停驶损失险、代步车费用险、新增设备险和多次事故免赔特约险等。

专用附加险包括指定4S店险、车辆单独损坏险、涉水损坏险、随车行李物品损失险和换件特约险等。

一、交强险

1. 概念

交强险又称机动车强制三者险，全称是机动车交通事故责任强制保险，是我国首个由国家法律规定实行的强制保险。《机动车交通事故责任强制保险条例》（以下简称《交强险条例》）规定：机动车交通事故责任强制保险是由保险公司对被保险机动车发生道路交通事故造成本车人员、被保险人以外的受害人的人身伤亡、财产损失，在责任限额内予以赔偿的强制性责任保险。交强险的保障对象是被保险机动车致害的交通事故受害人，但不包括被保险机动车本车人员、被保险人；其保障内容包括受害人的人身伤亡和财产损失。

《交强险条例》规定：在我国境内道路上行驶的机动车所有人或管理人都应投保交强险，机动车所有人、管理人未按规定投保交强险的，公安机关交通管理部门有权扣留机动车，通知机动车所有人、管理人依照规定投保，并处应缴纳保费的两倍罚款。

中国保险监督委员会（下称"保监会"）规定：自2011年开始，交强险标志将循环执行2008年、2009年、2010年度到期的三套交强险标志的颜色标准，如图1-12所示。

图1-12 交强险标志图

交强险的保险期限为1年，仅有4种情形投保人可以投保1年以内的短期交强险，如图1-13所示。

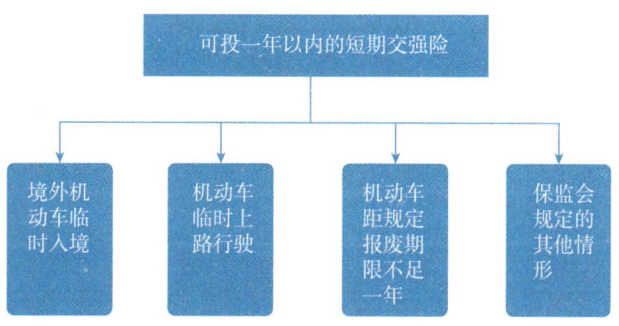

图1-13 可投保一年以内短期交强险的条件

交强险的承办机构为经保监会批准授权的中资保险公司及其代办机构，每辆机动车只需投保一份交强险，投保人可以根据自身需要决定或选择购买不同责任限额的商业险。

2. 交强险的特征

（1）鲜明的强制性

交强险最鲜明的特征就是强制性。基于社会公共利益的需要而对契约自由的合理限制，原本是由缔约双方依照自愿原则签订合同，现在强制保险双方签订保护第三者的保险合同。

根据《交强险条例》规定，机动车所有人或管理人都应当投保交强险，同时，保险公司不能拒绝承保、不得拖延承保和不得随意解除合同。具体表现在：未投保交强险的机动车不得上路，经营交强险的保险公司必须承保。

（2）突出以人为本，保障及时理赔

设立交强险制度的目的在于保障交通事故受害人依法得到及时的医疗救助及有效的经济补偿，因此为防止保险公司拖延赔付、无理拒赔，保护交通事故受害人的利益，《交强险条例》规定了保险公司以下三项义务。

①及时答复义务。

②书面告知义务。

③限期理赔义务。

（3）体现奖优罚劣的原则

利用经济上的奖惩促使驾驶员遵守法规是世界各国强制保险制度的通行做法，即安全驾驶者享有优惠的费率，经常肇事者将负担高额保费。对有交通违法行为和发生交通事故的保险车辆提高保费，对没有交通违法行为和没有发生交通事故的保险车辆降低保费。

（4）坚持社会效益原则

交强险制度的目的是为了维护社会公共利益，将保障受害人得到及时、有效的赔偿作为首要目标，而不是为保险公司拓展销售渠道、谋取公司利益提供方便。保监会按照交强险业务总体上不盈利、不亏损的原则审批保险费率。保监会应每年对保险公司交强险业务情况进行核查，并向社会公布。

（5）明确保障对象

交强险的保障范围是保险合同双方以外的第三方，受害人不包括本车人员和被保险人。

（6）实行无过错责任原则

《交强险条例》规定由保险公司对被保险机动车发生道路交通事故造成本车人员、被保险人以外的受害人的人身伤亡、财产损失，在责任限额内予以赔偿的强制性责任保险，承担无过错赔偿责任。

（7）实行救助基金制度

《道路交通安全法》第十七条规定，国家设立道路交通事故社会救助基金。《交强险条例》规定，救助基金的来源之一是按照交强险保费的一定比例提取的资金，救助基金可起到以下两个作用。

①救助基金的数额直接影响强制保险保费的高低。

②救助基金可以保证交通事故受害人得到及时、有效的赔偿。

3. 交强险的保险责任

《交强险条例》第八条规定，在我国境内，被保险人在使用投保机动车过程中发生交通事故，致受害人人身伤亡或财产损失，依法应当由被保险人承担的损害赔偿责任，保险人按照交强险合同的约定对每次事故在下列赔偿限额内负责赔偿。详见表1-1。

表1-1 交强险赔偿限额

项　　目	金　额　说　明
责任限额总和	200000元
被保险人有责赔偿限额	死亡伤残赔偿限额为180000元 医疗费用赔偿限额为18000元 财产损失赔偿限额为2000元
被保险人无责赔偿限额	死亡伤残赔偿限额为18000元 医疗费用赔偿限额为1800元 财产损失赔偿限额为100元

死亡伤残赔偿限额和无责任死亡伤残限额项下负责赔偿丧葬费、死亡补偿费、受害人亲属办理丧葬事宜支出的交通费用、残疾赔偿金、残疾辅助器具费、护理费、康复费、交通费、被抚养人生活费、住宿费、误工费，被保险人依照法院判决或者调解承担的精神损害抚慰金等。

医疗费用赔偿限额和无责任医疗费用赔偿限额项下负责赔偿医药费、诊疗费、住院费、住院伙食补助费，必要的、合理的后续治疗费、整容费和营养费等。

4. 垫付与追偿

被保险机动车在本条①至④之一的情形下发生交通事故，造成受害人受伤需要抢救的，保险人在接到公安机关交通管理部门的书面通知和医疗机构出具的抢救费用清单后，按照国务院卫生主管部门组织制定的交通事故人员创伤临床诊疗指南和国家基本医疗保险标准进行核实。对于符合规定的抢救费用，保险人在医疗费用赔偿限额内垫付。被保险人在交通事故中无责任的，保险人在无责任医疗费用赔偿限额内垫付。对于其他损失和费用，保险人不负责垫付和赔偿。

①驾驶人未取得驾驶资格的。
②驾驶人醉酒的。
③被保险机动车被盗抢期间肇事的。
④被保险人故意制造交通事故的。

对于垫付的抢救费用,保险人有权向致害人追偿。

5. 责任免除

下列损失和费用,交强险不负责赔偿和垫付。

①因受害人故意造成的交通事故的损失。
②被保险人所有的财产及被保险机动车上的财产遭受的损失。
③被保险机动车发生交通事故,致使受害人停业、停驶、停电、停水、停气、停产、通信或者网络中断、数据丢失、电压变化等造成的损失以及受害人财产因市场价格变动造成的贬值、修理后因价值降低造成的损失等其他各种间接损失。
④因交通事故产生的仲裁或者诉讼费用以及其他相关费用。

6. 保费计算方法

交强险最终保费=基础保费×(1+与道路交通事故相关联的浮动比率A)×(1+与交通安全违法行为相关联的浮动比率B),交强险保费浮动比率详见表1-2和表1-3。

表1-2　交强险保费与道路交通事故相关的浮动比率

编号	浮动比率A	车辆情况说明
A1	-10%	连续一年没发生有责交通事故
A2	-20%	连续两年没发生有责交通事故
A3	-30%	连续三年及以上没发生有责交通事故
A4	0	首次投保或上年度发生一次交通事故(无死亡)
A5	+10%	上年度发生2次及以上交通事故(无死亡)
A6	+30%	上年度发生交通死亡事故

表1-3　交强险保费与道路交通安全违法行为相关浮动比率

编号	浮动比率B	车辆情况说明
V1	-10%	连续一年没有道路交通安全违法行为
V2	-20%	连续两年没有道路交通安全违法行为
V3	-30%	连续三年及以上没有道路交通安全违法行为
V4	0	上一年度发生各类道路交通安全违法行为(除V5-V7)低于5次
V5	+10%	上一年度每次违反道路交通信号灯通行的;逆向行驶的(最多不超过30%)
V6	+20%	上一年度发生驾驶与准驾车型不符的机动车;发生机动车驾驶证被暂扣期间驾驶机动车的
V7	+30%	上一年度发生饮酒(含醉酒)后驾驶机动车的
V8	+30%	上一年度发生各类道路交通违法行为五次(含五次)以上的

二、商业汽车保险

我国现行的汽车保险条款和费率保监会制定,主要有A、B、C三款供各保险公司选用。三款都把车损险、第三者责任险、盗抢险和车上人员责任险列为主要险种。人保等十多家保险公司选用A条款;平安财险等几家保险公司选用B条款;太平洋财险等几家保险公司选用C条款。从市场份额分析,执行A条款的保险公司居多。中国人民保险、平安保险、太平洋

导学视频

保险三家保险公司的商业汽车保险险种详见表1-4所示。

表1-4 我国中国人民保险、平安保险、太平洋保险三大保险公司的商业汽车保险险种

公司名称	中国人民保险	平安保险	太平洋保险
主险	机动车第三者责任险 家庭自用汽车损失险 非营业用汽车损失保险 营业用汽车损失险 特种车险 摩托车、拖拉机险 机动车车上人员责任险 机动车提车险	商业第三者责任险 车辆损失险 摩托车、拖拉机险 车上人员责任险 机动车单程提车险	机动车第三者责任险 机动车损失险 机动车车上人员责任险 单程提车损失险 单程提车三者险 摩托车、拖拉机险
附加险	绝对免赔特约条款 车轮单独损失险 新增设备损失险 车身划痕损失险 修理期费用补偿险 发动机进水损失除外特约条款 车上货物责任险 精神损害抚慰金责任险 法定及节假日限额翻倍险 医保外医疗费用责任险 机动车增值特约服务条款	绝对免赔特约条款 车轮单独损失险 新增设备损失险 车身划痕损失险 修理期间费用补偿险 发动机进水损失除外特约条款 车上货物责任险 精神损害抚慰金责任险 法定及节假日限额翻倍险 医保外医疗费用责任险 机动车增值特约服务条款	绝对免赔特约条款 车轮单独损失险 新增设备损失险 车身划痕损失险 修理期间费用补偿险 发动机进水损失除外特约条款 车上货物责任险 精神损害抚慰金责任险 法定及节假日限额翻倍险 医保外医疗费用责任险 机动车增值特约服务条款
专用附加险	道路救援服务特约条款 车辆安全检测特约服务条款 代为驾驶服务特约条款 代为送检服务特约条款	道路救援服务特约条款 车辆安全检测特约服务条款 代为驾驶服务特约条款 代为送检服务特约条款	道路救援服务特约条款 车辆安全检测特约服务条款 代为驾驶服务特约条款 代为送检服务特约条款

1. 机动车损失险

（1）定义

机动车损失险简称车损险，是指机动车遭受保险责任范围内的自然灾害或意外事故，造成保险车辆本身损失，保险人依照保险合同的规定给予补偿。车损险为不定值险，是按保险事故发生时保险标的的实际价值确定保险价值的合同。

（2）保险责任

① 保险期间内，被保险人或被保险机动车驾驶人（以下简称"驾驶人"）在使用被保险机动车过程中，因自然灾害、意外事故造成被保险机动车直接损失，且不属于免除保险人责任的范围，保险人依照本保险合同的约定负责赔偿。

② 保险期间内，被保险机动车被盗窃、抢劫、抢夺，经出险地县级以上公安刑侦部门立案证明，满60天未查明下落的全车损失，以及因被盗窃、抢劫、抢夺受到损坏造成的直接损失，且不属于免除保险人责任的范围，保险人依照本保险合同的约定负责赔偿。

③ 发生保险事故时，被保险人或驾驶人为防止或者减少被保险机动车的损失所支付的必要的、合理的施救费用，由保险人承担；施救费用数额在被保险机动车损失赔偿金额以外另行计算，最高不超过保险金额。

（3）责任免除

被保险车辆不是只要损坏保险人就必须赔偿的，根据2020年9月出台的保险新规如若出现表1-5中

所列情况的，保险人都不负赔偿责任。

表 1-5 车损险责任免除条件

不可抗因素	战争、军事冲突、恐怖活动、暴乱、污染（含放射性污染）、核反应、核辐射等导致的损失
人为因素	事故发生后，被保险人或驾驶人故意破坏、伪造现场，毁灭证据
	交通肇事逃逸
	饮酒、吸食或注射毒品、服用国家管制的精神药品或者麻醉药品
	无驾驶证，驾驶证被依法扣留、暂扣、吊销、注销期间驾驶机动车
	驾驶与驾驶证载明的准驾车型不相符合的机动车
	投保人、被保险人或驾驶人故意制造保险事故
	投保人、被保险人或驾驶人知道保险事故发生后，故意或者因重大过失未及时通知，致使保险事故的性质、原因、损失程度等难以确定的，保险人对无法确定的部分，不承担赔偿责任，但保险人通过其他途径已经知道或者应当及时知道保险事故发生的除外
	被保险人修理前未会同保险人协商确定第三方进行评估，导致无法确定的损失
	被保险机动车被转让、改装、加装或改变使用性质等，导致被保险机动车危险程度显著增加，且未及时通知保险人，因危险程度显著增加而发生保险事故的
	违反安全装载规定
	被保险人或驾驶人故意或重大过失，导致被保险机动车被利用从事犯罪行为
机动车状况	被扣留、收缴、没收期间
	发生保险事故时被保险机动车行驶证、号牌被注销
	竞赛、测试期间，在营业性场所维修、保养、改装期间
其他情况	因市场价格变动造成的贬值、修理后因价值降低引起的减值损失
	自然磨损、朽蚀、腐蚀、故障、本身质量缺陷
	车轮单独损失，无明显碰撞痕迹的车身划痕，以及新增加设备的损失
	非全车盗抢、仅车上零部件或附属设备被盗窃

2. 机动车第三者责任险

导学视频

（1）定义

机动车第三者责任险是指被保险人在交通事故中造成第三者的人身伤亡或财产直接损失，对于超过交强险各分项赔偿限额以上的部分进行赔偿。

（2）相关概念界定

① 受害人是指被保险机动车发生交通事故遭受人身伤亡或者财产损失的人，但不包括被保险机动车上的人员。

② 第三者是指除保险人、被保险人、本车发生事故时的驾驶员及其家庭成员、被保险人的家庭成员之外的与事故相关的其他人员或车辆。

③ 直接损失是指被保险财产在遭受火灾、爆炸、雷击、风暴、龙卷风、暴雨、洪水、破坏性地震、地面突然塌陷、崖崩、雪灾、冰雹、泥石流以及空中运行物体坠落等保险责任范围内的自然灾害或意外事故造成直接损毁的经济损失，属于保险责任，保险人对被保险财产的直接损失负赔偿责任。

（3）保险责任

保险期间内，被保险人或其允许的驾驶人在使用被保险机动车过程中发生意外事故，致使第三者遭受人身伤亡或财产直接损毁，依法应当对第三者承担的损害赔偿责任，且不属于免除保险人责任的范围，保险人依照本保险合同的约定，对于超过机动车交通事故责任强制保险各分项赔偿限额的部分负责赔偿。

保险人依据被保险机动车一方在事故中所负的事故责任比例，承担相应的赔偿责任。

被保险人或被保险机动车一方根据有关法律法规选择自行协商或由公安机关交通管理部门处理事故，但未确定事故责任比例的，按照下列规定确定事故责任比例。

被保险机动车一方负主要事故责任的，事故责任比例为70%。

被保险机动车一方负同等事故责任的，事故责任比例为50%。

被保险机动车一方负次要事故责任的，事故责任比例为30%。

涉及司法或仲裁程序的，以法院或仲裁机构最终生效的法律文书为准。

（4）责任免除

根据2020年9月出台的机动车第三者责任保险新规，如若出现表1-6中所列情况的，保险人不负赔偿责任。

表1-6 机动车第三者责任险免赔条件

人为因素	事故发生后，被保险人或驾驶人故意破坏、伪造现场，毁灭证据
	交通肇事逃逸
	饮酒、吸食或注射毒品、服用国家管制的精神药品或者麻醉药品
	无驾驶证，驾驶证被依法扣留、暂扣、吊销、注销期间
	驾驶与驾驶证载明的准驾车型不相符合的机动车
	非被保险人允许的驾驶人
	第三者、被保险人或驾驶人故意制造保险事故、犯罪行为，第三者与被保险人或其他致害人恶意串通的行为
	被保险机动车被转让、改装、加装或改变使用性质等，导致被保险机动车危险程度显著增加，且未及时通知保险人，因危险程度显著增加而发生保险事故的
	投保人、被保险人或驾驶人知道保险事故发生后，故意或者因重大过失未及时通知，致使保险事故的性质、原因、损失程度等难以确定的，保险人对无法确定的部分，不承担赔偿责任，但保险人通过其他途径已经知道或者应当及时知道保险事故发生的除外
	因被保险人未积极配合保险人依据保险合同约定协商并确定因事故损坏第三者财产金额，导致无法确定的损失
机动车状况	发生保险事故时被保险机动车行驶证、号牌被注销的
	被扣留、收缴、没收期间
	竞赛、测试期间，在营业性场所维修、保养、改装期间
	全车被盗窃、被抢劫、被抢夺、下落不明期间
不可抗力	战争、军事冲突、恐怖活动、暴乱、污染（含放射性污染）、核反应、核辐射
其他因素或损失	被保险机动车发生意外事故，致使任何单位或个人停业、停驶、停电、停水、停气、停产、通信或网络中断、电压变化、数据丢失造成的损失以及其他各种间接损失
	第三者财产因市场价格变动造成的贬值，修理后因价值降低引起的减值损失
	被保险人及其家庭成员、驾驶人及其家庭成员所有、承租、使用、管理、运输或代管的财产的损失，以及本车上财产的损失
	被保险人、驾驶人、本车车上人员的人身伤亡
	停车费、保管费、扣车费、罚款、罚金或惩罚性赔款
	出《道路交通事故受伤人员临床诊疗指南》和国家基本医疗保险同类医疗费用标准的费用部分
	律师费，未经保险人事先书面同意的诉讼费、仲裁费
	精神损害抚慰金
	应当由机动车交通事故责任强制保险赔偿的损失和费用

3. 机动车车上人员责任保险

（1）定义

机动车车上人员责任保险又称司乘人员险，是指在保险期间，被保险车辆在使用过程中发生意外事故致使被保险车辆上人员人身伤亡，保险人依法负责赔偿。

车上人员是指发生意外事故瞬间，在符合国家有关法律法规允许搭乘人员的被保险机动车车体内或车体上的人员。太平洋保险公司的车上人员还包括正在上下车的人员。

（2）保险责任

保险期间内，被保险人或其允许的驾驶人在使用被保险机动车过程中发生意外事故，致使车上人员遭受人身伤亡，且不属于免除保险人责任的范围，依法应当对车上人员承担的损害赔偿责任，保险人依照本保险合同的约定负责赔偿。

保险人依据被保险机动车一方在事故中所负的事故责任比例，承担相应的赔偿责任。

被保险人或被保险机动车一方根据有关法律法规选择自行协商或由公安机关交通管理部门处理事故，但未确定事故责任比例的，按照下列规定确定事故责任比例。

被保险机动车一方负主要事故责任的，事故责任比例为70%。

被保险机动车一方负同等事故责任的，事故责任比例为50%。

被保险机动车一方负次要事故责任的，事故责任比例为30%。

涉及司法或仲裁程序的，以法院或仲裁机构最终生效的法律文书为准。

（3）责任免除

根据2020年9月出台的机动车车上人员责任新保险规定，如若出现表1-7中所列情况的，保险人都不负赔偿责任。

表1-7　机动车车上人员责任保险免赔条件

人为因素	事故发生后，被保险人或驾驶人故意破坏、伪造现场，毁灭证据
	交通肇事逃逸
	饮酒、吸食或注射毒品、服用国家管制的精神药品或者麻醉药品
	无驾驶证，驾驶证被依法扣留、暂扣、吊销、注销期间
	驾驶与驾驶证载明的准驾车型不相符合的机动车
	非被保险人允许的驾驶人
	第三者、被保险人或驾驶人故意制造保险事故、犯罪行为，第三者与被保险人或其他致害人恶意串通的行为
	被保险机动车被转让、改装、加装或改变使用性质等，导致被保险机动车危险程度显著增加，且未及时通知保险人，因危险程度显著增加而发生保险事故的
	投保人、被保险人或驾驶人知道保险事故发生后，故意或者因重大过失未及时通知，致使保险事故的性质、原因、损失程度等难以确定的，保险人对无法确定的部分，不承担赔偿责任，但保险人通过其他途径已经知道或者应当及时知道保险事故发生的除外
	车上人员因疾病、分娩、自残、斗殴、自杀、犯罪行为造成的自身伤亡
	被保险人及驾驶人以外的其他车上人员的故意行为造成的自身伤亡
机动车因素	发生保险事故时被保险机动车行驶证、号牌被注销的
	被扣留、收缴、没收期间
	竞赛、测试期间，在营业性场所维修、保养、改装期间
	全车被盗窃、被抢劫、被抢夺、下落不明期间
不可抗力	战争、军事冲突、恐怖活动、暴乱、污染（含放射性污染）、核反应、核辐射

续表

其他损失和费用	罚款、罚金或惩罚性赔款
	超出《道路交通事故受伤人员临床诊疗指南》和国家基本医疗保险同类医疗费用标准的费用部分
	律师费，未经保险人事先书面同意的诉讼费、仲裁费
	精神损害抚慰金
	应当由机动车交通事故责任强制保险赔偿的损失和费用

4. 机动车附加险

机动车附加险是指在基本险种下的附加险种，它不可以单独投保，要购买附加险必须先购买基本险。通常，附加险的保费比较少，但它的存在是以基本险为前提的，不能脱离基本险，附加险是针对基本险的部分免除责任而设置的，它是对基本险的补充和完善，它们一起给客户提供更全面的保障。

附加险和专用附加险的具体险种详见表1-4；附加险的具体条款详见附录。

三、保险金额

保险金额由投保人和保险人商议选择确定，保险人根据确定的保险金额的不同方式承担相应的赔偿责任。

① 按投保时被保险机动车的新车购置价确定。保险合同中的新车购置价指在保险合同签订地购置与被保险机动车同类型新车的价格（含车辆购置税）。并在保险单中载明，无同类型新车市场销售价格的，由投保人与保险人协商确定。

② 按投保时被保险机动车的实际价值确定。保险合同中的实际价值是指新车购置价减去折旧金额后的价格。机动车折旧率见表1-8。

表1-8 机动车折旧率表

车辆种类	月折旧率%				
	家庭自用	非营业	营业	出租	其他
9座以下客车	0.60	0.60	1.10	0.90	
10座以上客车	0.90	0.90	1.10	0.90	
微型载货汽车	/	0.90	1.10	1.10	
带拖挂的载货汽车	/	0.90	1.10	1.40	
低速货车和三轮机动车	/	1.10	1.40	1.10	
其他车辆	/	0.90	1.10	0.90	

折旧金额按月计算，不足一个月的部分不计折旧金额。最高折旧金额不超过投保时保险机动车新车购置价的80%。计算公式如下。

折旧金额=投保时的新车购置价×被保险机动车已使用月数×月折旧率

③ 在投保时被保险人在新车购置价内协商确定保险金额，保险金额不得超过新车购置价，超过部分无效。

知识准备四 投保方案选配

汽车保险投保方案的选配是车辆所有人或管理人基于自己风险的保障需要，利用已掌握的保险知识及信息资料，进行对比分析，选择最佳的保险公司、投保险种及投保方式的行为过程。

表 1-9　最低保障方案

推荐险种组合	交强险
保障范围	只对第三者的损失负赔偿责任，且限额较低
适用对象	自信心超强的驾驶高手、怀有侥幸心理的人和急于上牌或验车者
优点	费用低、可作未选好保险组合时的应急措施、第三者损失可得到一些赔偿
缺点	第三者损失很可能超限额，本车损失需自己承担

表 1-10　基本保障方案

推荐险种组合	交强险+机动车第三者责任险（20万元）+车上人员责任险
保障范围	可应付涉及第三者及本车上人员受伤和财产损失的交通事故
适用对象	车辆使用较长时间、驾驶技术娴熟、愿承担大部分风险、减少保费支出的车主
优点	保费较低、对涉及第三者及本车上人员受伤和财产损失有一定的保障
缺点	第三者损失可能超限额，本车损失需自己承担

根据我国交通法规规定和各保险公司的条款和费率：所有车辆均须投保交强险，车主可根据自身经济状况和实际需求有选择的投保商业汽车保险。下面推荐五个机动车投保方案，具体见表1-9~表1-13。

表 1-11　经济保障方案

推荐险种组合	交强险+机动车第三者责任险（50万元）+车上人员责任险+车损险+不计免赔
保障范围	大多数交通事故责任
适用对象	使用五年以内的中低档机动车、驾驶技术较好、愿承担部分风险、经济状况一般的车主
优点	保费经济且保障基本齐备、性价比高，是最具投保价值的险种组合
缺点	重点交通事故时需承担部分风险

表 1-12　最佳保障方案

推荐险种组合	交强险+机动车第三者责任险（100万元）+车上人员责任险+车损险+不计免赔+划痕险+玻璃单独破碎险+车辆停驶损失险+自然损失险
保障范围	基本覆盖保险责任范围，最大限度降低损失，特别是车辆易损部分得到安全保障，发生交通事故后车辆停驶还可获得补偿
适用对象	一般个人和公司
优点	抗风险能力强，投保价值大
缺点	存在少数风险

表 1-13　全面保障方案

推荐险种组合	交强险+机动车第三者责任险（100万元）+车上人员责任险+车损险+不计免赔+划痕险+玻璃单独破碎险+车辆停驶损失险+自然损失险+盗抢险+无过失责任险+救助特约条款
保障范围	所有保险责任事故，全面覆盖保险责任范围及最大限度降低风险
适用对象	新车新手、经济状况良好需全面保障的车主、企业等
优点	几乎能覆盖与机动车相关的事故所有损失。
缺点	/

学习任务一　汽车保险产品的认知

班　级		姓　名	
日　期		组　别	
指导老师		成　绩	
实践内容	汽车保险案例分析		
实践目的	1. 了解风险和保险的含义、要素与分类 2. 熟悉汽车保险的专业术语 3. 掌握汽车保险产品		
实践设备	电脑、接待桌椅、保险条款、保险单证等		

一、接受任务

2019 年南京的王女士为其爱车换了一家保险公司投保，与原保险公司相比便宜了 200 多元，还送了赠品。某天，王女士停车时忘记拉手刹，结果车辆滑坡，与后面汽车相撞。保险公司查勘人员表示：在无人驾驶状态下，车辆滑坡造成的车辆损失和第三者损失，保险公司不予理赔。王女士说她以前在某公司投保时，也发生过类似事故，当时保险公司就给其理赔了。面对王女士的质疑，你若是保险公司理赔人员该如何解释？

二、信息收集

1. （多选题）风险要素有（　　）。
   A. 风险因素　　　　　B. 风险事故　　　　　C. 人身伤亡　　　　　D. 损失
2. （单选题）风险管理的基本程序正确的是（　　）。
   A. 风险识别→风险估测→风险评价→选择风险管理技术→风险管理效果评价
   B. 风险识别→风险评价→风险估测→选择风险管理技术→风险管理效果评价
   C. 风险估测→风险识别→风险评价→选择风险管理技术→风险管理效果评价
   D. 风险识别→风险评价→风险估测→选择风险管理技术→风险管理效果评价
3. （单选题）下面关于保险含义说法错误的是（　　）。
   A. 保险可以使少数不幸的被保险人的损失由未发生损失的保险人分摊。
   B. 我国《保险法》将保险定义为商业行为。
   C. 保险是社会保障制度的重要组成部分。
   D. 保险是风险管理的一种方法。
4. （多选题）下列属于汽车保险基本特征的有（　　）。
   A. 保险标的出现率较高　　　　　　　　　B. 业务量大，投保率高
   C. 扩大保险利益　　　　　　　　　　　　D. 被保险人自负责任与无赔款优待
5. （填空题）风险常用的处理方式有：规避、_____、预防、抑制和_____。
6. （填空题）机动车第三者责任险是指被保险人在交通事故中造成第三者的_____或财产直接损失，对于超过_____各分项赔偿限额以上的部分进行赔偿。
7. （填空题）机动车损失险简称车损险，是指机动车遭受保险责任范围内的_____，造成保险车辆_____，保险人依照保险合同的规定给予补偿。车损险为不定值险，是按保险事故发生时_____确定保险价值的合同。

三、小组讨论

小组成员根据各自在自主学习阶段掌握的专业知识，就任务材料中王女士的质疑给予相应解释，讨论后汇总，由小组代表分享并完成工单。

续表

四、填写工单

1. 交强险的保险责任和责任免除条款有哪些？

2. 机动车第三者责任险的保险责任的责任免除条款有哪些？

3. 机动车车损险的保险责任的责任免除条款有哪些？

五、质量检查

请实训指导教师检查作业结果，并针对任务实施过程中出现的问题提出改进措施及建议。

序号	评价标准	评价结果
1	能了解风险和保险的含义、要素与分类	
2	能掌握汽车保险的专业术语	
3	能掌握汽车保险各险种	
4	能对任务材料中王女士的质疑给出合理解释	
5	能主动进行知识探究	
6	能积极参与小组讨论	

综合评价 ☆ ☆ ☆ ☆ ☆

综合评语：

六、评价反馈

请根据自己在本次任务中的实际表现进行评价，请组长根据组员在本次任务中的实际表现给予小组评价。

序号	评价标准	评分分值	自评分	组长评分
1	明确工作任务，理解其在实践生产中的重要性	5		
2	能了解风险和保险的含义、要素与分类	10		
3	能掌握汽车保险的专业术语	15		
4	能掌握汽车保险各险种	15		
5	能对任务材料中王女士的质疑给出合理解释	20		
6	能主动进行知识探究	15		
7	能积极参与小组讨论和分享	20		
	合　计	100		

学习任务二　家庭用车投保方案选配

班　级		姓　名	
日　期		组　别	
指导老师		成　绩	
实践内容	家庭用车投保方案设计		
实践目的	1. 熟悉汽车保险各险种的功能 2. 能根据客户实际情况分析其潜在风险 3. 会根据客户实际情况选配合适的家庭用车投保方案		
实践设备	电脑、接待桌椅、保险条款、保险单证等		

一、接受任务

张先生的爱妻刚拿到驾照，他准备在其爱妻生日时送一辆小鹏 P7 电动轿车给她上下班代步用，请你帮张先生设计一个合适的投保方案。

二、信息收集

1. （多选题）下列属于风险特性的有（　　）。
   A. 规律性　　　　　　B. 不确定性　　　　　　C. 损失性　　　　　　D. 发展性
   E. 普遍性　　　　　　F. 客观性
2. （多选题）下列险种不属于商业汽车保险基本险种的有（　　）。
   A. 玻璃单独破碎险　　　　　　　　　　　B. 机动车第三者责任险
   C. 车身划痕损失险　　　　　　　　　　　D. 机动车车损险
3. （填空题）交强险中被保险人有责赔偿限额，机动车死亡伤残赔偿限额为_____元、医疗费用赔偿限额为_____元、财产损失赔偿限额为_____元。
4. （填空题）在投保时被保险人在_____协商确定_____，保险金额不得超过新车购置价，超过部分无效。
5. （填空题）在机动车第三者责任险中被保险人或被保险机动车一方根据有关法律法规选择自行协商或由公安机关交通管理部门处理事故，但未确定事故责任比例的，按照下列规定确定事故责任比例：
   被保险机动车一方负主要事故责任的，事故责任比例为_____；
   被保险机动车一方负同等事故责任的，事故责任比例为_____；
   被保险机动车一方负次要事故责任的，事故责任比例为_____。
   涉及司法或仲裁程序的，以法院或仲裁机构最终生效的法律文书为准。

三、小组讨论

小组成员根据在自主学习阶段掌握的专业知识，帮助任务材料中的张先生分析其送给爱妻的小鹏 P7 电动汽车可能存在的风险，并讨论帮助张先生选配设计一份合适的投保方案。

四、填写工单

1. 请分析张先生送其爱妻的小鹏 P7 电动汽车存在的风险，并填写下表。

风险类别	具体风险	说明理由

续表

2. 设计投保方案

选择投保公司	车辆使用性质：□ 营运　□ 非营运	
□ 中国人民财产保险公司 □ 中国太平洋财产保险公司 □ 中国平安财产保险公司 □ 天安财产保险公司 □ 大众财产保险公司 □ 中国大地财产保险公司 □ 中国太平保险公司 □ 永安财产保险公司 □ 中华联合保险公司 □ 阳光财产保险公司 □ 华安财产保险公司 □ 安邦财产保险公司 □ 安华财产保险公司 □ 永城财产保险公司 □ 都邦财产保险公司 □ 渤海财产保险公司 □ 民安财产保险公司 □ 天平财产保险公司 □ 中银财产保险公司 □ 长安责任保险公司 □ 人寿财产保险公司 □ 中意财产保险公司 □ 美亚财产保险公司 □ 中煤财产保险公司 □ 珠峰财产保险公司	□ 投保人（车主姓名必须与发票一致）	
	交强险	
	□ 机动车损失险	□ 新车购置价格　□ 实际价值　□ 协商保额
	□ 第三者责任险	□ 10万　□ 20万　□ 30万　□ 50万　□ 100万 □ 100万以上
	□ 车上人员责任险	□ 司机　　　　　万/座 □ 乘员　　　　　万×　　　　座
	□ 全车盗抢险	
	□ 自燃损失险	
	□ 车身划痕险	
	□ 玻璃单独破碎险	
	□ 不计免赔	□ 车损　□ 三者　□ 人员　□ 盗抢　□ 自燃
	□ 车上货物责任险	
	□ 无过失责任险	
	□ 救助特约条款	
	□ 其他险种	
	□ 贷款车（必须填写与银行全称）第一收益人：	

3. 请阐释你给蔡先生的推荐理由。

五、质量检查

请实训指导教师检查作业结果，并针对任务实施过程中出现的问题提出改进措施及建议。

序号	评价标准	评价结果
1	能熟悉汽车保险各险种的功能	
2	能根据客户实际情况分析其潜在风险	
3	能根据客户的实际情况和潜在风险选配合理投保方案	
4	能主动进行知识探究	
5	能积极参与小组讨论	

综合评价 ☆ ☆ ☆ ☆
综合评语：

六、评价反馈

请根据自己在本次任务中的实际表现进行评价，请组长根据组员在本次任务中的实际表现给予小组评价。

序号	评价标准	评分分值	自评分	组长评分
1	明确工作任务，理解其在实践生产中的重要性	5		
2	能熟悉汽车保险各险种的功能	15		
3	能根据客户实际情况分析其潜在风险	20		
4	能根据客户实际情况和潜在风险选配合理投保方案	25		
5	能主动进行知识探究	15		
6	能积极参与小组讨论和分享	20		
	合　计	100		

学习任务三　营运用车投保方案选配

班　级		姓　名	
日　期		组　别	
指导老师		成　绩	
实践内容	营运用车投保方案设计		
实践目的	1. 熟悉汽车保险各险种的功能 2. 能根据客户实际情况分析其潜在风险 3. 会根据客户实际情况选配合适的营运用车投保方案		
实践设备	电脑、接待桌椅、保险条款、保险单证等		

一、接受任务

蔡先生和好友刘某贷款合买了一辆吉利帝豪新能源车开滴滴快车，一人开白天，一人开夜间。在中国人民保险公司投保三年，今年蔡先生现请你帮他们优化投保方案。

二、信息收集

1. （单选题）保险合同中的实际价值是指新车购置价减去折旧金额后的价格。（　　）。
   A. 新车标价　　　　　　　　　　　　B. 新车开票价
   C. 新车购置价　　　　　　　　　　　D. 新车购置价减去折旧金额后的价格

2. （多选题）机动车盗抢险实行20%免赔率免赔。保险人依据保险合同约定计算赔款时可累计绝对免赔率，下列哪些情况保险人可计0.5%~1%的绝对免赔率（　　）。
   A. 非指定驾驶人出险　　　　　　　　B. 缺机动车行驶证
   C. 缺购车原始发票　　　　　　　　　D. 缺车辆购置完税证明
   E. 原配全套车钥匙缺失　　　　　　　F. 约定行驶区域外出险

3. （填空题）车上财产一般指位于机动车辆之上的，又不永久固定在车身上的物品。车上财产多种多样，包括＿＿＿＿＿＿、＿＿＿＿＿＿和＿＿＿＿＿＿等。

4. （填空题）汽车保险条款一般规定：不仅被保险人本人使用车辆时发生保险事故保险人要承担赔偿责任，而且凡是＿＿＿＿＿＿使用车辆时，也视为其对保险标的具有保险利益，如果发生保险单上约定的事故，保险人同样承担事故造成的损失，保险人须说明汽车保险的规定以＿＿＿＿＿＿为主，凡是＿＿＿＿＿＿驾驶被保险人的汽车造成的保险事故的损失，保险人须对被保险人负赔偿责任。

5. （填空题）全车盗抢险必须是＿＿＿＿＿＿被偷抢造成的损失，若某零件或车内某财务偷抢，就不属于全车盗抢险赔偿范围。对于被保机动车在＿＿＿＿＿＿受到损坏或者车上零部件、附属设备丢失需要修复的合理费用，盗抢险也负责赔偿。

续表

三、小组讨论

小组成员根据在自主学习阶段掌握的专业知识,帮助任务材料中的蔡先生分析该吉利帝豪新能源车可能存在的风险,并讨论帮其优化投保方案。

四、填写工单

1. 请分析蔡先生和他朋友刘某的吉利帝豪新能源滴滴快车存在的风险,并填写下表。

风险类别	具体风险	说明理由

2. 设计投保方案

选择投保公司	车辆使用性质:□ 营运　□ 非营运	
□ 中国人民财产保险公司	□ 投保人（车主姓名必须与发票一致）	
□ 中国太平洋财产保险公司	交强险	
□ 中国平安财产保险公司		
□ 天安财产保险公司	□ 机动车损失险	□ 新车购置价格　□ 实际价值　□ 协商保额
□ 大众财产保险公司	□ 第三者责任险	□ 10万　□ 20万　□ 30万　□ 50万　□ 100万　□ 100万以上
□ 中国大地财产保险公司		
□ 中国太平保险公司	□ 车上人员责任险	□ 司机＿＿＿＿万/座 □ 乘员＿＿＿＿万×＿＿＿＿座
□ 永安财产保险公司		
□ 中华联合保险公司	□ 全车盗抢险	
□ 阳光财产保险公司	□ 自燃损失险	
□ 华安财产保险公司		
□ 安邦财产保险公司	□ 车身划痕险	
□ 安华财产保险公司	□ 玻璃单独破碎险	
□ 永城财产保险公司		
□ 都邦财产保险公司	□ 不计免赔	□ 车损　□ 三者　□ 人员　□ 盗抢　□ 自燃
□ 渤海财产保险公司		
□ 民安财产保险公司	□ 车上货物责任险	
□ 天平财产保险公司	□ 无过失责任险	
□ 中银财产保险公司		
□ 长安责任保险公司	□ 救助特约条款	
□ 人寿财产保险公司	□ 其他险种	
□ 中意财产保险公司		
□ 美亚财产保险公司	□ 贷款车（必须填写与银行全称）第一收益人:	
□ 中煤财产保险公司		
□ 珠峰财产保险公司		

3. 请阐释你给蔡先生的推荐理由。

续表

五、质量检查

请实训指导教师检查作业结果,并针对任务实施过程中出现的问题提出改进措施及建议。

序号	评价标准	评价结果
1	能熟悉汽车保险各险种的功能	
2	能根据客户实际情况分析其潜在风险	
3	能根据客户的实际情况和潜在风险选配合理投保方案	
4	能主动进行知识探究	
5	能积极参与小组讨论	

综合评价 ☆ ☆ ☆ ☆ ☆

综合评语:

六、评价反馈

请根据自己在本次任务中的实际表现进行评价,请组长根据组员在本次任务中的实际表现给予小组评价。

序号	评价标准	评分分值	自评分	组长评分
1	明确工作任务,理解其在实践生产中的重要性	5		
2	能熟悉汽车保险各险种的功能	15		
3	能根据客户实际情况分析其潜在风险	20		
4	能根据客户实际情况和潜在风险选配合理投保方案	25		
5	能主动进行知识探究	15		
6	能积极参与小组讨论和分享	20		
	合　计	100		

学习情境二　汽车保险承保

汽车承保是保险人与投保人签订合同的过程，包括展业、投保、核保、签发单证、批改与续保等环节。首先，由展业人员为客户制定保险方案；投保人提出保险要求，填写投保单；协商确定保费交付方法。然后，保险人审查投保单，向投保人询问有关保险标的和被保险人的各种情况，决定是否接受投保。如果保险人接受投保，则在保险单上签章、收取保费、出具保险单或保险凭证，保险合同即告成立。在保险合同生效期间，如果保险标的的所有权改变，或者投保人因某种原因要求更改获取消保险合同，都需进行批改。最后，保险期满后，根据投保人意愿可以重新办理续保。

因此，完整的承保流程由六个环节组成，简单的承保流程由三个环节组成。即：

六环节流程：展业→投保→核保→签发单证→批改→续保；

三环节流程：投保→核保→签发单证。

① 了解最大诚信原则、保险利益原则的概念。
② 掌握汽车保险费的计算方法。
③ 学习保险合同的内容和形式。
④ 了解承保的流程。
⑤ 会签发保险单。
⑥ 能承接续保、批改以及退保等业务。

学习任务一　汽车保费核算

邻居大胖的家庭自用轿车丰田雷凌，车龄为1年，购车落地价为12万元。在费率表上查得对应的基础保险费为6300元，费率为1.50%。你如何帮邻居大胖计算爱车的保险费？

学习任务二　汽车保单制作

刘小姐，某企业职工，年龄28岁，月收入5000元。刘小姐刚买了一辆吉利缤越（1.5T）作为上下班的代步工具。住在出租房，没车位，车辆只能停放在小区内（开放式）。新车购置价10.5万元，有发动机防盗，无新增设备。刘小姐想请你为其爱车购买保险，你认为需要经过哪些环节，有哪些注意事项，最后你将给刘小姐提供哪些保险单据？

学习任务三　汽车保险业务办理

小王，经济条件中等且有部分房贷，实际驾龄5年。在2018年购买了一辆斯柯达柯迪亚克GT，因小孩上学，买的学区房为老小区，没有固定车位。小王应该如何购买2021年的车险呢？

知识准备一　最大诚信原则

导学视频

一、最大诚信原则的含义

最大诚信原则是指双方当事人在签订和履行保险合同时，对于与保险标的有关的重要事实，必须以最大诚意如实告知，互不欺骗和隐瞒，恪守合同的认定与承诺，否则保险合同无效。所谓的重要事实，是指对保险人决定是否接受或以什么条件接受某一危险或有影响的每一项事实。最大诚信原则对保险人和投保人具有同样效力。对保险人而言，应清楚说明合同内容、正确解释条款含义，以使投保人决定是否投保；对投保人而言，应如实告知保险标的的相关情况，以使保险人能合理承保。只有双方都坚持了最大诚信原则，合同才有效。

二、最大诚信原则的基本内容

最大诚信原则的基本内容包括告知、保证、弃权与禁止反言。

1. 告知

（1）告知的概念

告知包括狭义告知和广义告知两种。狭义告知仅指投保人在与保险人签订保险合同成立时，就保险标的的有关事项向保险人进行口头或书面陈述；而广义告知是指保险合同订立时，投保人必须就保险标的的危险状态等有关事项向保险人进行口头或书面陈述，以及合同订立后，标的的危险变更、增加或事故的发生及时通知保险人。事实上，在保险实务中所称的告知，一般是指狭义告知。关于保险合同订立后保险标的的危险变更、增加或保险事故发生时的告知，一般称为通知。在此所述的告知仅指狭义告知。

（2）告知的内容

在保险合同订立时，要求投保人应将那些足以影响保险人决定是否承保和确定费率的重要事实如实告知保险人。投保人必须告知的重要事实主要有：保险标的的物的危险或损失可能超出正常情况的现象；与保险标的有联系的道德风险；涉及投保人或被保险人的一些事实。例如，将财产保险中保险标的的价值、品质、风险状况等如实告知保险人；将人身保险中被保险人的年龄、性别、健康状况、既往病史、家族遗传史、职业、居住环境、嗜好等如实告知保险人。

要求保险人告知的内容主要有以下两方面。

① 在保险合同订立时要主动向投保人说明保险合同条款内容，对于责任免除条款还要进行明确说明。

② 保险合同约定的条件满足后或保险事故发生后，保险人应按合同约定如实履行给付或赔偿义务。

（3）告知的形式

国际上对于告知的立法形式有两种，即无限告知和询问回答告知。

① 无限告知，即法律上或保险人对告知的内容没有明确规定，投保人必须主动地将保险标的的风险状况、危险程度及有关重要事实如实告知保险人。

② 询问回答告知，又称主观告知，指投保人只对保险人询问的问题如实告知，对询问以外的问题投保方无须告知。早期保险经营活动中的告知形式主要是无限告知。随着保险经营技术水平的提高，目前世界上许多国家，包括我国在内的保险立法都是采用询问回答告知的形式。一般操作方法是保险人将需投保方告知的内容列在投保单上，要求投保方如实填写。

2. 保证

保险中的保证是指投保人和保险公司在保险合同中约定的，保险公司和被保险人需在保险期间内承担的某种特定事项的真实性。保证从形式上可以分为明示保证和默示保证。

明示保证是以语言、文字和其他习惯方式在保险合同内说明的保证。明示保证按照事项的内容又可以分为确认保证和承诺保证。确认保证是指投保人对过去或现在某种事态存在或不存在的保证，其所保证的事项涉及过去与现在。承诺保证是指投保人对未来某一特定投保事项的作为或不作为，其所保证的事项涉及现在和将来。

默示保证是指在保险单中，虽没有文字明确列出，但在习惯上已经被社会公认为是投保人或被保险人应该遵守的规则，如要求被保险的车辆必须有正常的行驶能力等。

3. 弃权与禁止反言

①弃权是指保险合同一方当事人放弃他在保险合同中可以主张的某种权利，通常是指保险人放弃合同解除权与抗辩权。

②禁止反言权也称禁止抗辩权，是指保险合同一方放弃了保险合同中的某种权利，今后也不能再向另一方主张这项权利。

知识准备二　保险利益原则

一、保险利益的含义

保险利益是保险合同得以成立的前提，无论是财产保险合同，还是人身保险合同，都必须以保险利益的存在为前提。我国《保险法》第十二条规定："保险利益是指投保人或被保人对保险标的具有的法律上承认的利益。"如：在财产保险中，当某项财产（保险标的）遭受不幸事件时，倘若某人将有财务损失，则他对此财产就具有保险利益，反之则不具有保险利益。

二、保险利益原则的含义

保险利益原则又称"可保利益"或"可保权益"，是指在签订或履行保险合同的过程中投保人或被保人对保险标的必须具有保险利益。如果投保人或被保险人对保险标的不具有保险利益，签订的保险合同无效；如果保险合同生效后，投保人或被保险人对保险标的失去了保险利益，签订的保险合同也随之失效。

《保险法》第十二条规定："人身保险的投保人在保险合同订立时，对被保险人应当具有保险利益。财产保险的被保险人在保险事故发生时，对保险标的应当具有保险利益。"

同时，《保险法》第四十八条规定："保险事故发生时，被保险人对保险标的不具有保险利益的，不得向保险人请求赔偿保险金。"

三、保险利益的构成条件

①保险利益必须是合法的，是法律上承认并且可以主张的利益。由不法行为所产生的利益，不得作为保险利益。比如，给偷盗来的财物投保财产险，保险合同是无效的。

②保险利益必须是经济利益。经济利益是指可以用货币估算其价值的利益，又称金钱上的利益。保险实质是对被保险人遭受的经济损失给予补偿。如果不能用货币衡量其价值的经济损失，就无法计算其损害程度大小，也就难以确定对其损失补偿的标准。因此，只有经济利益才能构成保险利益，其他利益如政治利益、精神创伤等不能构成保险利益。

③保险利益必须是确定的，是可以实现的利益。仅由投保人主观上认定存在，而在客观实际中并不

存在的利益，不应作为保险利益。确定的保险利益包括投保人对保险标的的现有利益和由现有利益产生的期待利益。现有利益是指投保人已经实际取得的经济利益。如：投保人已购买的汽车，现有的机器设备和已经取得的知识产权等；期待利益是指由现有利益产生的将来可以获得的利益。如：出租房屋而预期可以获得的租金收入，维修设备而预期可以得到的修理费收入等。

四、保险利益的表现形式

汽车的保险利益具体表现在财产利益、收益利益、责任利益与费用利益四个方面。
①财产利益包括汽车的所有利益、占有利益、抵押利益等。
②收益利益包括对汽车的营运收入利益、租金利益等。
③责任利益包括汽车的民事损害赔偿责任利益等。
④费用利益是指施救费用利益及救助费用利益等内容。
汽车保险利益具体表现形式多样，但投保时比较集中的利益形式是民事损害赔偿责任利益、所有利益、营运收入利益、抵押利益等。

五、保险利益的转移和消灭

①汽车保险利益的转移。这是指在保险合同的有效期间，投保人将对汽车的保险利益转移给受让人，而保险合同仍然有效。随着我国二手汽车市场的繁荣，汽车的所有权会经常出现变更。从理论上讲，在保险合同的有效期内，汽车的原所有权人，由于对汽车丧失了所有权，所以其与保险人签订的保险合同也因保险利益的丢失而失效，而汽车的新所有权人为享受保险保障只好重新投保。但在保险业务习惯中，法律往往承认新的所有权人可以通过办理变更手续取代原投保人的地位，使得保险合同继续生效，而不需要重新投保，这就是汽车保险利益的转移。

②汽车保险利益的消灭。这是指投保人或被保险人对保险标的的保险利益由于保险标的的灭失而消灭。

六、保险利益的时间要求

汽车保险中要求从合同的订立到合同终止的整个过程中，都必须对保险标的存在保险利益，一旦失去，保险合同随即无效，被保险人也就无权获得保险赔偿。

知识准备三　汽车保费核算

一、交强险保险费的计算

交强险目前实行全国统一价格。考虑到交强险在法律环境、赔偿方式等诸多因素上与机动车第三者责任保险不同，第一年先实行全国统一保险价格。在实践中积累经验数据，通过实行奖优罚劣的费率浮动机制，并根据各地区经营情况，逐步加入地区差异化因素等措施，实行差异化费率，详见表2-1。

表 2-1 交强险基础费率表

单位：元

车辆大类	序号	车辆明细分类	保险费
一、家庭自用车	1	家庭自用汽车 6 座以下	950
	2	家庭自用汽车 6 座及以上	1100
二、非营业客车	3	企业非营业汽车 6 座以下	1000
	4	企业非营业汽车 6-10 座	1130
	5	企业非营业汽车 10-20 座	1220
	6	企业非营业汽车 20 座以上	1270
	7	机关非营业汽车 6 座以下	950
	8	机关非营业汽车 6-10 座	1070
	9	机关非营业汽车 10-20 座	1140
	10	机关非营业汽车 20 座以上	1320
三、营业客车	11	营业出租租赁 6 座以下	1800
	12	营业出租租赁 6-10 座	2360
	13	营业出租租赁 10-20 座	2400
	14	营业出租租赁 20-36 座	2560
	15	营业出租租赁 36 座以上	3530
	16	营业城市公交 6-10 座	2250
	17	营业城市公交 10-20 座	2520
	18	营业城市公交 20-36 座	3020
	19	营业城市公交 36 座以上	3140
	20	营业公路客运 6-10 座	2350
	21	营业公路客运 10-20 座	2620
	22	营业公路客运 20-36 座	3420
	23	营业公路客运 36 座以上	4690
四、非营业货车	24	非营业货车 2t 以下	1200
	25	非营业货车 2-5t	1470
	26	非营业货车 5-10t	1650
	27	非营业货车 10t 以上	2220
五、营业货车	28	营业货车 2t 以下	1850
	29	营业货车 2-5t	3070
	30	营业货车 5-10t	3450
	31	营业货车 10t 以上	4480
六、特种车	32	特种车一	3710
	33	特种车二	2430
	34	特种车三	1080
	35	特种车四	3980
七、摩托车	36	摩托车 50CC 及以下	80
	37	摩托车 50-250CC（含）	120
	38	摩托车 250CC 以上及侧三轮	400

续表

车辆大类	序号	车辆明细分类	保险费
八、拖拉机	39	农用型拖拉机 14.7kW 及以下	按保监产险〔2007〕53号实行地区差别费率
	40	农用型拖拉机 14.7kW 以上	
	41	运输型拖拉机 14.7kW 及以下	
	42	运输型拖拉机 14.7kW 以上	

注：1. 座位和吨位的分类都按照含起点不含终点的原则来解释。
2. 特种车一：油罐车、汽罐车、液罐车；特种车二：专用净水车、特种车一以外的罐式货车，以及用于清障、清扫、清洁、起重、装卸、升降、搅拌、挖掘、推土、冷藏、保温等的各种专用机动车；特种车三：装有固定专用仪器设备从事专业工作的监测、消防、医疗、电视转播等的各种专用机动车；特种车四：集装箱拖头。
3. 挂车根据实际的使用性质并按照对应吨位货车的30%计算。

二、基本险保险费的计算

1. 机动车损失保险

按照被保险人类别、车辆用途、座位数/吨位数/排量/功率、车辆使用年限所属档次查找基础保险费和费率，详见表2-2。

$$保险费 = 基础保险费 + 保险金额 \times 费率$$

表2-2 某保险公司机动车损失保险费率表（局部）

单位：元

家庭自用汽车与企业非营业用车		机动车损失保险			
		0-1 年		1-2 年	
		基础保险费	费率	基础保险费	费率
家庭自用汽车	6 座以下	630	1.50%	600	1.43%
	6-10 座	756	1.50%	720	1.43%
	10 座以上	756	1.50%	720	1.43%
企业非营业客车	6 座以下	385	1.28%	367	1.21%
	6-10 座	462	1.21%	440	1.15%
	10 座以上	462	1.30%	440	1.24%
	20 座以上	481	1.30%	459	1.24%

例2-1：假定某企业的7座非营业客车投保机动车损失保险，车龄为1年，保险金额为18万元。在费率表上查得对应的基础保险费为440元，费率为1.15%。则：

该车辆的保险费＝440元+18万元×1.15%＝2510元

2. 机动车第三者责任保险

按照被保险人类别、车辆用途、座位数/吨位数/排量/功率、责任限额直接查找保险费，详见表2-3。

表 2-3 某保险公司机动车第三者责任保险费率表（局部）

单位：元

险别		机动车第三者责任保险						
使用性质	保险金额 车辆种类	5万	10万	15万	20万	30万	50万	100万
家庭自用汽车	6座以下客车	785	1099	1240	1335	1492	1772	2308
	6-10座客车	672	941	1062	1142	1277	1517	1976
	10座及以上客车	672	941	1062	1142	1277	1517	1976

3. 机动车车上人员责任保险

按照被保险人类别、车辆用途、座位数查找费率，详见表2-4。

$$驾驶人保险费 = 每次事故责任限额 \times 费率$$

$$乘客保险费 = 每次事故每人责任限额 \times 费率 \times 投保乘客座位数$$

表 2-4 某保险公司机动车车上人员责任保险费率表（局部）

险别		机动车车上人员责任保险	
使用性质	保险金额 车辆种类	驾驶人座位 费率	乘客座位 费率
家庭自用汽车	6座以下客车	0.42%	0.27%
	6-10座客车	0.40%	0.26%
	10座及以上客车	0.40%	0.26%

例2-2：某5座的家庭自用汽车，投保机动车上人员责任保险。若约定每次事故赔偿限额为2万元，则：

$$驾驶人保险费 = 20000 元 \times 0.42\% = 84 元$$

$$乘客保险费 = 20000 元 \times 0.27\% \times 4 = 216 元$$

4. 机动车全车盗抢保险

按照被保险人类别、车辆用途、座位数查找基础保险费和费率，详见表2-5。

$$全车盗抢险保费 = 车辆实际价值 \times 费率$$

表 2-5 某保险公司家庭自用汽车机动车全车盗抢保险费率表（局部）

单位：元

座位数 车龄	6座以下客车 费率	6-10座客车 费率	客货两用 费率
1年以下	0.603%	0.734%	0.522%
1-2年	0.588%	0.716%	0.510%
2-3年	0.583%	0.710%	0.505%
3-4年	0.547%	0.666%	0.474%
4-5年	0.512%	0.635%	0.452%

三、附加险保险费的计算

现代汽车保险市场，由于没有统一的规定，各保险公司的保险费率都存在差别。但计算原则都是一样的。

1. 玻璃单独破碎险

按被保险机动车的类别、座位数、投保国产/进口玻璃查费率表，见表2-6，按以下公式计算。

$$保险费=新车购置价×费率$$

表2-6 某保险公司玻璃单独破碎险费率表（局部）

车辆种类	费率	进口	国产
玻璃单独破碎险 非营业	6座以下客车	0.2805%	0.1700%
	6-10座客车	0.2805%	0.1700%
	10座以上客车	0.3400%	0.2040%
	2t以下货车	0.1530%	0.0935%
	低速载货汽车	0.1530%	0.0935%

注：对于特种车、防弹玻璃等特殊材质玻璃标准保险费上浮10%。

2. 车身划痕损失险

按照车龄、新车购置价、保险金额所属档次直接查询费率表，见表2-7。

表2-7 某保险公司车身划痕损失险费率表（局部）

单位：元

车龄类别	保险金额	2000	5000	10000	20000
车身划痕损失险	新车购置价30万以下 2年以内	340	485	650	970
	新车购置价30万以下 2年及以上	520	725	1105	1615
	新车购置价30万-50万 2年以内	500	765	995	1515
	新车购置价30万-50万 2年及以上	765	1150	1530	2210
	新车购置价50万及以上 2年以内	725	935	1275	1915
	新车购置价50万及以上 2年及以上	935	1275	1700	2550

3. 自燃损失险

按照被保险人类别、车龄查费率表，见表2-8，按以下公式计算。

表2-8 某保险公司自燃损失险费率表（局部）

自燃损失险	车龄 类别	2年以内	2-4年	4-6年	6年及以上
	非营业	0.102%	0.170%	0.255%	0.425%

$$保险费=保险金额×费率$$

4. 其他附加险

其他附加险保险费，参照表2-9计算。

表 2-9　某保险公司附加险费率表（局部）

险　种	说　　明	
不计免赔险	机动车损失保险	机动车损失保险费的 15%
	机动车第三者责任保险	机动车第三者责任保险保险费的 15%
	机动车全车盗抢保险	机动车全车盗抢保险保险费的 20%
	其他险别	相应险别保险费的 15%
新增设备损失险	按机动车损失保险的费率执行	
精神损害抚慰金责任险	赔偿限额的 0.8%	
指定修理厂险	机动车损失保险保险费相应上浮，国产车：10%–30%；进口车：15%–60%	

四、费率调整系数

保险费率是保险人对风险进行识别和控制的基本手段，通过对费率的上下浮动达到对不同品质客户的识别和对经营风险的控制。

1. 交强险费率浮动

目前，我国在统一的基础费率基础上，交强险费率实行与被保险机动车交通事故记录相联系的浮动机制。简单来说，就是新车第一年的交强险保险费是全国统一的，从第二年开始，就会根据上年是否有交通事故记录进行交强险费率浮动（如：江苏、浙江、安徽、上海、湖南、湖北、江西、辽宁、河南、福建、重庆、山东、广东、深圳、厦门、四川、贵州、大连、青岛、宁波 20 个地区实行以下费率调整方案 E，见表 2-10。

表 2-10　交强险费率浮动

项　目	违规情况	费率浮动值
道路交通事故	E1，上一个年度未发生有责任道路交通事故	−10%
	E2，上两个年度未发生有责任道路交通事故	−20%
	E3，上三个年度未发生有责任道路交通事故	−30%
	E4，上一个年度发生一次有责任不涉及死亡的道路交通事故	0%
	E5，上一个年度发生两次有责任不涉及死亡的道路交通事故	10%
	E6，上一个年度发生有责任涉及死亡的道路交通事故	30%

根据浮动费率制度，交强险最终保险费计算方法如下。

交强险最终保险费 = 交强险基础保险费 ×（1+ 与道路交通事故相联系的浮动比率 X，X 取 E 方案其中之一对应的值）。

例 2-3：6 座以下的私家车主一年内未发生有责任道路交通事故，其第二年需要交纳的交强险保险费为：

$$950 \text{ 元} \times (1 - 10\%) = 855 \text{ 元}$$

2. 汽车商业保险费率浮动

对于汽车商业保险，各大保险公司都有自己的费率浮动规则。一般采用费率调整系数法。下面介绍深圳地区机动车商业保险浮动机制。

深圳保险行业在广泛征求社会意见的基础上，调整完善了《深圳机动车商业保险费率浮动方案》（以下简称《浮动方案》）。该方案将作为深圳保险行业指导方案，自 2011 年 2 月 22 日起，由深圳经营机动车商业保险的保险公司自主选择使用。

费率浮动系数分为个人车辆费率系数和团体车辆费率系数两个部分。个人车辆费率系数适用于行驶证车主为自然人的车辆，包括"赔款记录系数""险别系数""车型系数"以及"交通违法记录系数"四项；团体车辆费率系数适用于行驶证车主为非自然人的车辆，包括"管理系数""经验赔付和风险水平系数"两项。具体费率浮动系数详见表2-11。

表2-11 深圳汽车商业保险费率浮动系数

个人车辆费率系数				
项 目			说 明	系数值
赔款记录系数	$A^①$	A_1	连续3年及以上没有发生赔款	0.5
		A_2	连续2年没有发生赔款	0.55
		A_3	上年没有发生赔款	0.6
		A_4	上年发生1次赔款	0.7
		A_5	上年发生2次赔款	1
		A_6	上年发生3次赔款	1.1
		A_7	上年发生4次赔款	1.3
		A_8	上年发生5次赔款	1.5
		A_9	上年发生6-10次赔款	1.8
		A_{10}	上年发生10次以上赔款	2
		A_{11}	本年首次投保汽车商业保险	1.0
险别系数	$B^②$		同时投保机动车第三者责任保险和其他险别	0.95
车型系数	$C^③$		仅适用于机动车损失保险	1.0-2.0
交通违法记录系数	$D^⑤$	D_1	驾驶机动车逆行、倒退行驶的④	10%
		D_2	不按交通信号灯规定通行的	10%
		D_3	超速50%以上的	10%
		D_4	未取得机动车驾驶证、机动车驾驶证被吊销的	30%
		D_5	驾驶机动车造成交通事故后逃逸的（肇事逃逸）	30%
		D_6	每发生一次饮酒后驾驶违法行为的（饮酒驾驶）	10%
		D_7	每发生一次醉酒后驾驶违法行为的（醉酒驾驶）	30%
团体车辆费率系数				
项 目			说 明	系数值
管理系数	$E^⑥$		评定安全管理水平及风险状况	0.8-1.2
经验赔付和风险水平系数	$F^⑦$		经验赔付状况及预期风险水平	0.7-2

注：本方案实施首年，追溯本方案实施日至投保日的交通违法记录，不追溯以往交通违法记录；在后续保险年度，追溯投保日前365天的交通违法记录。

①赔款记录系数A根据车辆以往保险年度赔款次数确定，对应$A_1 \sim A_{11}$其中之一，不累加。赔款次数根据计算区间内投保车辆发生的赔款金额不为零的已决案件次数统计，以深圳汽车商业保险信息平台记录为准。

②险别系数B适用于同时投保机动车第三者责任保险和其他险别，其他情况该系数值为1。

③车型系数C适用于古老、稀有、特异、购置年限较长或维修成本高昂等具有较高风险的车型，由各保险公司根据具体风险状况据实使用。

④"驾驶机动车逆行、倒退行驶的"包括以下六种行为：机动车逆向行驶的；驾驶机动车在城市快速干道逆行的；驾驶机动车在城市快速干道倒退行驶的；驾驶机动车在高速公路逆行的；驾驶机动车在高速公路倒退行驶的；重、中型载货汽车逆向行驶的。

⑤交通违法记录系数D根据投保车辆上一年度交通违法情况分别对应D_1-D_7，系数D等于D_1-D_7各项累加之和，如累加之和大于50%，则系数D等于50%。

⑥管理系数E是由各保险公司根据团体车辆的安全管理水平、实际使用情况进行评估，而后确定使用。系数越小，表示车辆使用管理越科学、合理，风险越低。反之亦然。

⑦经验赔付和风险水平系数F是由各保险公司根据团体车辆的历史经验赔付状况及预期风险水平进行评估，而后确定使用。

承保汽车商业保险最终费率浮动系数采用系数连乘的方式计算，分个人车辆、团体车辆两类。
（1）个人车辆

个人车辆最终费率浮动系数（机动车损失保险）=赔款记录系数 A×险别系数 B×车型系数 C×（1+交通违法记录系数 D）

个人车辆最终费率浮动系数（其他险别）=赔款记录系数 A×险别系数 B×（1+交通违法记录系数 D）

个人汽车保险保险费=最终费率浮动系数×标准保险费

（2）团体车辆

团体车辆最终费率浮动系数=管理系数 E×经验赔付和风险水平系数 F

团体汽车保险费=最终费率浮动系数×标准保险费

知识准备四　汽车保险合同

一、汽车保险合同的概念

汽车保险合同是指投保人与保险人双方以汽车为保险标的，经过要约和承诺程序，在自愿的基础上订立的一种在法律上具有约束力的协议。是投保人与保险人约定保险权利义务关系的协议。保险人按照约定，对被保险人因自然灾害、意外事故而遭受的经济损失或者依法应承担的民事责任负赔偿责任，而由投保人交付保险费的合同。

二、汽车保险合同的特征

订立汽车保险合同是双方当事人的一种法律行为，汽车保险合同由投保人提出保险要求，经保险人同意，双方意见一致才成立。

1. 汽车保险合同是有偿合同

有偿合同是指合同双方当事人的权利取得需要花费一定代价。在双方订立汽车保险合同时，投保人以向保险人支付一定保险费为代价，当约定的保险事件出现时投保人能从保险人那里得到赔偿的权利；而保险人所具有的收取投保人保险费的权利，也是以保险标的发生保险事故后自己给予经济补偿的承诺为代价的。所以汽车保险合同是一种有偿合同。

2. 保险合同是当事人双方的一种法律行为

保险合同不是单方的法律行为，即不能由当事人与自己签订合同。一般保险合同是由一个投保人与一个保险人订立的。保险合同还必须是双方的意见一致才能成立的。合同当事人双方的法律地位一律平等，任何一方不能把自己的意志强加给对方。合同是投保人提出保险要求，经保险人同意，且双方意见一致才成立的。

3. 汽车保险合同是有名合同

法律尚未确定名称和规范的合同是无名合同，有名合同是法律直接赋予某种合同以名称并规定了调整规范的合同。在众多保险合同中，有许多合同都为无名合同。在我国，汽车保险被赋予了"机动车保险"的名称，它是保险合同中的一种重要合同，是有名合同。

4. 保险合同是射幸合同

射幸合同是指合同当事人一方付出一定代价所获得的只是一个机会，对投保人而言，他有可能获得远远大于所支付的保险费的效益，但也可能没有利益可获；对保险人而言，他所赔付的保险金可能远远大于其所收取的保险费，但也可能只收取保险费而不承担支付保险金的责任。保险合同的这种射幸性质是由保险事故的发生具有偶然性这个特点决定的,即保险人承保的危险或者保险合同约定的给付保险金的条件的发生与否,均为不确定的。

5. 汽车保险合同是附和合同

附和合同是指合同双方当事人不充分商议合同的重要内容,而是由一方提出合同的主要内容,另一方只能取与舍,即要么接受对方提出的合同内容,签订合同,要么拒绝。汽车保险合同的主要内容一般情况下是由保险人事先拟定好,供投保人或被保险人选择,没有变更或修改的余地,所以汽车保险合同是附和合同。

6. 保险合同是诚信合同

保险遵守诚实信用原则,这就决定了保险合同具有诚信性。诚实信用原则是同时约束双方当事人,不仅针对投保人而言,也是针对保险人而言的。在汽车保险中,作为投保人,应当将汽车本身的情况如实告知保险人,包括是否是营业汽车、是否重复投保等情况,或者如实回答保险公司提出的问题,不得隐瞒;而保险人也应该将保险合同的内容及特别约定事项、免责条款如实向投保人进行解释,不得误导或引诱投保人参加汽车保险。

7. 汽车保险合同是双务合同

任何合同对双方当事人都是法律行为,都有义务履行合同,所以是双务合同,当事人双方的义务与享有的权利是互为联系、互为因果的,交纳保险费是保险合同生效的先决条件。投保人在履行支付保险费的义务后,汽车保险合同生效,被保险人在保险汽车发生保险事故时,依据保险合同享有请求保险人支付保险金或补偿损失的权利。同样,保险人在收取投保人保险费后,就必须履行保险合同所规定的赔偿损失的义务。

三、汽车保险合同的主体与客体

汽车保险合同的主体(当事人、关系人)与客体(保险利益)是其必须具备的两个要素。

1. 合同的主体

汽车保险合同的主体是指在保险合同订立、履行过程中享有合同赋予的权利和承担相应义务的人。根据在合同订立、履行过程中发挥的作用不同,保险合同的主体分为当事人和关系人两类。

(1)汽车保险合同的当事人

对合同建立起关键作用的是保险合同当事人,包括保险人和投保人。

①保险人。保险人是指与投保人订立汽车保险合同,对于合同约定的可能发生的事故因其发生造成汽车本身损失及其他损失承担赔偿责任的财产保险公司。

②投保人。投保人是指与保险人订立保险合同,并按照保险合同负有支付保险费义务的人。作为汽车保险合同当事人之一的保险人有权决定是否承保,有权要求投保人履行如实告知义务,有权代位追偿、处理赔偿后损余物资、同时也有按规定及时赔偿的义务。

汽车保险投保人应具备下列三个条件。

投保人是具有权利能力和行为能力的自然人或法人,反之,不能作为投保人。

投保人对汽车具有利害关系,存在可保利益。

投保人负有缴纳保险费的义务。

(2)汽车保险合同的关系人

在财产保险合同中,合同的关系人仅仅指被保险人,而人身保险合同中的关系人除了被保险人外,还有受益人。通常被保险人是一个,而受益人可以为多个。汽车保险合同是财产保险合同的一种,应当具有财产保险合同的一般特征,因而,汽车保险合同的关系人是被保险人。所谓被保险人是指其财产或者人身受保险合同保障,享有保险金请求权的人。

① 被保险人的特征如下。

a. 被保险人是因保险事故发生而遭受损失的人。在汽车保险合同中，被保险人是保险标的即保险车辆的所有人或具有利益的人。

b. 被保险人是享有赔偿请求权的人。因为被保险人是保险事故发生而遭受损失的人，所以享有赔偿请求的权利，而投保人不享有赔偿请求的权利。

② 投保人和被保险人的关系如下。

a. 投保人与被保险人的相等关系。在汽车保险中，投保人以自己的汽车投保，投保人同时也就是被保险人。

b. 投保人与被保险人的不相等关系。投保人为他人的汽车投保，保险合同一经成立，投保人与被保险人分属两者。在这种情况下，要求投保人对于被保险人的财产损失具有直接的或间接的利益关系。

2. 合同的客体

汽车保险合同的客体是投保人对投保车辆的保险利益。保险利益是指投保人或被保险人对保险标的所具有的国家法律认可并予以保护的经济利害关系。汽车保险合同的保险标的是汽车及其相关利益。

投保人与保险人订立汽车保险合同的主要目的不是保障保险标的不发生损失，而是保障发生损失后的补偿。因此保险人保障的是被保险人对保险标的所具有的利益，即保险利益。

（1）汽车保险利益的特点

① 汽车对投保人具有经济上的价值。

② 这种利益得到法律上允许或承认。

③ 能够用货币进行估价或约定。

（2）汽车保险利益的表现形式

汽车保险利益表现在财产利益、收益利益、责任利益与费用利益四个方面，具体详见表2-12。

表2-12 汽车保险利益内涵

表现形式	包括的内容
财产利益	所有利益、占有利益、抵押利益、留置利益、担保利益、债权利益
收益利益	期待利益、营运收入利益、租金利益
责任利益	机动汽车的民事损害赔偿责任利益
费用利益	施救费用利益、救助费用利益

四、汽车保险合同的内容与形式

导学视频

1. 合同的内容

汽车保险合同的内容是车辆投保人、被保险人与保险人之间所约定的权利与义务及其他有关事项，用条款的方式写在汽车保险合同中，他是当事人双方履行合同义务、承担法律责任的依据。当汽车保险合同生效后，双方都必须遵守合同的内容。汽车保险合同的内容分为基本内容和约定内容。

（1）基本内容

汽车保险合同的基本内容是《保险法》规定必须列明的、涉及合同双方当事人权利义务的内容，是必不可少的组成部分，也是制定汽车保险合同条款和安排汽车保险合同格式的法律依据。基本内容一般由保险人事先拟定，并印制在保险单上。

《保险法》第18条规定："保险合同应当包括下列事项：保险人名称和住所；投保人、被保险人名称和住所，以及人身保险的受益人的名称和住所；保险标的；保险责任和责任免除；保险期间和保险责任开始时间；保险金额；保险费以及支付办法；保险金赔偿或者给付办法；违约责任和争议处理；订立合同的年、月、日。"因此，汽车保险合同的基本内容如下。

① 合同主体的名称和住所。包括保险人、投保人和被保险人。保险人和投保人是合同得以成立的当事人，所以应首先载明二者的名称和住所。被保险人作为合同的关系人，是合同保障的对象，因此无论其与投保人是否同一人，名称和住所均应在合同中载明。

合同主体为单位的，其名称应与公章名称一致，住所应为主要办事机构所在地；合同主体为个人的，其名称应与相关证件上的姓名一致，住所应为生活住所。

② 保险标的。保险标的是当事人双方权利和义务共同所指对象，是保险利益的载体。根据载明的保险标的，不但可判断投保人或被保险人对保险标的有无保险利益，而且可确定保险价值、保险金额以及保险费率档次。汽车保险可简单分为损失险和责任险两类。损失险的保险标的是保险车辆。责任险的保险标的是车辆使用过程中对他人造成财产损失或人身伤害，依法应承担的经济赔偿责任。

③ 保险责任。保险责任是指保险人承担的具体风险，他规定了保险人对被保险人承担赔偿或给付保险金责任的范围。通常保险责任由保险人制定，保险人根据不同险种和相应风险制定出保险责任条款并载明于保险合同中。保险人并不对保险标的的所有风险承担责任，而是仅对与投保人在保险合同中约定的风险项目承担责任。险种和风险不同，保险责任也不同。

④ 责任免除。责任免除是指保险合同规定的保险人不承担赔偿或给付保险金责任的范围。由于责任免除直接涉及被保险人利益，所以责任免除条款通常采用列举的方式在保险合同中明确列明，同时投保人在投保时，保险人还必须对责任免除条款明确说明义务。除此之外，对不属于保险责任而在责任免除部分又未明确列明的风险统归为责任免除的内容。

⑤ 保险期间和保险责任开始时间。保险期间是保险合同所持续的有效时间，是保险人必须按保险合同约定的保险条款为被保险人提供保险保障的起讫时间。保险责任开始时间是保险人承担被保险人保险责任的开始时刻。

保险期间的确定方式一般有两种：一种是保险合同上约定明确的按自然日期计算的起止时间，如某年某月某日某时起至某年某月某日某时止。汽车保险的保险期间就是这种确定方式，如某汽车保险合同保险期间自2008年8月8日零时起至2009年8月7日24时止。另一种是按保险事件的过程来确定。例如，货物运输保险以航程或路程的运行期为保险期间，工程保险以工程开始到工程结束的工程期为保险期间。

⑥ 保险金额。保险金额是保险人承担赔偿或给付保险金责任的最高限额，也是计算保险费的基础。对于财产保险合同，保险金额不得超出保险标的的实际价值，若超出，超出部分无效。对于人身保险，保险金额一般根据被保险人或受益人的实际需要和投保人交付保险费的能力来确定。

⑦ 保险费。保险费是投保人为使保险人承担保险责任而向保险人支付的费用。保险费是建立保险基金的资金来源，缴纳保险费是投保人的基本义务。保险费可根据保险合同的规定，由投保人一次付清，也可分期付清。投保人不按保险合同的约定交付保费的，应承担相应的法律后果。保险合同应对保险费的数额、交付方式等内容明确规定。

在保险合同中的保险费是根据保险金额和保险费率计算出来的，即保险费等于保险金额乘以保险费率。保险费率的高低取决于保险责任范围的大小、以往经营中的出险损失率和经营成本。《保险法》第136条规定："关系社会公众利益的保险险种，依法实行强制保险的险种和新开发的人寿保险险种等的保险条款和保险费率，应当报保险监督管理机构批准。保险监督管理机构审批时，应当遵循保护社会公众利益和防止不正当竞争的原则。审批的范围和具体办法，由保险监督管理机构制定。其他保险险种的保险条款和保险费率，应当报保险监督管理机构备案。"因此，合同双方确定保险费时，应以保险监督管理部门审批或备案的保险费率为依据。

⑧ 保险金赔偿或给付办法。在财产保险合同中的保险金称为保险金赔偿，而在人身保险中的保险金称为保险金给付。赔偿或给付保险金是保险人依法履行的主要义务，是保险业实现其经济保障职能的要求和体现。

《保险法》第 23 条规定："保险人收到被保险人或者受益人的赔偿或者给付保险金的请求后，应当及时做出核定；情形复杂的，应当在 30 日内做出核定，但合同另有约定的除外。保险人应当将核定结果通知被保险人或者受益人；对属于保险责任的，在与被保险人或者受益人达成赔偿或者给付保险金的协议后 10 日内，履行赔偿或者给付保险金义务。保险合同对赔偿或者给付保险金的期限有约定的，保险人应当按照约定履行赔偿或者给付保险金义务"。

⑨ 违约责任和争议处理。违约责任是指保险合同当事人一方违反保险合同的约定，必须向另一方当事人承担相应的违约责任。保险合同明确违约责任可以防范和减少当事人违约行为的发生。当事人一旦没有按照合同的约定完全地、全面地履行合同，那么他就应当承担相应的法律后果和违约责任，这是保险合同法律效力的必然要求，也是保证保险合同正常履行的基本条件。

争议处理是指保险合同发生争议时的解决方法。争议处理的解决方法主要有：协商、仲裁或诉讼。当发生争议时，首先是当事人双方通过协商解决，协商解决不了，可提请仲裁，或提起诉讼。

⑩ 订立保险合同的时间。订立保险合同的时间是指保险人同意承保后，在投保单上签字盖章的同时，所注明的时间。该时间对于认定保险合同的订立日、证明保险利益的存在、判断保险危险是否发生有着十分重要的意义。因此，在合同中注明订立合同的时间是极为重要的。

（2）约定内容

《保险法》第 18 条同时还规定："投保人和保险人可以约定与保险有关的其他事项。"因此，当保险合同的基本内容不能完全表达当事人双方的意愿时，当事人双方可以通过协商约定其他内容，这些称为保险合同的约定内容。保险合同的约定内容必须是《保险法》所允许的，不得与其他法律、法规相抵触，也不得违背最大诚信原则。

2. 汽车保险合同的形式

汽车保险合同的形式主要有投保单、保险单、保险凭证、暂保单和批单五种。

（1）投保单

投保单是投保人向保险人申请订立保险合同的书面要约。投保单是保险人承保的依据，保险合同成立后，投保单是保险合同的重要组成部分。投保单必须如实填写。

（2）保险单

保险单是保险人和投保人之间订立保险合同的正式书面文件，是保险人向被保险人履行赔偿或给付义务的依据。保险单的内容包括保险项目、保险责任、责任免除等。

（3）保险凭证

保险凭证是保险人签发给投保人或被保险人证明保险合同已经订立的书面凭证，是一种简化的保险单，与保险单具有同等的法律效力。

（4）暂保单

暂保单是保险人或保险代理人向投保人出具保险单或保险凭证之前签发的临时保险凭证。暂保单的法律效力等同于保险单或保险凭证。暂保单的有效期限较短，一般只有 30 天，且当保险单或保险凭证出具后，暂保单将自动失效。保险人可以在保险单出具前终止暂保单，但必须提前通知被保险人。

（5）批单

批单是保险合同双方当事人对于保险单的内容进行修改或变更的证明文件。批单是保险合同的重要组成部分。批单的内容与原保险合同内容冲突的，以批单为准；多次批改签发的批单，应以最后批改的批单为准。

五、汽车保险合同的一般法律

1. 汽车保险合同的订立与生效

汽车保险合同的订立是指投保人和保险人基于意思表示一致时双方订立保险合同的行为。保险合同在订立时，首先投保人必须有投保意愿，并向保险人提出保险要求。然后保险人表示承担投保人提出的保险要求。所以保险合同必须经过投保人的要约和保险人的承诺两个阶段才能订立，即合同的订立包括要约阶段与承诺阶段。要约阶段是投保人向保险人提出保险要求的意思表示。在保险实务中，由于汽车保险合同是附和合同，所以投保人的要约为书面要约形式，即填写投保单。承诺阶段是保险人同意投保人提出的保险要求的意思表示。也就是说，保险人认可和接受了投保人在投保单上提出的所有条件，并同意在双方合意的条件下承担保险责任。在保险实务中，保险人接到投保单，经审核没有异议后签字盖章，并出具保险单或保险凭证，保险合同即告成立。

保险合同的生效是指保险合同对当事人双方发生约束力，即合同条款产生法律效力。一般的合同成立即生效。但是，在保险业务实践中，对于保险合同的生效往往采取特别约定的方式，即约定在合同成立后的某一时间生效。同时，我国保险实务中普遍实行"零点起保"。所以保险合同的成立和生效往往不一致。保险合同生效前发生的保险事故，保险人不承担保险责任。

2. 汽车合同的变更与解除

（1）汽车保险合同的变更

汽车保险合同的变更是指在保险期间届满之前，当事人根据主客观情况的变化，依照法律规定的程序，对汽车保险合同的某些条款和事项进行修改或补充。变更汽车保险合同的，应当由保险人在保险单或者其他保险凭证上批注或者附贴批单，或者由投保人和保险人订立变更的书面协议。

汽车保险合同的变更主要涉及以下内容。

① 保险人变更。一般情况下，保险人变更是不可能的。但是，当出现保险人破产、被责令停业、被撤销保险业经营许可等情况时，会导致保险人变更；保险公司的合并或分立，也可能导致保险人变更。

② 被保险人变更。当被保险机动车发生转卖、转让、赠送他人时，被保险人需要变更。

③ 保险标的变更。保险标的的变更包括保险标的的用途或危险程度的变化、保险价值明显增加或减少等情况。

④ 保险责任变更。保险责任变更是指保险人承担的保险责任范围的扩大或缩小等。如果投保人或被保险人有变更保险责任条款的需要，经过双方协商，可以约定变更。

⑤ 增、减或变更约定驾驶人员。

⑥ 调整保险金额或责任限额。

⑦ 增、减投保车辆。

⑧ 保险期间变更。

汽车保险合同的变更程序为被保险机动车在保险期间内，发生变更事项，投保人应提出书面申请，办理变更手续。在办理保险变更的程序中，有些保险公司目前设定的具体程序也有不尽完善的地方，还需要不断地改进。以因车辆过户而变更被保险人为例。目前在车辆办理过户手续时，车辆管理部门先出具车辆行驶代理证，经过一段时间以后，才出具正式行驶证，而有些保险公司在办理车辆保险过户批单时，却要求车主出具正式行驶证才予以办理。因此，在车主已经将车辆过户但尚未取得车辆正式行驶证期间将会出现保险责任真空区，对被保险人而言这是不合理的。

汽车保险合同变更的细节要求：汽车保险合同变更必须采用书面形式，在保险双方当事人协商一致的前提下，可以由保险人在原保险单或者其他保险单证上批注，也可附贴批单，还可以就变更问题专门签订书面协议。根据国际惯例，手写批注的法律效力优于打字批注；打字批注的法律效力优于加贴的附加条款；加贴的附加条款的法律效力优于基本条款；旁注附加的法律效力优于正文附加。变更了的部分保险合同与原保险合同中未变更的部分重新组成一份完整的保险合同，成为合同当事人享有合同权利和履行合同义务的依据。

（2）汽车保险合同的解除

汽车保险合同的解除是指汽车保险合同成立之后，当法定或约定的事由发生时，一方当事人可以行使解除权，使汽车保险合同效力提前消灭的一种法律行为。

① 投保人解除汽车保险合同《保险法》第十五条规定："除本法另有规定或者保险合同另有约定外，保险合同成立后，投保人可以解除合同，保险人不得解除合同"。《保险法》第五十四条规定：保险责任开始前，投保人要求解除合同的，应当按照合同约定向保险人支付手续费，保险人应当退还保险费。保险责任开始后，投保人要求解除合同的，保险人应当将已收取的保险费，按照合同约定扣除自保险责任开始之日起至合同解除之日止应收的部分后，退还投保人。"

投保人因重大过失未履行如实告知义务，对保险事故的发生有严重影响的，保险人对于合同解除前发生的保险事故，不承担赔偿或者给付保险金的责任，但应当退还保险费。

② 保险人解除汽车保险合同《保险法》第十五条规定："除本法另有规定或者保险合同另有约定外，保险合同成立后，投保人可以解除合同，保险人不得解除合同。"但是，在以下几种情况下，保险人可以解除汽车保险合同。

a. 投保人故意或者因重大过失未履行前述规定的如实告知义务，足以影响保险人决定是否同意承保或者提高保险费率的，保险人有权解除合同。但前述规定的合同解除权，自保险人知道有解除事由之日起，超过30日不行使而消灭。自合同成立之日起超过2年的，保险人不得解除合同；发生保险事故的，保险人应当承担赔偿或者给付保险金的责任。

但保险人在合同订立时已经知道投保人未如实告知的情况的，保险人不得解除合同；发生保险事故的，保险人应当承担赔偿或者给付保险金的责任。

b. 未发生保险事故，被保险人或者受益人谎称发生了保险事故，向保险人提出赔偿或者给付保险金请求的，保险人有权解除合同，并不退还保险费。

c. 保险标的发生部分损失的，自保险人赔偿之日起30日内，投保人可以解除合同；除合同另有约定外，保险人也可以解除合同，但应当提前15日通知投保人。

（3）汽车保险合同的终止

汽车保险合同的终止是指汽车保险合同权利义务关系的绝对消灭。引起汽车保险合同终止的情况主要包括以下几种。

① 自然终止，即汽车保险合同有效期满即终止，是汽车保险合同终止最普遍、最基本的方式。
② 因投保人或保险人解除合同而终止。
③ 因义务履行而终止。

因义务履行而终止是指保险事故发生后，保险人履行了赔付保险金的全部责任，导致合同终止。这里的全部责任，是指发生了保险人应当按约定的保险金额全部赔付的保险事故。以上只是针对机动车损失保险而言，对于机动车第三者责任保险，则不存在因履行义务而终止的情况。

知识准备五　汽车保险投保流程

汽车保险投保的运作流程如图2-1所示，可概括为以下六个步骤。

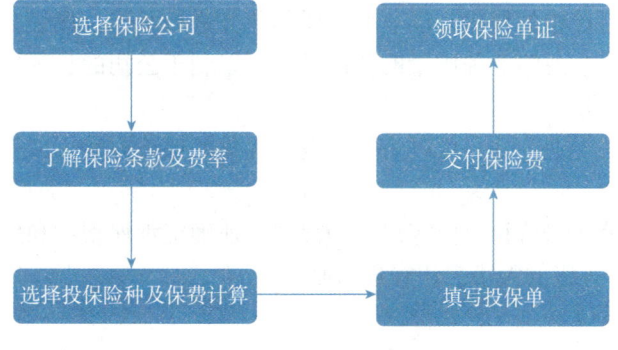

图2-1　投保流程

一、选择保险公司

先了解现在经营机动车辆保险业务的各家保险公司的服务情况，并考虑自己家或单位附近是否有正式的保险公司营业机构，从而确定一家信得过而且对投保人来说又方便的保险公司。

二、了解保险条款及费率

尤其对于条款中的责任免除条款和义务条款要认真研究，同时对于条款中不理解的条文要记下来，以便投保时向保险业务人员咨询。

三、选择投保险种及保费计算

根据对条款的初步了解和自身的情况，选择适合自己的投保险种，并计算保费。

四、填写投保单

携带行车执照、购车发票、车主身份证等相关证件，并把要投保的车辆开到保险公司（网上投保、电话投保除外）；在保险公司业务人员详细介绍了机动车辆保险条款和建议投保的险种后，如果对条款中还有不理解的地方可以向保险公司业务人员仔细咨询。已经完全清楚后，认真填写《机动车辆保险投保单》，将有关情况向保险公司如实告知。

五、交付保险费

保险公司业务人员对投保单及投保车辆核对无误并出具保单正本后，首先要核对一下保险单正本上的内容是否准确，其次检查保险证是否填写齐全，理赔报案电话、地址是否清晰、明确，最后投保人交纳保险费。

六、领取保险单证

投保人（被保险人）拿到保险单证后，应审核保险单证是否有误。保险单证与行车执照要随身携带，以备随时使用，同时将保险单正本妥善保管。投保人应注意车辆上完保险以后，尽快去领牌照，只有领了牌照，保险合同才有效。

知识准备六　汽车保险核保

一、核保的原则和意义

1. 核保的原则

（1）保证长期承保利润

①通过对保险标的进行严格的核保，以争取优质的业务进行承保，保证公司经营效益。

②避免只重视承保数量、忽略业务质量的片面做法，以利于公司的长远发展。

（2）提供优质的保险服务

①核保是对承保风险的专业评估，可以为客户设计优化的保险方案，以充分满足客户需要，稳定客户数量。

②通过统一的标准，公正对待每一位客户，一视同仁地确定承保条件和费率，确保每个被保险人所支付的保费能真实反映风险等级的大小，让客户信服。

（3）争取市场的领先地位

① 保险公司应加强对核保人员的培训，完善对风险评估和保险方案确定的技术，形成技术的先进性，以保持其在市场的竞争优势。

② 通过不断提高承保技术，拓展新的业务领域，保持市场的领先优势。

（4）谨慎运用公司的承保能力

① 在条件不成熟的条件下，不要盲目承保高风险项目。

② 做好巨灾风险的研究工作，积累核保经验，为以后的承保做好准备。

（5）实施规范的管理

① 遵守国家法律、地方法规。

② 遵守行业规章及公司的制度和市场准则。

2. 核保的意义

（1）防止逆选择，排除经营中的道德风险

在保险公司的经营过程中始终存在一个信息问题，即信息的不完整、不精确和不对称。这种信息的不对称是指投保人或被保险人比较了解或能较精确评估其自身风险，而保险人却较难做到。尽管诚实信用原则要求投保人在投保时应履行充分告知的义务，但是事实上始终存在着信息不完美和不精确的问题。保险市场信息的不对称性，可能导致投保人或被保险人的道德风险和逆向选择，而道德风险与逆向选择将给保险公司的经营带来巨大的潜在风险。

保险公司通过建立核保制度，由资深人员运用专业技术和经验对投保标的进行风险评估，通过风险评估可以最大限度地解决信息不对称的问题，排除道德风险，防止逆向选择。

在保险欺诈案件中有一个共同的特点就是在投保时虚构保险利益。在汽车保险业务中反映为高估车辆的实际价值，这种现象是可以通过认真和专业的核保予以排除的。

（2）确保业务质量，实现经营的稳定

保险公司是经营风险的特殊行业。它经营的是社会的风险，所以保险公司经营情况良好与否不仅是保险公司自身的问题，同时也是整个社会的稳定问题。

保险公司要实现经营的稳定，关键的一个环节是控制承保业务的质量。但是，在实际工作中发展与管理始终是一对矛盾。随着国内保险市场的发展，保险市场的竞争日趋激烈，保险公司在扩大业务的同时，经营风险也在不断增大。其主要表现为以下三点。

① 为了拓展业务而急剧扩充业务人员，但这些新人员的素质有限，无法认识和控制承保的质量。

② 保险公司为了扩大保险市场占有份额，稳定与投保人的业务关系，放松了对拓展业务方面的管理。

③ 保险公司为了拓展新的业务领域，开发一些不成熟的新险种，签署了一些未经详细论证的保险协议，增加了风险因素。

核保制度是保险公司防范、避免和解决以上种种现象的发生，强化经营风险控制的重要手段。通过建立核保制度，将业务拓展和承保相分离，实行专业化管理，严格把好承保关，可以防止"病从口入"，确保保险公司实现经营的稳定。

（3）扩大市场规模，与国际惯例接轨

我国传统的市场运作模式大都是由保险公司的业务人员通过市场营销工作进行的，这种模式在一个特定的历史时期曾经发挥了重要的作用。但是，随着我国市场经济体制改革的深入和加入国际经济一体化的进程，随着保险市场主体的增加和完善，社会专业分工将成为一个必然的发展趋势，其在保险领域表现为保险中介市场的发育和完善。

由于保险中介组织经营目的和价值取向的差异以及人员的良莠不齐，保险公司在充分利用保险中介组织进行业务发展的同时，对于保险中介组织的业务管理更需要加强。核保制度是对中介业务质量控制的重要手段。因此，保险公司核保制度的建立和完善是配合保险中介市场建立和完善的必要前提条件。

(4) 实现经营目标，确保持续发展

在市场经济条件下，企业发展的重要条件是对市场进行分析，并在此基础上确定企业的经营方针和策略，包括企业的市场定位及特定业务和客户群的选择。同样，在我国保险市场的发展过程中，保险公司要在市场上争取和赢得主动，就必须确定自己的市场营销方针和政策。这包括选择特定的业务和客户作为自己发展的主要对象，确定对于各类风险承保的态度，制定承保业务的原则、条款、费率等条件。这些市场营销方针和政策实现的主要手段是核保制度。通过核保制度实现对风险选择和控制的功能，保险公司能够有效地实现其既定的经营目标，并保持业务的持续发展。

二、核保制度的建立

1. 核保机构

按保机构是指保险公司内部运行的以核保工作为主要目的的组织体系。

（1）机构设置原则

① 控制原则。即通过核保制度的建立和运作，实现对业务质量的有效控制，不能为发展业务，而放弃风险控制。

② 统一原则。即通过核保制度，确保产品和服务的统一，确保风险的同质性，避免因竞争而导致对客户服务标准的降低，同时，也能有理有据地拒绝或接受某些客户，让客户信服。

③ 高效原则。即通过核保制度的高效运作，提高企业的效率，提高业务承保的速度，降低管理成本、提升公司盈利能力。

（2）机构设置模式

① 分级设置模式。根据内部机构设置情况、人员配备情况、开展业务需要、业务技术要求等设立数级核保组织。比如人保公司在各省分公司内设立三级核保组织，即省分公司、地市分公司（营业部）、县支公司（营业部）。这是我国普选采用的一种模式。

② 个案分派模式。即根据投保金额、投保类型、投保申请的地理位置或递交投保申请的代理人分派个案，核保师可根据自己专业、特长专门从事某一类型的个案，有利于提高效率。

③ 核保中心模式。即在一定的区域范围内设立一个核保中心，通过网络技术，对所辖的业务实行远程核保。这种模式的最大优点在于，一方面所有经营机构均可得到核保中心的技术支持，最大限度地实现技术和优势共享；另一方面核保中心可对各机构的经营行为实行有效控制和管理。按照核保管理集中的趋向，核保中心将成为今后保险公司核保的一个重要模式，同时网络技术的发展和广泛应用，为集中核保提供了有利的条件和必要的技术保证。

2. 核保人员的资格与管理

（1）核保人员的资格管理

核保人员的资格取得必须具备相应的条件，如受教育情况、从事核保以及相关工作的经历、通过核保人员的资格考试等。

对核保人员的资格管理可实行"评聘分离"原则，即首先通过核保人员资格考试获取任职资格，然后再考虑是否能给予核保岗位及相关权限从事核保工作。同时，对受聘的核保人员应建立其工作档案，记录其工作情况，作为其晋升或继续使用的依据。对核保人员进行定期和不定期的培训是核保工作的关键一环。其目的是及时更新核保人员的专业知识，领会公司近期对业务发展的总体精神，掌握公司对核保工作的具体要求，从而适应市场不断变化、业务不断调整、条款不断更新、费率不断改革的工作环境。

（2）核保人员等级和权限

目前一般分三个等级，根据核保人员的不同等级，授予不同的权限。

一级核保人主要负责审核特殊风险业务，包括高价值车辆的核保、特殊车型业务的核保、车队业务的核保、投保人特别要求业务的核保，以及下级核保人员无力核保的业务。同时，还应及时解决其管辖范围内出现的有关核保技术方面的问题，如果自己无法解决应及时向上级核保部门反映。

二级核保人主要负责审核非标准业务，包括不属于三级核保人业务范围的非标准业务，即在核保手册中没有明确指示核保条件的业务，主要是指在日常工作中可能出现的承保条件方面的问题，如保险金额、赔偿限额、免赔额等有特殊要求的业务。

三级核保人主要负责对常规业务的核保，即按照核保手册的有关规定对投保单的各个要素进行形式上的审核，亦称投保单核保。

3. 核保手册

核保手册，即核保指南，是将公司对于机动车辆保险核保工作的原则、方针和政策，机动车辆保险业务中涉及的条款、费率以及相关的规定，核保工作中的程序和权限规定，可能遇到的各种问题及其处理的方法，用书面文件的方式予以明确。

核保手册是核保工作的主要依据，内容涵盖核保原则、方针、政策、条款和费率的解释、保险金额确定、可能遇到的问题及处理方法、核保程序和权限等。通过核保手册，核保人员能按统一标准和程序进行核保，可实现核保工作的标准化、规范化和程序化。

三、核保的运作

1. 核保运作的基本流程

核保工作原则上采取两级核保体制。先由展业人员、保险代理人进行初步核保，然后再由保险公司专业核保人员复核决定是否承保、承保条件及保险费率的适用等。核保的程序一般要包括审核投保单、查验车辆、核定保险费率、计算保险费、核保等步骤，如图2-2所示。

核保基本流程没有统一的方案，各公司根据核保制度的精神，结合自身业务和经营特点确定合适的方案，其核心是体现权限管理和过程控制。

2. 核保的依据

核保手册已经将机动车辆保险业务核保过程中可能涉及的文件、条款、费率、规定、程序、权限等全部包含其中，所以，核保工作的主要依据是核保手册。

但是，由于环境的变化、标的的异同，核保过程中有可能出现一些新问题，而核保手册对此没有明确规定。此种情况下，二级和一级核保人应注意运用保险的基本原理、相关的法律法规和自己的经验，通过研究分析来解决，必要时应请示上级核保部门。

3. 核保的具体方式

核保的具体方式应当根据公司的组织结构和经营情况进行选择和确定，通常将核保的方式分为标准业务核保和非标准业务核保、事先核保和事后核保、集中核保和远程核保等。

（1）标准业务核保和非标准业务核保

标准业务是指常规风险的业务，这类风险的特点是其基本符合机动车辆保险险种设计所设定的风险情况，按照核保手册就能进行核保。通常由三级核保人完

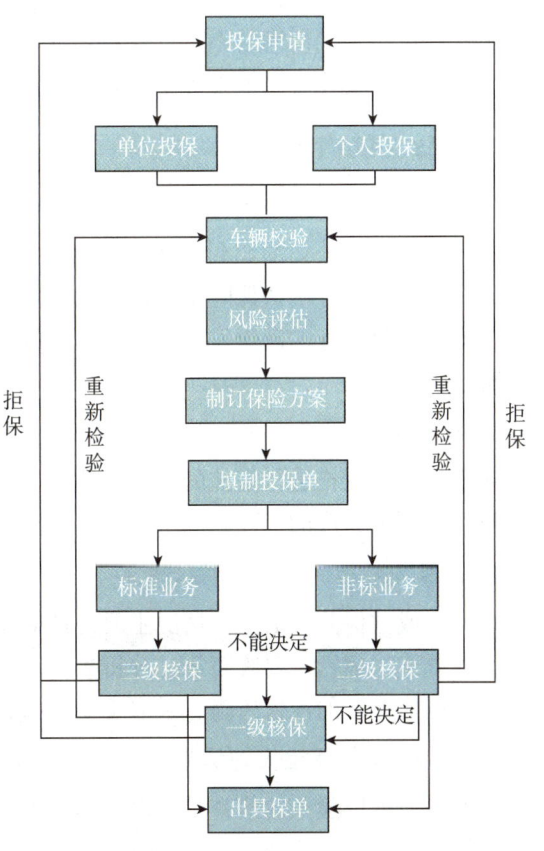

图2-2 核保运作的基本流程

成标准业务的核保工作。非标准业务是指风险较大的业务，如保险价值浮动超过核保手册规定范围的业务、特殊车型业务、军车和外地车业务、高档车盗抢险业务等，而核保手册对于这类业务没有明确规定，无法完全依据核保手册进行核保，此时，应由二级或者一级核保人进行核保，必要时核保人应当向上级核保部门进行请示。

（2）计算机智能核保和人工核保

计算机核保可大大缓解人工核保压力，提高效率和准确性，减少核保过程中的人为负面因素。但计算机不可能解决所有核保问题，对一些非程序化的、非常规业务的核保，仍离不开人员的参与。计算机智能核保与人工核保需要共存。

（3）集中核保和远程核保

集中核保可有效解决统一标准和规范业务的问题，实现技术和经验最大限度的共享。但集中核保的困难是经营网点分散，缺乏便捷和高效的沟通渠道。

远程核保就是建立区域性的核保中心，利用互联网等现代通信技术，对辖区内的所有业务进行集中核保。这种方式不仅可以利用核保中心人员技术的优势，还可利用中心庞大的数据库，实现资源共享。同时，还有利于对经营过程中的管理疏忽及道德风险实行有效防范。

（4）事先核保与事后核保

事先核保是指投保人提出申请后，核保人员在接受承保之前对投保人、被保险人以及保险标的的风险进行评估和分析，决定是否承保，在决定承保的基础上，对承保标的的风险状况，运用保险技术手段，控制自身的责任和风险，以合适的条件予以承保。

事后核保是保险人承保后发觉保险标的风险超出核保标准规定而对保险合同做出淘汰的选择，或对标的金额较小、风险较低承保业务技术比较简单、经营机构或者代理机构偏远、保险公司从人力和经济的角度难以做到事先核保的业务给予先行承保，然后再采用事后核保的方式。事后核保的结果表现为：继续承保；保险合同期满后不再续保；发现被保险人有错误申报的重要事实或欺诈行为后解除合同；行使合同的终止权终止合同效力等。

四、核保的内容

保险公司除了要大量承揽业务外，还要保证每笔业务的质量。如果大量承保不符合要求或风险较大的业务，将使保险公司的赔付率上升，影响其经营效益。保险核保是保险人对每笔业务的风险进行辨认、评估、定价，并确认保险单条件，以选择优质业务进行承保的一种行为。所以，核保对于控制经营风险，确保保险业务的健康发展有十分重要的作用，它是保的承保过程中的重要环节之一。核保的主要内容有以下几点。

1. 投保人资格

对于投保人资格进行审核的核心是认定投保人对保险标的拥有保险利益，汽车保险业务中主要是通过核对行驶证来完成的。

2. 投保人或被保险人的基本情况

投保人或被保险人的基本情况主要是针对团体车辆业务的。通过了解企业的性质，是否设有安保部门、经营方式、运行主要线路等，分析投保人或被保险人对车辆管理的技术管理状况，保险公司可以及时发现其可能存在的经营风险，采取必要的措施降低和控制风险。

3. 投保人与被保险人的信誉

投保人与被保险人的信誉是核保工作的重点之一。对于投保人与被保险人信誉的调查和评估逐步成为汽车核保工作的重要内容。评估投保人与被保险人信誉的一个重要手段是对其以往损失和赔付情况进行了解。那些没有合理原因，却经常"跳槽"的被保险人往往存在道德风险。

4. 保险标的

对被保险机动车应尽可能采用验车承保的方式,即对车辆进行实际的检验,包括了解车辆的使用和管理情况,复印行驶证、购置车辆的完税凭证,拓印发动机与车架号码,对于一些高档车辆还应当建立车辆档案。

5. 保险金额

保险金额的确定涉及保险公司及被保险人的利益,往往是双方争议的焦点,因此保险金额的确定是汽车保险核保中的一个重要内容。在具体的核保工作中应当根据保险公司制定的汽车市场指导价格确定保险金额。对投保人要求按照低于这一价格投保的,应当尽量劝说并将理赔时可能出现的问题进行说明和解释。对于投保人坚持己见的,应当向投保人说明后果并要求其对于自己的要求进行确认,同时在保险单的批注栏上明确。

6. 保险费

核保人员对于保险费的审核主要分为费率适用的审核和计算的审核。

7. 附加条款

主险和标准条款提供的是适应汽车风险共性的保障,但是作为风险的个体是有其特性的。一个完善的保险方案不仅解决共性问题,更重要的是解决个性问题。附加条款适用于风险的个性问题。特殊性往往意味着高风险,所以,在对附加条款的适用问题上更应当注意对风险的特别评估和分析,谨慎接受和制定条件。

五、核保注意事项

1. 本级核保注意事项

①审核投保单是否按照规定内容与要求填写,有无错漏,审核保险价值与保险金额是否合理。

②审核业务人员或代理人是否验证和查验车辆,是否按要求向投保人履行了告知义务,对特别约定的事项是否在特约栏内注明。

③审核费率标准和寄收保费是否正确。

④对高保额和投保盗抢险的车辆,审核有关证件,查验实际情况是否与投保单的填写一致,是否按照规定拓印牌照存档。

⑤对高发事故和风险集中的投保单位,提出限制性承保条件。

⑥对费率表中没有明列的车辆,包括高档车辆和其他专用车辆,视风险情况提出厘定费率的意见。

⑦审核其他相关情况。

核保完毕后,核保人在投保单上签署意见,对超出本级核保权限的,应上报上级公司核保。

2. 上级核保注意事项

上级公司接到请示公司的核保申请以后,应有重点地开展核保工作,核保时注意以下几点。

①根据掌握的情况考虑可否接受投保人投保。

②接受投保的险种、保险金额、赔偿限额是否需要限制与调整。

③是否接受增加特别的约定。

④协议投保的内容是否准确、完善,是否符合保险接管部门的有关规定。上级公司核保完毕后,应署名表达明确的意见并立即返回请示公司。核保工作结束后,核保人将投保单、核保意见一并转让业务内勤据以缮制保险单证。

知识准备七　汽车保单签发

一、出具单证

核保通过后,由业务人员负责收取保险费、缮制保险单(证)。保险单(证)缮制完毕后,制单人应将保险单、投保单及其附表一起送复核人员复核。复核人员复核无误后,在保险单"复核"处签章。然后由业务人员将交强险与商业险的保险单、保险证、保险标志、保险费发票交投保人查收。

缮制保险单(证)时应注意以下事项。

①双方协商并在投保单上填写的特别约定内容,应完整地载明到保险单对应栏目内,如果核保有新的意见,应根据核保意见修改或增加。

②保险单原则上应由计算机出具。

③缮制的保险单证中的保险合同主体、客体和内容等要素要明确。数字要准确,避免因数字的微小疏忽,给双方造成重大损失或导致不该发生的纠纷。

④缮制好保险单后,应将承保险种对应的所有保险条款附贴在正本之后,并统一加盖骑缝章。

⑤汽车保险合同实行一车一单(保险单)和一车一证(保险证)制。根据保险单打印《汽车保险证》并加盖业务专用章。也就是说,《汽车保险证》应与保险单同时签发,且内容必须一致。保险单是保险索赔的有效文件,应妥善保存;保险证是随车携带的资料,以便出现事故后能顺利报案。

二、单证清分

对投保单、保险单、保险费收据、保险证,应由业务人员清理归类。投保单的附表要加贴在投保单的背面,需加盖骑缝章。清分时,按下列要求进行。

①清分给投保人的单证:交强险保险单正本及条款、交强险标志、商业性保险单正本及条款、保险证、保费发票(保户留存联)等。

②计财部门留存的单证:保险费发票(财务留存联)、交强险保险单与商业性保险单的副本(财务留存联)。

③业务部门留存的单证:交强险保险单与商业性保险单的副本、投保单、保险费发票(业务留存联)。留存业务部门的单证,应由专人保管并及时整理、装订、归档。归档时,应注意以下顺序:承保单证应按保费收据、保险单副本、投保单及其副表的顺序进行归档;保险单应按号码顺序排列(含作废保险单),装订成册,封面及装订要按档。

表 2-13　机动车交通事故责任强制保险单

保险单号:

被保险人						
被保险人身份证号码(组织机构代码)						
地址					联系电话	
被保险机动车	号牌号码		机动车种类		使用性质	
	发动机号码		识别代码(车架号)			
	厂牌型号		核定载客	人	核定载质量	千克
	排量		功率		登记日期	
责任限额	死亡伤残赔偿限额	50000元		无责任死亡伤残赔偿限额		10000元
	医疗费用赔偿限额	8000元		无责任医疗费用赔偿限额		1600元
	财产损失赔偿限额	2000元		无责任财产损失赔偿限额		400元

续表

与道路交通安全违法行为和道路交通事故相联系的浮动比率	%		
保险费合计（人民币大写）	（¥：　　　元）其中救助基金（%）¥：		元
保险期间自　　年　　月　　日零时起至　　年　　月　　日二十四时止			
特别约定	保险合同争议解决方式		
重要提示	1. 请详细阅读保险条款，特别是责任免除和投保人、被保险人义务。 2. 收到本保险单后，请立即核对，如有不符合或疏漏，请及时通知保险人并办理变更或补充手续。 3. 保险费应一次性交清，请您及时核对保险单和发票（收据），如有不符，请及时与保险人联系。 4. 投保人应如实告知对保险费计算有影响的或被保险机动车因改装、加装、改变使用性质等导致危险程度增加的重要事项，并及时通知保险人办理批改手续。 5. 被保险人应当在交通事故发生后及时通知保险人。		
保险人	公司名称： 公司地址： 邮政编码：　　服务电话：　　签　章　　（保险人签章）		

保险人授权签字：　　　复核：　　　制单：　　　业务员：　　　代理/经纪人：

按规定办理，并标明档案保存期限；对回收作废的单证要集中销毁，并登记；保险监制单证的使用应符合规定和要求，由专人保管，不得遗失。

三、相关单证

1. 交强险单证

交强险单证是指投保人与保险公司签订的，证明强制保险合同关系存在的法定证明文件，由保监会监制，全国统一式样。交强险单证分为交强险保险单（详见表2-13）、定额保险单和批单三个类别。交强险保险单、定额保险单均由正本和副本组成。正本由投保人或被保险人留存，副本包括业务留存联、财务留存联和公安交管部门留存联。公安交管部门留存联应由保险公司加盖印章后交投保人或被保险人，由其在公安交管部门进行注册登记检验等后交公安交管部门留存。交强险保险单及批单必须电脑出单；交强险定额保险单可手工出单，但必须在7个工作日内据实补录到电脑系统内。除摩托车和农用拖拉机可使用定额保险单外，其他投保车辆必须使用交强险保险单。

2. 交强险标志

交强险标志是指根据法律、法规有关规定，由保险公司向投保人核发的，证明其已经投保的标志。由保监会监制，全国统一式样。交强险标志分内置型和便携型两种。目前使用的基本都是内置型，如图2-3所示，外形为椭圆形，长88mm、宽75mm。正面涂胶，使用时将正面张贴在前风窗玻璃处。内置型保险标志正面文字包括"强制保险标志""年份""月份""中国保险监督管理委员会监制"以及作为光栅背景的"SALI"等；背面文字包括："流水号""保险单号""号牌号码""保险期间""承保公司""服务电话""注释"以及"月份的反面文字"等。

(a) 正面　　　　　　(b) 背面

图 2-3　内置型交强险标志

(1) 商业性保险单

××××财产保险股份有限公司机动车保险单,详见表 2-14。

(2) 保险证

××××财产保险股份有限公司机动车保险证,详见表 2-15。

表 2-14　××××财产保险股份有限公司机动车保险单

投　保　人：_____　　　　投保人身份证号码（个人填写）：_____
被保险人：_____　　　　被保险人身份证号码（个人填写）：_____
行驶证车主：_____　　　　保　单　号：_____

根据投保人填写的投保单,本公司签发保险单,同意投保人按约定缴付保险费后,依照本保险单所载条款、批单以及其他双方约定的条件,承担保险责任。本保险单经保险人盖章且保险人授权代表签字生效。本保险单签发之日保险合同成立。

	号牌号码			厂牌型号	
	发动机号			车架号（VIN 码）	
	使用性质			所属性质	
	车辆种类			行驶区域	
	初次登记日期			防盗装置	
	核定座位	人		核定吨位	千克
	责任强制保险承保公司			责任强制保险保单号	
基本险		新车购置价/元		保险金额/元	保险费小计/元
	第三者责任险	赔偿限额/元	补充三者险原责任限额	补充三者险原责任投保公司	保险费小计/元
附加险及特约条款	险别名称	保险金额/赔偿限额/元			保险费/元
保险费合计（人民币大写）：			（¥：	元）	
保险期间：自　　年　　月　　日零时起至　　年　　月　　日二十四时止　　优惠折扣率：　　%					
特别约定					

续表

保险合同争议解决方式	
明示告知	1. 本保险合同为商业保险合同。 2. 本保险合同由保险条款、保险单、投保单、批单和特别约定组成。 3. 收到本保险单、承保险种对应的保险条款后，应立即核对，如有不符获疏漏，请在24小时内通知保险人并办理变更或补办手续，超过24小时未通知的，视为投保人无异议。 4. 保险车辆转卖、转让、赠送他人或变更用途，应书面通知保险人并办理变更手续。 5. 保险人受理报案、进行现场查勘、核损定价、参与案件诉讼，向被保险人提供建议等行为，均不构成保险人对赔偿责任的承诺。
保险人	公司名称：　　　　　　　　网　　址： 公司地址：　　　　　　　　联系电话： 邮政编码：　　　　　　　　签单日期：　　　　　（保险人签章）

核保：　　　　　制单：　　　　　经办：

表2-15　××××财产保险股份有限公司机动车保险证

（一联）

【注意事项】

一、请您将本证随车携带，不得转借、涂改、伪造；如有遗失请立即通知本公司。
二、本证内容如有更改，请您及时向本公司申请办理批改手续。
三、请您接受交通管理人员和本公司理赔人员的查验。
四、如发生保险责任范围内的事故，请及时向公安交通管理部门和本公司报案。
五、本车发生保险事故后如需修理，您应事先会同本公司协商确定车辆的修理方式、项目和修理费用，否则本公司有权重新核定或拒绝赔偿。
六、发生第三者责任范围内的事故后，未经本公司书面同意，您自行做出的承诺或支付的赔偿金额，本公司有权重新核定或拒绝赔偿。
七、本车发生保险责任范围内的损失应由第三方负责赔偿的，未经本公司同意，不得自行放弃追偿权。

（二联）

保单号码：
被保险人：

号　　牌：　　　　　　　　　　　厂牌型号：
发动机号：　　　　　　　　　　　车架号：
保险期间：自　　年　月　日　　时起至　　年　月　日　　时止
客服电话：　　　　　　　　　　　公司网址：
报案电话：
报案地址：

××××财产保险股份有限公司（签章）

（三联）

【保险责任】

险种名称	保额/限额	险种名称	保额/限额

知识准备八　汽车保单批改

汽车保险的批改是指保险单签发以后,在保险合同有效期限内,因保险事项发生变更,经保险双方当事人同意办理合同内容变更手续。在办理汽车保险的批改手续时,因保险单或保险凭证需要修改或增删而签发的一种书面证明称为批单,又称背书。

保险合同签订之后,保险合同双方当事人都应严格遵守并履行合同所规定的内容,任何一方都无权擅自变更合同。但是在保险有效期限内,由于实际情况的变化,对合同内容所规定的有关事项会产生变更的要求,如被保险人名称、保险财产占用性质、保险财产所在地址、保险财产危险程度增加等事项的变更;投保项目或保险金额的增减、单位撤并、中途加保附加险等,若不及时办理变更手续,在发生保险责任范围之内的事故时,因与合同规定不符,影响到保险的赔偿处理。因此,我国《机动车辆保险条款》规定:"在保险合同有效期内,保险车辆转卖、转让、赠送他人、变更用途或增加危险程度,被保险人应当事先书面通知保险人并申请办理批改。"

保险合同内容变更的批改手续,一般由被保险人提出申请,填写定式的"批改申请书",保险人同意合同变更后,出具"批单"。"批单"是保险单(合同)的组成部分,具有同等法律效力。

一、批改的内容

根据《保险法》和各公司机动车辆保险条款的规定,在保险合同有效期内,合同主体、客体与内容变更时,被保险人应事先书面通知保险人申请办理批改手续。

被保险人在下列情况发生时需要申请办理批改手续。

①保险车辆转卖、转让、赠送他人或增加危险程度。
②保险车辆变更使用性质。
③调整保险金额或每次事故最高赔偿限额。
④终止保险责任。

为提醒被保险人注意,一般汽车保险单上都有如下的字样:"本保险单所载事项如有变更,被保险人应立即向本公司办理批改手续,否则,如有任何意外事故发生,本公司不负赔偿责任。"

二、批改的程序

首先,由被保险人填具批改申请书,提出要求修改保险合同的项目和原因。

其次,保险公司审核同意后,出具批单给投保人存执,存执粘贴于保险单正本背面,同时批改变动保险证上的有关内容,并在变动处加盖保险人业务专用章。

最后,新的保险合同生效。

三、批改的方式

根据我国《保险法》的有关规定,保险单的批改可以采用以下两种方式。
①在原保险合同上进行批改。
②另外出具批单并附贴在原保险合同上。
在实际工作中大都采用出具批单的方式,批单应采用统一和标准的格式。批单的内容分为两部分。
①相对固定部分。主要是原保险单的主要内容,包括被保险人、保险单号码等。
②批改的内容。出具批单之后应加贴在原保险单正本、副本上并加盖骑缝章,使其成为保险合同的一部分。

四、批单的措辞

批单的措辞通常包括：批改申请人、批改的要求、批改前的内容、批改后的内容、是否增加保险费、增加保险费的计算方式、增加的保险费，并明确除本批改外原保险合同的其他内容不变。合同变更的原因很多，原因不同，批单的措辞也有所不同，变更使用性质的批单措辞示例如表 2-16 所列。

表 2-16 变更使用性质的批单措辞示例

根据被保险人的申请，兹经双方同意本保险单中保险车辆的使用性质由原来的"自用"自 2006 年 8 月 1 日起变更为"营业用"。为此，应加收保险费人民币 345 元。
除本批改外保险单的其他条件不变，特此批注

知识准备九 汽车续保

一、汽车续保的定义

在保险期满后，投保人在同一保险人处重新办理汽车保险的保险事宜称为续保。在汽车保险因为有相当大的比例是续保业务，做好续保工作对巩固保险的业务来源十分重要。

二、汽车保险续保准备内容

当汽车保险接近合同所载的终止日期时，投保人就要考虑续保的事宜了。汽车保险续保可以在上一年度汽车保险投保的保险公司投保，也可以换其他的保险公司进行投保。在续保的时候，需要提供上一年度的保险单、被保险机动车经交通管理部门核发并检验合格的行驶证和车牌号。不管是在原保险公司还是在其他保险公司购买保险，投保人都需要携带上一年度的保险单，否则不能算为续保。

在续保时，投保人一定要向续保公司咨询清楚投保方案、保险费及费率等问题，以免在理赔过程中产生争议。

三、汽车保险续保要点

无赔款优待制度是汽车保险特有的制度，是为了鼓励被保险人或驾驶人严格遵守交通规则，安全行车而实行的一种办法。如果被保险人车辆的保险期间满一年，保险期间未发生保险赔款且车辆所有权未发生转移，则在续保时可享受无赔款减收保险费的优待。上一保险年度未享受无赔款保险费优待的，续保时优待比例为 10%；上一保险年度已享受保险费优待的，续保时优待比例在上一保险年度优待比例的基础上增加 10%；保险费优待比例最高不得超过 30%。

四、汽车保险续保技巧

1. 汽车保险续保要及时

车辆没有出险就不续保，这不是明智的选择。事故不是自己小心就能防范的，而且汽车修理费用昂贵，可能只是小擦小碰、损坏车灯底盘的小事故，都可能产生很大一笔维修费，所以不要存有侥幸心理而不去续保。

2. 忘记续保要小心

有些车主给车上完保险后，不仔细阅读条款，也不留意汽车保险到期的日子，忘记了续保的时间，如果这期间没有续保，保险公司一样是可以拒绝赔款的。所以一定要留意汽车保险的续保，以免出事了造成损失。

3. 交强险更要及时续保

交强险不同于商业保险，它有强制性。如果不及时交交强险，会带来很多问题甚至会受到处罚。它不同于保险公司的商业保险，如果遇到意外，会带来很大的损失。

如果车辆已经快到报废的年限了。那么汽车保险的续保就不是很实惠的事情。如果投保人的车辆价值不高，经济也不富裕，则可以选择机动车损失保险、机动车第三者责任保险、不计免赔险和交强险，这样比较经济实惠。而对于技术不佳，经常小擦小碰的车主，可以选择增加投保一些附加险种，如车身划痕损失险、自燃损失险、发动机涉水损失险、玻璃单独破碎险等，来挽回一些损失。

知识准备十　汽车退保

在投保人的车辆按规定报废、车辆转卖他人或对保险公司不满等多种情况下，会发生汽车保险的退保现象。

一、退保的条件

被保险的机动车满足以下两点，投保人可以提出退保申请。
①车辆的保险单必须在有效期内。
②在保险单有效期内，投保车辆没有向保险公司报案或索赔过。从保险公司得到过赔偿的保险车辆或仅向保险公司报案而未得到赔偿的保险车辆均不能退保。

二、退保的程序

车主退保时，首先要向保险公司递交退保申请书，说明退保原因和退保起始时间。

签字或盖章后，交给保险公司的业务管理部门办理退保。保险公司业务管理部门对退保申请进行审核后，出具退保批单，注明退保时间及应退保费金额，同时收回汽车保险单。

最后退保人可持退保批单和身份证，到保险公司财务部门领取应退给的保险费。

三、退保所需提供的单证

1. 退保申请书

在退保申请书上需写明退保原因和时间，车主是单位的须盖章，车主是个人的须签字。

2. 保险单原件（正本）

若保险单丢失，则需事先补办。

3. 保险费发票

需提供发票原件或复印件，一般需要原件。

4. 被保险人的身份证明

车主是个人的须提供身份证，车主是单位的须提供单位的营业执照。

四、退保费的计算

保险公司计算应退保费是投保时实缴的保险费金额减去保险已生效的时间内保险公司应收的保险费，剩下的余额就是应退保险费。计算公式如下。

$$应退保险费 = 实缴保险费 - 应收保险费$$

应收保险费一般按月计算，保险每生效一个月，收10%的保险费，不足一个月按一个月计算。

此处以太平洋车辆保险为例，说明退保费的计算。

1. 个单业务退保

退保时对每个险种单独计算退保金额。

①对于车辆损失险及其附加险和特约条款，除费率另有规定或合同另有特别约定外，有下列几种情况。

a. 保单有效期内已发生赔款的险种，被保险人获取部分保险赔款后一个月内提出解除合同的，计算与保险金额扣除赔款和免赔金额后的未了责任部分相对应的剩余保险费，按日费率予以退还。计算公式如下。

退保金额＝［基本保费＋(原保额－赔款－免赔金额)×原费率］×(1＋原保费浮动比率)×未了责任天数/365

若出险险种按固定保费收费，则

退保金额＝该险种保单保费×未了责任天数/365

b. 因保险赔偿致使保险合同终止时，保险人不退还出险险种的保险费。

c. 如未发生赔款，保险人按年费率的1/365计算日费率。计算公式如下。

退保金额＝该险种保单保费×未了责任天数/365

②对于第三者责任险及其附加险险种和特约条款，不论是否发生赔款，保险人按年费率的1/365计算日费率，并退还未了保险责任部分的保险费。计算公式如下。

退保金额＝该险种保单保费×未了责任天数/365

③分别计算各险种或特约条款的退保金额加总得到总退保金额。如果退保时投保人尚未交足保单保费，应从总退保金额中扣除欠交的保费。

2. 团单业务退保

依照个单退保方法执行，但是如果退保造成一次投保车辆数浮动比例或大额保费一次全额付款金额浮动比例的变动，应将这部分浮动差额扣除。如果退保金额不足以弥补这部分浮动差额，仍可办理退保手续，但保险人不支付任何退保费。计算公式如下。

团单退保金额＝退保车辆个单退保金额之和－投保时总保单保费×(未了责任天数/365)×|退保前后投保车辆数浮动比率差额＋退保前后大额保费一次全额付款金额浮动比率差额|

这里"｜｜"为绝对值符号。

3. 最低保费

每份保单设最低保费100元，保单保费不足100元时按100元计收，合同生效后退保时实收保费不足100元时按100元计收。

4. 批改核算收（退）保险费

在办理批改手续时，需要加收或退还被保险人保险费，应按下列办法核算。

①保险车辆易主或变更使用性质而增加危险程度，增加保险金额或每次事故赔偿限额，保险公司均应自批改日起至保险期满日止，即未到期责任天数按日加收保险费差额。计算公式如下。

加收保险费＝(调整后保险费－调整前保险费)×未到期责任天数/365

如某被保险人在保险期满前183天申请将其保险汽车的保险金额自35000元提高到40000元，调整前年保险费220元，调整后年保险费240元，则：

加收保险费＝(240－220)×183/365＝20×183/365＝10.03（元）

②保险车辆易主或变更使用性质而减少危险程度，降低保险金额或每次事故赔偿限额，均应自批改日起至保险期满日止，即未到期责任天数按日将保险费差额退还被保险人。计算公式如下。

退还保险费＝(调整前保险费－调整后保险费)×未到期责任天数/365

如投保车辆损失险和第三者责任的某营业运输五座小客车改为企业自用，年保险由原来的560元相应变更为420元，至批改日尚未到期责任134天，则：

退还保险费=（560-420）×134/365=140×134/365=51.04（元）

③因保险车辆易主或封存、淘汰报废而终止保险责任，应根据未到期责任天数按日将保险费余额退还被保险人。因其他原因终止保险责任而需退费者，一般据已到期责任按月计扣保险费。

如保险汽车在保险期满前 90 天因车辆已经转卖而申请退保，已交纳年保险费 800 元，按未到期责任天数计退保险费，则：

退还保险费=800×90/365=197.26（元）

又如某保险汽车由于被保险人要求终止车辆损失险保险责任，已交纳年保险费 400 元，已到期责任 159 天，应按 6 个月计扣保险费，查短期费率表，费率为 60%，则：

退还保险费=400-400×60%=160（元）

学习任务一　汽车保费核算

班　级		姓　名	
日　期		组　别	
指导老师		成　绩	
实践内容	汽车保费核算		
实践目的	简单应用基本险和附加险保险保费的计算方法		
实践设备	电脑、接待桌椅、保险条款、保险单证等		

一、接受任务

邻居大胖的家庭自用轿车丰田雷凌，车龄为 1 年，购车落地价为 12 万元。在费率表上查得对应的基础保险费为 6300 元，费率为 1.50%。你如何帮邻居大胖计算爱车的保险费？

二、信息收集

1. （单选题）（　　）是投保人参加保险时所交付给保险人的费用。
   A. 保险费　　　　　　B. 保险额　　　　　　C. 损失金额　　　　　　D. 赔偿金额

2. （单选题）一辆拖拉机投保了车损险，投保时市价为 5 万元，投保金额也确定为 5 万元，发生保险责任范围内损失，造成全部损失，当时市场价格为 2 万元，保险人应承担的赔偿金为（　　）
   A. 5 万元　　　　　　B. 2 万元　　　　　　C. 2.5 万元　　　　　　D. 3 万元

3. （多选题）不同公司的甲、乙两车相撞，甲车投保人第三者责任保险，则甲车可以从保险公司获得赔偿的项目包括（　　）。
   A. 甲车的自身损失　　　　　　　　　　　B. 乙车的车辆损失
   C. 甲车所载人员的物质损失　　　　　　　D. 乙车所载人员的物质损失

4. （多选题）某险种的费率为 1.5‰，其含义是（　　）
   A. 保险金额为 100 元，保险费为 0.15 元　　B. 保险金为 100 元，保险费为 0.15 元
   C. 保险金额为 1000 元，保险费为 1.5 元　　D. 保险金为 1000 元，保险费为 1.5 元
   E. 保险金为 10000 元，保险费为 15 元

5. （填空题）保险利益原则又称"可保利益"或"可保权益"，是指在签订或履行保险合同的过程中_____或_____对保险标的必须具有保险利益。

三、小组讨论

小组成员根据在自主学习阶段掌握的专业知识，帮助任务材料中该车辆的保险费如何计算，并讨论基本险保险费中除了机动车损失保险外其他险种的计算方法。

续表

四、填写工单

1. 最大诚信原则的基本内容包括哪些？

2. 汽车的保险利益具体表现在 _____、_____、_____ 与 _____ 四个方面。
3. 假定某 5 座家庭自用汽车投保机动车第三者责任保险，保险金额为 30 万元。则在费率表上查得对应的保险费为 _____ 元。
4. （立式计算）某 5 座车龄 2 年 3 个月的家庭自用汽车，购车价为 35 万元，现在市场价值为 30 万元，若按现值投保机动车全车盗抢保险，则机动车全车盗抢保险费率 = _____ 元

五、质量检查

请实训指导教师检查作业结果，并针对任务实施过程中出现的问题提出改进措施及建议。

序号	评价标准	评价结果
1	对基本的知识掌握牢靠	
2	对各个险种定义和类型掌握熟练	
3	对特定的案例进行分析，正确的查找相应的保险费率	
4	能对任务材料中该车辆的保险费正确计算	
5	能主动进行知识探究	
6	能积极参与小组讨论和分享	

综合评价 ☆ ☆ ☆ ☆ ☆
综合评语：

六、评价反馈

请根据自己在本次任务中的实际表现进行评价，请组长根据组员在本次任务中的实际表现给予小组评价。

序号	评价标准	评分分值	自评分	组长评分
1	明确工作任务，理解其在实践生产中的重要性	5		
2	能了解最大诚信原则和保险利益原则	10		
3	能掌握交强险、基本险、附加险保险费的计算	15		
4	能熟练的查阅对应险种的费率表	15		
5	能对任务材料中该车辆的保险费正确计算	20		
6	能主动进行知识探究	15		
7	能积极参与小组讨论和分享	20		
	合　计	100		

学习任务二 汽车保单制作

班　级		姓　名	
日　期		组　别	
指导老师		成　绩	
实践内容	汽车保单制作		
实践目的			
实践设备	电脑、接待桌椅、保险条款、保险单证等		

一、接受任务

刘小姐，某企业职工，年龄28岁，月收入5000元。刘小姐刚买了一辆吉利缤越（1.5T）作为上下班的代步工具。住在出租房，没车位，车辆只能停放在小区内（开放式）。新车购置价10.5万元，有发动机防盗，无新增设备。刘小姐想请你为其爱车购买保险，你认为需要经过哪些环节，有哪些注意事项，最后你将给刘小姐提供哪些保险单据？

二、信息收集

1. （单选题）汽车保险合同，一方当事人付出的代价所买到的只是一个机会，付出代价的当事人最终可能"一本万利"也可能毫无所得。这是汽车保险合同的一般特征中的（　　）。
    A. 有名合同　　　　　　B. 射悻合同　　　　　　C. 双务合同
2. （多选题）保险单的主要内容一般包括：（　　）
    A. 保险单格式　　　　B. 保险责任　　　　C. 除外责任　　　　D. 附加条件
3. （多选题）核保实务包括（　　）
    A. 审核保险单　　　　B. 查验车辆　　　　C. 核定保险费率　　　　D. 计算保险费
    E. 核保
4. （填空题）汽车保险投保的运作流程括 ＿＿＿、＿＿＿、＿＿＿、＿＿＿、＿＿＿。

三、小组讨论

以典型汽车保险投保案例为载体，在教学过程中，学生通过分组讨论、角色扮演、训练互动等方式，完成汽车保险单的制作。

四、填写工单

1. 投保业务包括哪些？

2. 简述核保运作的基本流程。

3. 简述核保的主要内容有哪些？

4. 汽车保险单证签发包括哪些？

续表

五、质量检查			
请实训指导教师检查作业结果，并针对任务实施过程中出现的问题提出改进措施及建议。			
序号	评价标准		评价结果
1	对基本的知识掌握牢靠		
2	对投保业务的熟悉		
3	对核保运作流程和主要内容的掌握		
4	能对汽车保险单证签发熟练掌握		
5	能主动进行知识探究		
6	能积极参与小组讨论和分享		

综合评价 ☆ ☆ ☆ ☆
综合评语：

六、评价反馈				
请根据自己在本次任务中的实际表现进行评价，请组长根据组员在本次任务中的实际表现给予小组评价。				
序号	评价标准	评分分值	自评分	组长评分
1	明确工作任务，理解其在实践生产中的重要性	5		
2	对基本的知识掌握牢靠	10		
3	对投保业务的熟悉	15		
4	对核保运作流程和主要内容的掌握	15		
5	能对汽车保险单证签发熟练掌握	20		
6	能主动进行知识探究	15		
7	能积极参与小组讨论和分享	20		
合 计		100		

学习任务三　汽车保险业务办理

班　级		姓　名	
日　期		组　别	
指导老师		成　绩	
实践内容	汽车保险业务办理		
实践目的			
实践设备	电脑、接待桌椅、保险条款、保险单证等		

一、接受任务

小王在2018年购买了一辆斯柯达柯迪亚克GT，实际驾龄5年，因小孩上学，买的学区房为老小区，没有固定车位，经济条件中等且有部分房贷。小王应该如何购买2021年的车险呢？

续表

二、信息收集
1. 投保人与被保险人是否必须一致？
2. 汽车保险的种类有哪些？
3. 什么情况下可以退保？
4. 保险车辆出险后应该怎么办？

三、小组讨论
以典型汽车保险投保案例为载体，在教学过程中，学生通过分组讨论、角色扮演、训练互动等方式，完成汽车保险业务办理。
四、填写工单
1. 简述汽车保险投保的运作流程。
2. 针对该案例设计出合理投保方案。

五、质量检查
请实训指导教师检查作业结果，并针对任务实施过程中出现的问题提出改进措施及建议。

序号	评价标准	评价结果
1	对基本的知识掌握牢靠	
2	对投保业务的熟悉	
3	对投保运作流程的掌握	
4	能对具体案例分析设计合理的投保方案	
5	能主动进行知识探究	
6	能积极参与小组讨论和分享	

综合评价 ☆ ☆ ☆ ☆
综合评语：

续表

六、评价反馈				
请根据自己在本次任务中的实际表现进行评价，请组长根据组员在本次任务中的实际表现给予小组评价。				
序号	评价标准	评分分值	自评分	组长评分
1	明确工作任务，理解其在实践生产中的重要性	5		
2	对基本的知识掌握牢靠	10		
3	对投保业务的熟悉	15		
4	对投保运作流程的掌握	15		
5	能对具体案例分析设计合理的投保方案	20		
6	能主动进行知识探究	15		
7	能积极参与小组讨论和分享	20		
	合　计	100		

学习情境三　汽车保险事故现场查勘

汽车保险现场查勘又称为汽车保险意外事故现场调查，是指保险公司查勘人员在汽车保险意外事故发生以后，第一时间以事故第一现场（或者第二现场）为中心，根据事故发生的过程，围绕造成事故的原因及后果等问题所进行的一系列调查取证活动。

现场查勘是查明交通事故真相的根本措施，是了解出险情况、掌握第一手材料和处理赔案的重要依据。现场查勘的主要内容包括查明出险地点、出险时间、出险原因与经过。现场查勘的其他任务还有施救、整理受损失的财产、妥善处理损余物资、索取出险证明、核实损失数额。现场查勘总的要求是准备充分，及时深入事故现场，按照保险合同规定和尊重事实的原则，依靠地方政府和企业主管部门及广大人民群众的支持和协助，公正、准确、严密地进行调查分析，做到"现场情况明、原因清、责任准、损失实"。

①了解现场查勘的目的和意义。
②熟悉交通事故现场的分类。
③掌握现场查勘的方法和准则。
④熟悉现场查勘的流程。
⑤掌握现场查勘照片处理及现场查勘图绘制。
⑥了解汽车保险欺诈的起因及影响。
⑦熟悉典型汽车保险欺诈表现形式及相应的防范措施。

学习任务一　汽车事故现场勘验、拍照和数据收集

李某驾驶一辆奥迪A4车，于2019年端午节晚上7点50分，行驶在一乡村公路上。转弯时由于车速过快，方向没有把握好，车掉入路边的水沟中，并被大树阻挡撞击。客户李先生给自己的车购买了全险，包括机动车交通事故责任强制保险、机动车第三者责任保险、机动车车辆损失保险、机动车车上人员责任保险、车辆自燃损失险、车身划痕损失险、不计免赔率特约险。你作为查勘人员，应当如何去进行事故现场勘验、拍照和数据收集呢？

学习任务二　道路交通事故现场图绘制

2020年4月3日中午，驾驶人刘某向保险公司报案，称其驾驶大众朗逸轿车，在武南路与常武路交叉口自北向南行驶，与一辆自南向西的三轮电动车发生碰撞，三轮车侧翻，车主倒地受伤，同时后方被一辆躲避不及的公交车追尾。

接到报案后，保险公司立刻派查勘人员到现场查勘。作为查勘人员，在进行现场查勘后需绘制一张交通事故现场图，作为后期交通事故认定的重要依据保存。

学习任务三　典型保险欺诈案例识别

2020年11月9日晚21：30，驾驶人张某向保险公司报案，称其驾驶奔驰CLK350轿车，在汤庄镇行驶过程中，为了躲避行人与王某驾驶的一辆捷豹轿车追尾，致使捷豹轿车撞到路边的树，两车受损，未有人员伤亡。接到报案后，保险公司立刻派查勘人员到现场查勘。奔驰轿车前保险杠、前照灯组件、风扇、散热器等件损坏。捷豹轿车前风窗玻璃、前照灯组件破损，后保险杠防撞条出现裂纹，前保险杠骨架、散热器框架呈一定角度的弯曲变形。

奔驰轿车投保险种为机动车交通事故责任强制保险、机动车辆损失保险、机动车第三者责任保险、车辆盗抢险、车辆驾乘险及不计免赔率特约险。鉴定机构对事故现场所造成的损失进行鉴定。奔驰轿车总损失约为11万元人民币，捷豹轿车总损失为24万元人民币，路边树木损失1000元人民币。保险公司现场查勘后，发现这起事故有伪造事故现场，骗取巨额保险金的重大嫌疑。于是，向有关部门报案。现场查勘人员在查勘过程中发现存在保险诈骗嫌疑。

知识准备一　事故现场分类

一、交通事故现场分类

交通事故现场是指发生交通事故的车辆及其与事故有关的车、人、物遗留下的同交通事故有关的痕迹证物所占的空间。现场必须具备一定的时间、地点、人、车、物五个要素，它们的相互关系与事故发生有因果关系。交通事故现场可分为原始现场、变动现场和恢复现场。

1. 原始现场

原始现场也称为第一现场，是指事故现场的车辆、物体和痕迹等仍保持着事故发生后的原始状态，没有任何改变或破坏的现场（图3-1）。这种现场保留了事故的原貌，可为事故原因的分析和认定提供直接证据，这是最理想的查勘现场。

图3-1　原始现场

2. 变动现场

变动现场也称为移动现场，是指自然因素或人为原因致使出险现场的原始状态发生改变的事故现场，包括正常变动现场、伪造现场和逃逸现场等。表3-1为变动现场的类型。

表 3-1 变动现场的类型

变动现场类型	具体解释
正常变动现场	由于自然原因改变现场原始状态，或不影响查勘结果的条件下，人为地、有限度地改变了开始状态的交通事故现场。 ①为抢救伤者而移动车辆，致使现场的车辆、物体或人员位置发生了变化。 ②保护不善，导致事故现场被过往车辆、行人破坏。 ③风吹、雨淋、日晒、下雪等自然因素，导致事故现场被破坏。 ④事故车辆另有特殊任务，如消防车、工程救险车等在执行任务过程中出险后需驶离现场，致使出险现场发生了变化。 ⑤在一些主要交通干道或繁华地段发生的交通事故，为疏导交通而导致出险现场变化。 ⑥其他原因导致事故现场变化，如车辆发生事故后，当事人没有察觉而离开现场。
伪造现场	事故当事人为逃避责任或嫁祸于他人，有意改变现场遗留物原始状态的现场。
逃逸现场	事故当事人为逃避责任驾车逃逸，导致事故现场原貌被改变的现场。

3. 恢复现场

恢复现场是指事故现场撤离后，为分析事故或复查案件，根据现场调查记录资料重新布置、恢复的现场。为与前述的原始现场相区别，这种现场一般称为恢复现场。

知识准备二 事故现场查勘准备

现场查勘是一项细致、烦琐又复杂的工作。因此，在查勘前必须根据现场的具体情况，确定查勘的范围、顺序和重点，拟定查勘方案，按确定的顺序和步骤展开查勘。

一、现场查勘的准备

1. 查阅抄单

（1）保险期限

查验保单，确认出险时间是否在保险期限之内。对于出险时间接近保险起止时间的案件，要做出标记，重点核实。

（2）承保的险种

查验保单记录，重点注意以下问题。

① 车主是否只承保了第三者责任险。

② 对于报案称有人员伤亡的案件，注意车主是否承保了车上人员责任险，车上人员责任险是否指定座位。

③ 对于火灾车损案件，注意是否承保了自燃损失险。

④ 对于与非机动车的碰撞案件，注意是否承保了无过失责任险。

（3）保险金额、责任限额

注意各险种的保险金额、责任限额，以便现场查勘时心中有数。

（4）交费情况

是否属于分期付款，是否依据约定交足了保费。

2. 阅读报案记录

① 被保险人名称，保险车辆车牌号。

② 出险时间、地点、原因、处理机关、损失概要。

③ 被保险人、驾驶人及当事人联系电话。

3. 携带查勘资料及工具

为了有利于准确有效地查勘，查勘人员出发前应该携带必要的相关资料和查勘工具。

（1）资料部分

出险报案表、报单抄件、索赔申请书、报案记录、现场查勘记录、索赔须知、询问笔录、事故车辆损失确认书。

（2）工具

如图3-2所示，查勘工具主要有：定损笔记本式计算机、数码照相机、手电筒、卷尺、砂纸、笔、记录本等。

写字板、签字笔　　手电筒　　印泥

卷尺　　相机

图3-2　部分查勘工具

知识准备三　现场勘验主要内容

1. 查明出险时间

了解确切出险时间是否在保险有效期内，对接近保险起讫期出险的案件，应特别慎重，认真查实；对出险时间和报案时间进行比对，看其是否超过48小时。

2. 查明出险地点

查明出险地点，并查验出险地点与保险单约定的行驶区域范围是否相符。对擅自移动现场或谎报出险地点的，要查明原因。

出险地点分为：高速公路、普通公路、城市道路，乡村便道和机耕道、场院及其他。

3. 查明出险车辆的情况

查实肇事保险车辆及第三方车辆的车型、车牌号码、发动机号码、VIN码/车架号码、行驶证，详细记录双方车辆已行驶公里数、车身颜色，并核对与保险单、证（或批单）、行驶证是否相符。

4. 查实车辆的使用性质

查实保险车辆出险时的使用性质与保单载明的使用性质是否相符，以及是否运载危险品，车辆结构有无改装或加装。

对在保险期限内，因保险车辆改装、加装或非营业用车辆从事营业运输等导致保险车辆危险程度增加，且未及时书面通知保险人而发生的保险事故，保险公司不承担赔偿责任。

5. 查清驾驶员的情况

查清驾驶员姓名、驾驶证号码、准驾车型、初次领证日期等。注意检查驾驶证是否有效，驾驶员是否为被保险人或其允许的驾驶员或保险合同中约定的驾驶员；对特种车辆的驾驶员要检查是否具备国家有关部门核发的有效操作证；对驾驶营业性车辆的驾驶员要查验是否具有国家有关行政管理部门核发的有效资格证书。核验完相关证件后，拍摄证件照片。

6. 查明出险的原因

要深入调查了解，广泛收集证据，查明出险原因。应查明事故原因是客观因素，还是人为因素；是车辆自身因素，还是受外界影响；是严重违章，还是故意行为或违法行为。凡是与案情有关的重要情节，都要尽量收集、记载，以反映事故全貌。

对有驾驶员饮酒、吸食或注射毒品，被药物麻醉后使用保险车辆或无照驾驶、驾驶车辆与驾驶证准驾车型不符、超载等嫌疑时，应立即协同公安交通管理部门获取相关证人证言和检验证明。

对于重大、复杂或有疑问的案件，要走访有关现场见证人或知情人，了解事故真相，做出询问记录，载明询问日期和被询问人地址并由被询问人确认签字。

7. 施救整理受损财产

查勘定损人员到达事故现场后，如果险情尚未得到控制，应立即会同有关部门共同研究、确定施救方案，并采取合理、有效的措施施救，以防损失进一步扩大。

保险车辆受损后，如果当地的修理价格合理，应安排就地修理，不得带故障行驶。如果当地修理费用过高需要拖回本地修理的，应采取防护措施，防止再次发生事故。如果无法修复，应妥善处理汽车的残值部分。

8. 确定损失的情况

查清受损车辆、承运货物和其他财产的损失程度，对于无法进行施救的货物及其他财产，必要时应在现场进行定损。注意查清在投保车辆的标准配置以外是否还有新增设备；注意查明各方人员伤亡情况，并估计损失金额。

9. 查明责任划分的情况

查清事故各方所承担的责任比例，同时还应注意核查保险车辆有无重复保险的情况，以便理赔计算时按责任和其他保险公司分摊赔款。

10. 拍摄事故现场和受损标的照片

凡涉及车辆和财产损失的案件，必须进行现场拍照。现场照片应为清晰的彩色照片，应能反映事故现场全貌、制动痕迹、现场遗留物、碎片、撞击点等，还应能反映事故车辆牌照号、车架号、发动机号、损失部位及损失程度、人员伤亡、物品损失等。

11. 调查出险时间接近的案件的详细情况

对于接报案中心告知需认真查实的同一保险车辆出险时间接近的案件，必须认真核查两起（或多起）案件的详细情况，尤其要核对事故车辆的损失部位和损失痕迹。对于相关案件痕迹相符或相似的情况，一方面应立即查验相关案件的事故现场、修理情况记录等，另一方面，应向上一起案件的现场查勘定损人员了解有关情况，以最终确定是否属于重复报案案件。

现场查勘结束后,查勘人员应按照上述内容及要求认真填写现场查勘记录。如果有可能,应力争让被保险人或驾驶员确认签字。

知识准备四　事故现场查勘方法

现场查勘时主要采用沿车辆行驶路线查勘法、由内向外查勘法、由外向内查勘法和分段查勘法四种。

1. 沿车辆行驶路线查勘法

采用这种方法要求事故发生地点的痕迹必须清楚,以便能顺利地取证、摄影、丈量和绘制现场图,进而能够准确确定事故原因。

2. 由内向外查勘法

此方法适用于范围不大、痕迹与物件集中且事故中心点明确的出险现场,此时可由中心点开始,按由内向外的顺序取证、摄影、丈量和绘制现场图,进而确定事故原因。

3. 由外向内查勘法

此方法适用于范围较大、痕迹较为分散的出险现场,此时可按由外围向中心的顺序取证、摄影、丈量和绘制现场图,进而确定事故原因。

4. 分段查勘法

此方法适用于范围大的事故现场,此时先将事故现场按照现场痕迹、散落物等特征分成若干的片或段,分别取证、摄影、丈量和绘制现场图,进而确定事故原因。

知识准备五　近因原则

一、近因原则的概念

近因并非指时间上或空间上与损失最接近的原因,而是指造成损失的最直接、最有效、起主导性作用的原因。在保险中,近因原则是通过判明风险事故与保险标的损失之间的因果关系,来确定保险责任的一项基本原则。

二、认定近因的基本方法

1. 按逻辑推理

从最初的事件出发,按逻辑推理,判断下一个事件可能是什么;再从可能发生的第二个事件,按照逻辑推理判断最终事件即损失是什么。如果推理判断与实际发生的事实相符,那么,最初事件就是损失的近因。

2. 按顺序追溯

从损失开始,按顺序自后向前追溯,在每一个阶段按照"为什么这一事件会发生?"的思路来找出前一个事件。如果追溯到最初的事件且没有中断。那么,最初事件即为近因。

【案例】2020年12月的一天,某公司的工作班车在城郊的公路上,与迎面而来的大货车发生相撞,张先生所坐的副驾驶位置为直接碰撞部位,当场死亡;赵先生坐在他后面,撞断了胳膊,失血很多,送医院抢救,在急救中因心肌梗死,于第二天撒手人寰。

公司曾为他们购买过团体人身意外伤害险,保险金额10万元。惨剧发生后,立即报警,并向保险公司报案,提出理赔。

保险公司经过调查后,做了如下理赔决定:张先生死亡的近因是车祸,属于意外伤害保险责任的范围,可获赔意外伤残保险金5万元,但是赵先生的最终死因是心肌梗死,不属于意外伤害保险的责任范围,因此保险公司不承担意外伤害保险的赔付。

三、近因的认定和保险责任的确定情况

在保险实践中,产生损失的原因可能是单一的,也可能是复杂的;既可能是承保危险,也可能是除外危险或保险单中未提及的危险。如果是单一原因即为近因,保险人的责任容易确定。如果原因是承保危险,保险人必须,如果是除外危险或保险单中未提及的危险,则保险人无须赔偿。在多个原因情况下,还要究其内部逻辑关系。

1. 单一原因

单一原因就是指造成保险标的损失的原因只有一个,显然该原因即为损失的近因。如果这个近因属于承保风险,保险人应对损失负赔付责任;如果这个近因是除外风险或未保风险,保险人则不予赔付。

2. 多种原因同时并存发生

损失由多种原因造成,且这些原因几乎同时发生,无法区分时间上的先后顺序。如果损失的发生有同时存在的多种原因,且对损失都起到决定性的作用,则它们都是近因。而保险人是否承担赔付责任,应区分下列两种情况。

①若这些原因都属于承保风险,则保险人承担赔付责任;反之,如果这些原因都是未保风险或除外责任,保险人则不承担赔付责任。

②若这些原因中既有承保风险,也有未保风险或除外责任,保险人是否承担赔付责任,则要看损失结果是否容易分解,即区分损失的原因。保险人只负责承保风险所导致的损失赔偿,而对于损失结果难以划分的,保险人一般不予赔偿。

3. 多种原因连续发生

由两个以上原因连续发生导致损失,且后因是前因直接、必然的发展结果或合理的延续,则前因即为近因。保险人是否要承担赔偿责任详见表3-2所示。

表3-2 多因连续发生保险责任

情况说明	保险人赔偿责任
所有原因均属承保风险	承担
前因是承保风险,后因是未保风险或除外责任,且后因是前因的必然结果	承担
前因是未保风险或除外责任,后因是承保风险,且后因是前因的必然结果	不承担

4. 多种原因间断发生

损失是由多种原因间断发生造成。若风险事故的发生与损失之间的因果关系由于另一独立的新因介入而中断,则该新因即为损失的近因。若该新因属于保险风险,则保险人就应承担赔偿责任;若该新因属于未保风险或除外责任,则保险人不承担赔偿责任。

知识准备六 事故现场查勘

一、事故现场查勘流程

交通事故发生后,当事人向保险公司报案,保险公司会询问出险情况,并记录车辆资料,询问保单证件号,核对承保情况,以判断是否属于承保责任,录入计算机生成报案号。根据初步的案情判断,指

定查勘定损人员到现场进行查勘，现场查勘流程图，如图3-3所示。

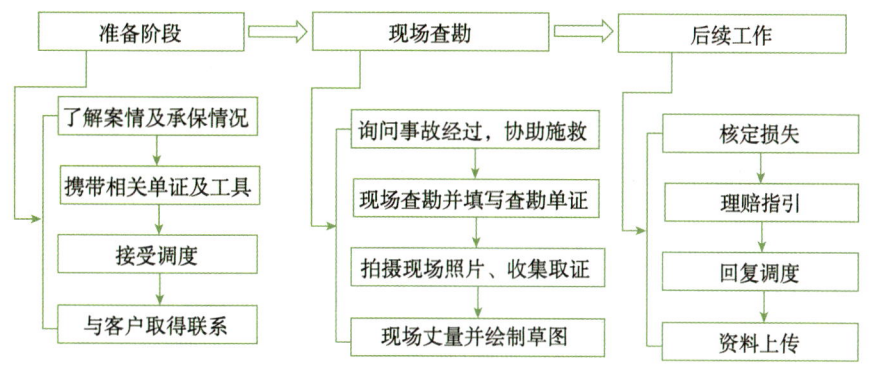

图3-3 现场查勘流程

二、现场查勘主要环节

现场查勘主要包括八个环节，如图3-4所示。

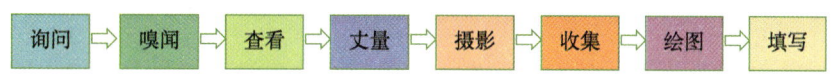

图3-4 现场查勘八大环节

1. 询问

在保险事故发生后，查勘人员的询问内容很多，一般包括出险时间、出险地点、出险原因、出险经过、财产损失情况、人员伤亡情况、施救情况等。

询问的目的在于搜集证据，但需要注意证据搜集的合法性、制作的规范性、过程的技巧性、落款的重要性。

（1）出险时间

应该仔细核对公安交通管理部门的证明与当事人的陈述时间是否一致。对于有疑问的细节，要详细了解车辆的启程时间、返回时间、行驶路线、伤者住院治疗时间、货物运单情况。

（2）出险地点

确定出险地点的目的是确定车辆是否超出了保险单所列明的行驶域，是否属于在责任免除地（如营业性修理场所、收费性停车场等）发生的损失。

（3）出险原因

根据保险事故的一般界定，造成损失的原因必须是"近因"。一般情况下，应该根据公安交通管理部门、消防部门的证明来认定出险原因。

（4）出险经过

出险经过和原因，原则上要求驾驶人本人填写（驾驶人本人不填写的，要求被保险人或相关当事人填写），并将其填写的出险经过与公安交通管理部门的事故证明（如责任认定书）进行对比，两者应基本一致，如果不一致，原则上以公安交通管理部门的证明为依据。

（5）财产损失情况

财产损失情况包括四方面：保险车辆的车损情况、保险车辆车上物损情况、第三者车损情况、第三者物损情况。

（6）人员伤亡情况

查勘车上人员伤亡情况时，首先要明确本车伤亡人员的相关信息（姓名、性别、年龄、与被保险人之间的关系、与驾驶人之间的关系、受伤人员的受伤程度），其次要明确对方车上伤亡人员的相关信息

(姓名、性别、受伤人员的受伤程度）这些信息将为医疗核损员查勘、核损提供有利的原始依据。

（7）施救情况

了解施救情况，核实施救费用。

（8）投保情况

通过对投保情况的询问，可以有效区分是否属于保险责任，包括：保险期限交费情况、承保险种。明确投保的险种，对界定相关赔偿至关重要。

（9）汽车被盗原因分析

承保的机动车被盗窃、抢夺、抢劫之后，查勘定损人员要通过询问及时了解以下信息。

① 保险车辆是否属于只是车上零部件或附属设备被盗窃或损坏的情况。

② 保险车辆是否属于被诈骗、罚没、扣押造成损失的情况。

③ 是否因被保险人民事、经济纠纷而导致保险车辆被抢劫、抢夺。

④ 被保险人有无将非营业标的从事出租或租赁的行为。

⑤ 有无租赁车辆与承租人同时失踪的现象。

⑥ 有无被保险人及其家庭成员、被保险人允许的驾驶人故意行为或违法行为造成的损失。

上述任何一种现象都属于责任免除的范围，保险公司无须担责。

2. 嗅闻

查勘时，通过嗅闻，可以判断驾驶人是否饮酒，以确定是否应该拒赔。每天尤其是节假日的13：00~16：00和20：00~23：00，对于青壮年男性驾驶人，出险后应考虑其是否存在酒后驾车问题，设法与公安交通管理人员一起取证。

【案例】某地在端午节21：00左右发生了一起追尾事故。作为后车的轿车，追尾撞上了前面正常行驶的大货车。轿车上的4位乘客全部死亡，轿车报废。查勘人员根据时值端午节，又是21：00左右这一事实，怀疑驾驶人有可能酒后驾驶，提醒公安交通管理人员重点查验这一项目，最后与公安交通管理人员一起抽取了已经死亡的驾驶人的血样送检，由公安交通管理部门得出了"酒后驾车，车速过快，导致追尾，后车全责"的结论。保险公司依据酒后驾车的客观事实，拒绝了被保险人受益人的赔付要求。

3. 查看

详见本单元知识准备三中有关现场查勘的内容。

4. 丈量

在进行现场丈量前，要认定与事故相关的物体和痕迹，然后逐项丈量并做好相应记录。

（1）确定事故现场方位

事故现场方位用道路中心线与指北方向的夹角来表示。如果事故路段为弯道，则用进入弯道的直线与指北方向的夹角和转弯半径来表示。

（2）事故现场定位

事故现场定位方法有三点定位法、垂直定位法、极坐标法等。三种定位方法首先都需要选定一个固定现场的基准点，基准点必须具有永久的固定性，如有标号的里程碑或电线杆。

① 三点定位法使用基准点、事故车辆某一点以及从基准点向道路中心线作垂线所形成的交点三个点所形成的三角形来固定现场位置，所以只需要量取三角形各边的距离。

② 垂直定位法使用经过基准点且平行于道路边线的直线与经过事故车辆某一个点且垂直于道路边线的直线相交所形成的两个线段来固定事故现场，所以该方法只需要量取基准点与交点、交点与事故车辆某一点两条线段的距离。

③ 极坐标法使用基准点与事故车辆某一点连接形成线段的距离以及线段与道路边线垂直方向的夹角来固定事故现场，所以该方法只需量取线段长度和夹角角度。

（3）道路的丈量

道路的路面宽度、路肩宽度和边沟深度等参数一般都需要丈量。

（4）车辆位置的丈量

事故车辆位置用车辆的四个轮胎外缘与地面接触中心点到道路边缘的垂直距离来确定，只需量取四个轮胎距离。对于车辆行驶方向，可根据现场遗留的痕迹判断，如从车上滴落的油点、水点的尖端方向一般为车辆的行驶方向。

（5）制动印痕的丈量

对于直线形制动印痕的拖印距离，直接测量即可；量取弧形制动印痕的拖印距离时，一般先四等分弧形印痕，分别丈量等分点至道路一边的垂直距离，再量出制动印痕的长度。

（6）事故接触部位的丈量

事故接触部位的丈量，最关键的是先准确判定事故接触部位。事故接触部位是形成事故的作用点，是事故车辆的变形损坏点，因此，应根据物体的运动、受力、损坏形状和散落距离等因素科学判断事故的接触部位。对其进行丈量时，一般应测量车与车、车与人或者车与其他物体接触部位距地面的高度、接触部位的形状和大小等。

（7）其他丈量

如果事故现场还有毛发、血皮、纤维、车身漆皮、玻璃碎片、脱落的车辆零部件、泥土等遗留物，并且它们对事故认定起着重要作用，则需要一并丈量它们散落的距离或黏附的高度等。

5. 摄影

现场摄影是真实记录现场和受损标的客观情况的重要手段之一。现场查勘照片比现场图和文字记录能够更直观地反映现场和事故车辆的情况，它是处理事故的重要证据。现场查勘照片质量直接影响案件证据保留的有效性、核查的准确性和研究的客观性。

（1）现场摄影的原则

对事故现场进行摄影时一般应遵循以下原则：应有反映事故现场全貌的全景照片，应有反映受损车辆号牌及受损财产部位和程度的近景照片，要有某些重要局部（如保险标的发动机号码、车辆 VIN 代码等）的特写照片。此外，还应坚持节省的原则，以最少的照片数量反映事故现场最佳的效果。

（2）现场摄影的要求

图 3-5　拍摄受损部分

① 有第一现场的，必须拍摄现场全景照片。
② 拍摄带有车牌号与损伤部位的全景照片。
③ 拍摄车架号的清晰照片（前风窗左下角驾驶人侧、发动机舱内右侧铭牌、前围板钢印等）。
④ 在拍摄前校准数码相机日期，不得擅自更改，不得使用日期校调不准的数码相机拍摄。
⑤ 拍摄能够反映局部损失的特写照片，如图 3-5 所示。
⑥ 必须保证成像清晰度，夜间拍摄时应考虑闪光灯的使用距离，必要时可借用查勘车灯光、手电筒灯光，或找固定物支撑相机以慢速曝光（不用闪光灯）拍摄。

左前 45°视角

右后 45°视角

图 3-6　拍摄两个 45°照片

⑦ 必须真实、全面地反映被拍摄的对象，不得有艺术加工成分。

⑧ 拍摄较大事故的车损照片时，应拍好两个 45°照片（见图 3-6）。即使有一侧未受损，也应拍摄，以防施救时扩大损失或在修理厂拆检后多列换件、维修项目。同时，车辆后部的 45°照片还能将出险车辆的后围板或行李箱盖上的厂牌信息清楚地反映出来，方便核损、核赔人员准确确认标的车辆的车型。

⑨ 照片较多时，应在录入影像系统时分别建立"现场照片"、"未拆检整车照片"、"拆检照片"、"回勘照片"等多个子文件夹，以便于核损、核赔时审查。

（3）现场摄影的方式

现场摄影时，应根据事故的实际情况和具体拍摄目的，选择不同的拍摄方式。

① 方位摄影，是指根据现场和周围环境的特点，采用不同的方位拍摄现场的位置、轮廓，以反映事故现场全貌的摄影方式。

采用方位摄影应反映出事故现场的地形、地貌、路况，以及事故车辆与人畜、建筑物、道路、山、树木、周边的其他物体之间的相互关系，也应反映出事故的时间、气候等。

② 中心摄影，是指以事故接触点为中心，拍摄事故接触的各部位及其相关部位，以反映与事故相关的重要物体的特点、状态和痕迹的摄影方式。

中心摄影重点应在被事故破坏的地方和遗留痕迹及物证的地方进行。

③ 细目摄影，是指拍摄事故现场的各种痕迹、物证，以反映其大小、形状、特征的摄影方式。细目摄影的包括以下部位。

事故车辆与其他物体接触部分的表面痕迹，用以反映事故原因。

物证痕迹，如事故车辆的制动拖印痕迹、伤亡人员的血迹、机械故障的损坏痕迹等。

事故车辆的牌号、厂牌和型号等。

事故的损失、伤亡和物资的损坏等。

④ 宣传摄影，是指为了宣传和收集资料的需要，运用各种技巧突出反映某一侧面（车辆损伤、伤亡者以及事故责任者等）的摄影方式。

（4）现场摄影的方法

① 相向拍摄法，即从两个相对的方向对现场中心部分进行拍摄，较为清楚地反映现场相向情况的方法，如图 3-7 所示。

② 十字交叉拍摄法，即从四个不同的地点对现场中心部分进行交叉拍摄，准确反映现场中心情况的方法，如图 3-8 所示。

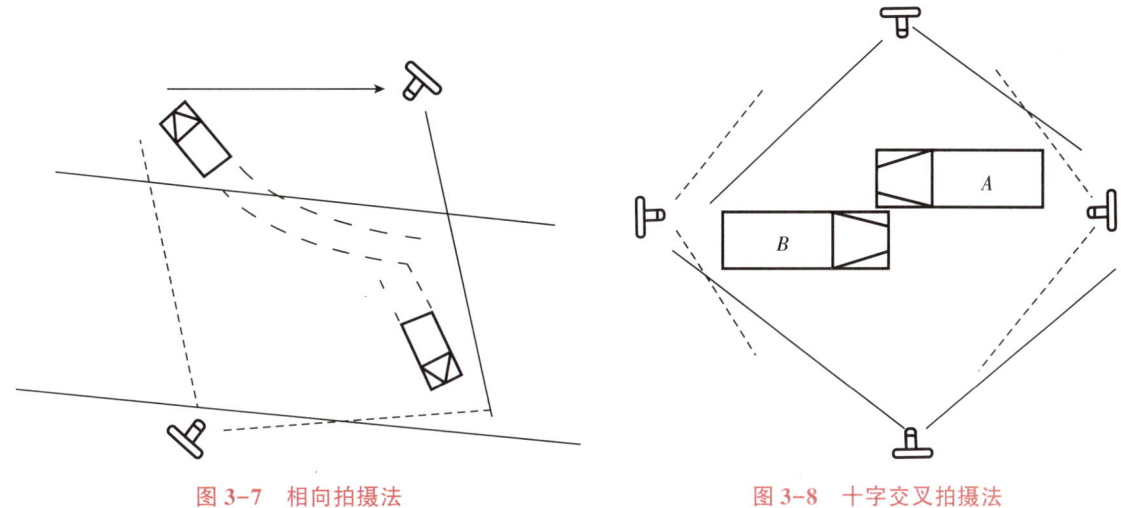

图 3-7　相向拍摄法　　　　　　　　　图 3-8　十字交叉拍摄法

③ 连续拍摄法，即分段拍摄现场，然后将分段照片拼接为完整照片的方法。这一拍摄方法适用于事故现场面积较大，一张照片难以包括全部情况的场合，一般分为回转连续拍摄法和平行连续拍摄法。

回转连续拍摄法是指将相机固定在一处，通过转动相机的角度进行分段拍摄的方法，用于距离较远的拍摄对象。

平行连续拍摄法是指将同一物距的平行直线分成几段，移动镜头逐段拍摄，每个摄影地点要求与被摄对象的距离相等，如图 3-9 所示。用于拍摄狭长的平面物体，例如，车厢栏板和客车侧面较长的刮痕等。

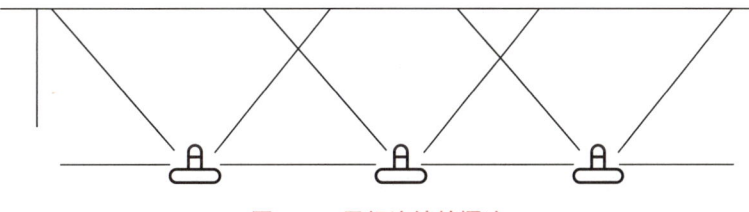

图 3-9　平行连续拍摄法

④ 比例拍摄法，是指将尺子或其他参照物放在被损物体旁边进行摄影的方法，如图 3-10 所示。常常在痕迹、物证以及碎片、微小物摄影的情况下采用此法，以便根据照片确定被摄物体的实际大小和尺寸。

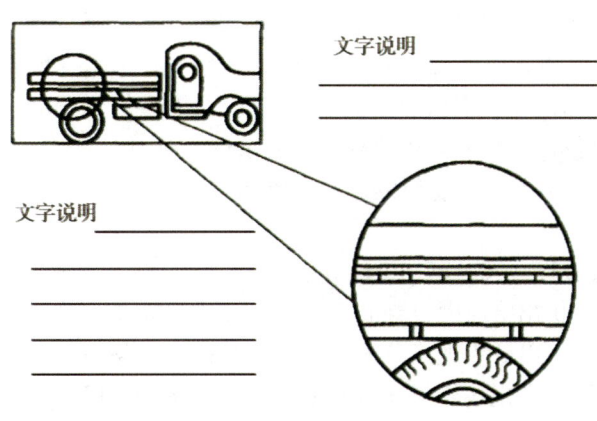

图 3-10　比例拍摄法

6. 收集

(1) 收集物证

物证是分析事故原因最为客观的依据，收取物证是现场查勘的核心工作。事故现场物证的类型有散落物、附着物和痕迹。

① 散落物：车体散落物，如零件、部件、钢片、木片、漆片、玻璃等；人体散落物如受伤人员的穿戴品、携带品、器官或组织分离品等；他体散落物，如除事故现场人、车之外的物证（如树皮、折枝、水泥、石块等）。

② 附着物：分为喷洒或黏附物、创痕物和搁置物三类。喷洒或黏附物主要包括血液、毛发、纤维、油脂等，创痕物主要包括油漆微粒、橡胶微粒、反光膜等，搁置物主要包括织物或粗糙面上的玻璃颗粒等。

③ 痕迹：分为车辆行走痕迹、车辆碰撞痕迹、涂污与喷溅痕迹三类。车辆行走痕迹主要包括轮胎拖印、压印和擦印等。车辆碰撞痕迹主要有车与车、车与地、车与其他物体间的碰撞与擦刮痕迹。涂污与喷溅痕迹主要包括油污、泥浆、血液、汗液、组织液等的涂污与喷溅。事故现场中的常见物证有制动印痕、车体泥土、玻璃碎片、车身刮痕、地面血迹等，查勘人员应注意收集。如图 3-11 所示。

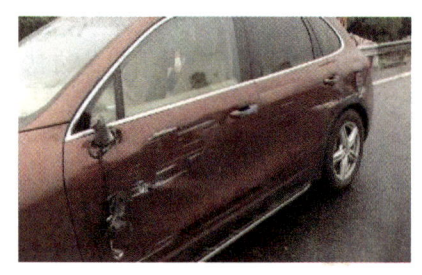
(a) 车辆与车辆的刮擦痕迹

(b) 制动印痕

图 3-11 现场痕迹

(2) 收集人证

证人非常重要，如果有可能，最好取得证人的文字证明材料，将证人目击时所说的位置和其目击的事情发生经过，绘制成草图等，标明各方的位置、行驶方向、速度，借以表明谁是肇事人。当车碰人时，应问询行人横穿道路的原因，未穿越前有谁与当事人在一起；当车撞车时，应询问对方驾驶人，了解对方车辆行驶的位置、动态以及其所采取的措施等。

7. 绘图

通常事故现场图是一张用正投影绘图方法绘制的，反映事故发生后，现场一切与事故有关的物体和痕迹的相对位置及状态的平面图。根据现场查勘要求必须迅速全面地把现场的各种交通元素、遗留痕迹、道路设施以及地物地貌，用一定的比例展现在图纸上。交通事故现场图应该能够表明以下内容。

① 事故现场的地点和方位，现场的地物地貌和交通条件。

② 各种交通元素以及与事故有关的遗留痕迹和散落物的位置。

③ 各种事物的状态。

④ 通过痕迹显示的事故过程，人、车、畜的动态。

交通事故现场图是研究分析出险原因、判断事故责任、准确定损、合理理赔的重要依据。根据绘制过程的不同，交通事故现场图可以分为现场草图和正式现场图。现场草图是查勘定损人员在事故现场徒手绘制的事故现场平面图，要求在现场查勘工作结束前当场完成，如图 3-12 所示。现场草图应能给人以总体的印象，通常包括现场的位置和周围的环境以及遗留痕迹、物证的地点、运动的关系、事故的情况等。现场草图虽然可以粗糙一些，但是内容必须完整、齐全，尺寸必须准确，同时必须与现场查勘笔录记载的内容吻合。现场草图要把事故现场复杂的情况，在很短的时间内完整无误地反映在图纸上，这要求绘图者必须具有一定的绘图经验并遵循一定的步骤和方法绘制现场草图，一般按照下列步骤进行。

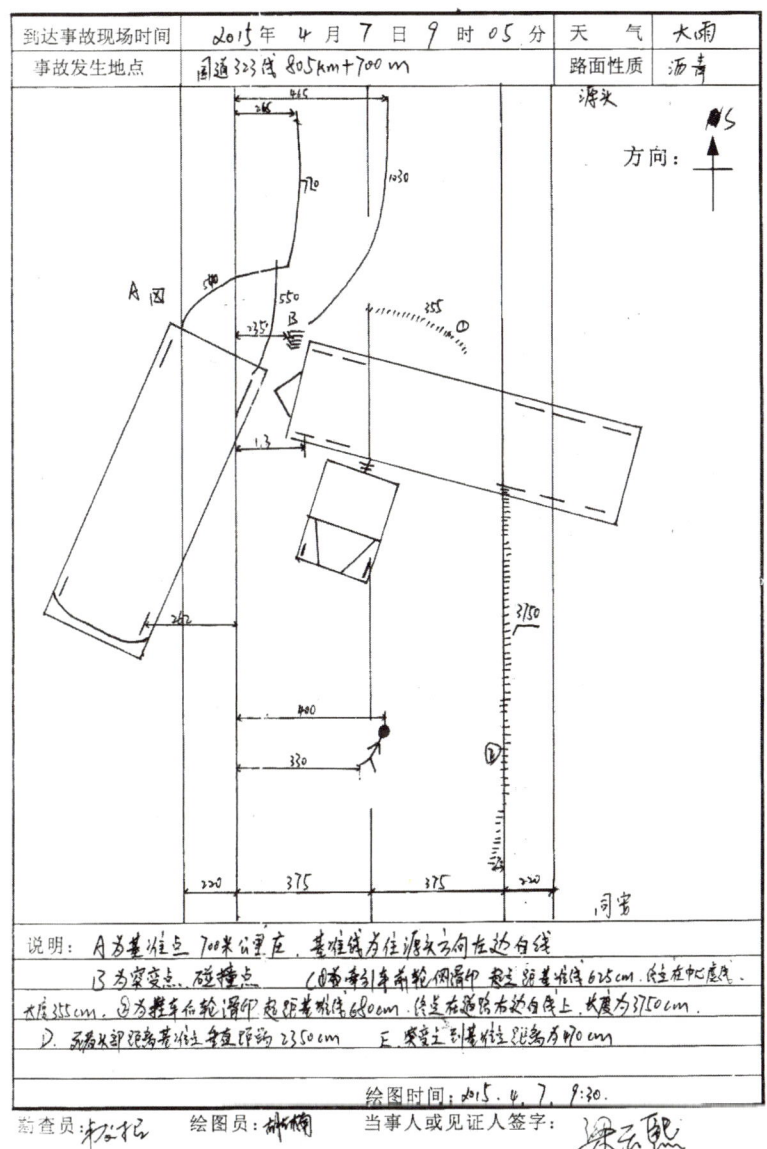

图 3-12 现场查勘草图

①选比例。根据出险情况，选用适当比例进行草图的总体构思。

②画轮廓。按照近似比例画出道路边缘线和中心线；确定道路走向，在图的右上方绘制指北标志；标注道路中心线与指北线的夹角。

③画车辆。以同一近似比例绘制出险车辆，再以出险车辆为中心绘制各有关物体图例。

④标尺寸。根据现场具体条件，选择基准点和定位法，为现场出险的车辆和主要物品、痕迹定位并标注尺寸。

⑤小处理。根据需要绘制立体图、剖视图和局部放大图，在必要的地方加注文字说明。

⑥先校核。两名查勘人员，一名负责绘制现场草图，另一名负责校核。

⑦后签名。在草图绘制完成后，绘图人、校核人、当事人、见证人分别签名。

正式现场图是以现场草图为蓝本，按照绘图要求，工整准确地绘制而成的正式现场比例图。正式现场图也是理赔或诉讼的依据。

绘制现场查勘草图时，可借助道路交通元素图中的一些符号绘制。道路交通元素图如表3-3至表3-12所示，表中带★的为常用图标。

表3-3 机动车图标

含 义	图形符号	含 义	图形符号	备 注
★ 载重车平面	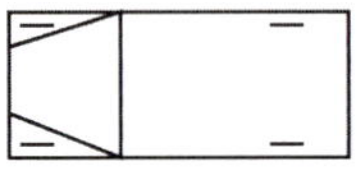	载重车侧面	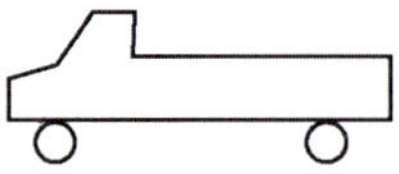	含平头载重车、专用汽车特种车
★ 客车平面	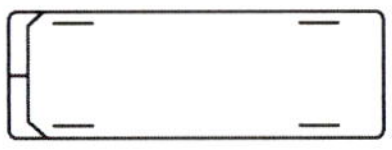	客车侧面图		含无轨电车、特种车
★ 小轿车平面	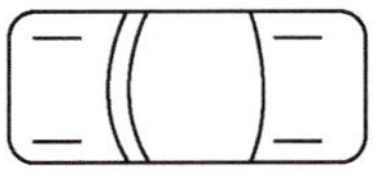	小轿车侧面图	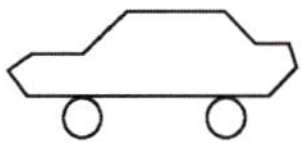	含吉普车、微型面包车
★ 挂车平面	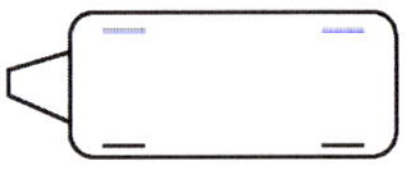	挂车侧面图	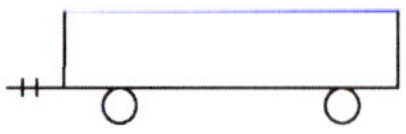	含全挂车、半挂车
★ 二轮摩托车		轻便摩托车		
铰接式客车平面	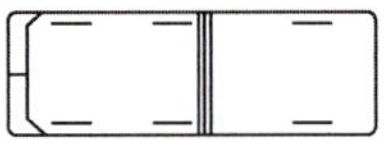	铰接式客车侧面图	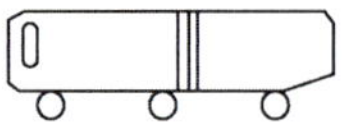	含铰接式无轨电车
拖拉机平面	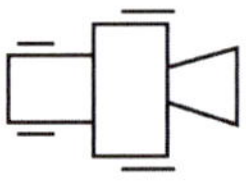	拖拉机侧面图	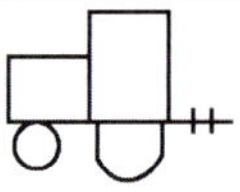	含专用机械
手扶拖拉机平面	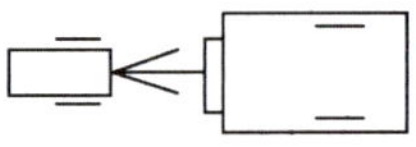	手扶拖拉机侧面图	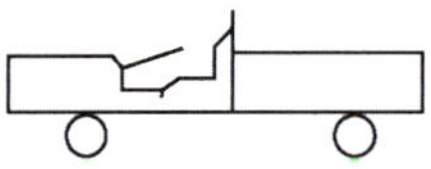	
后三轮摩托车	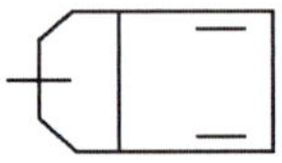	侧三轮摩托车	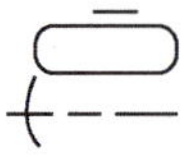	

表3-4 非机动车符号

含 义	图形符号	备 注	含 义	图形符号	备 注
★ 自行车			兽力车	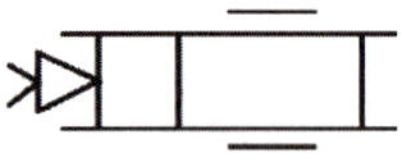	含平头载重车、专用汽车特种车
三轮车	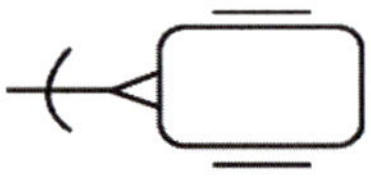		人力车	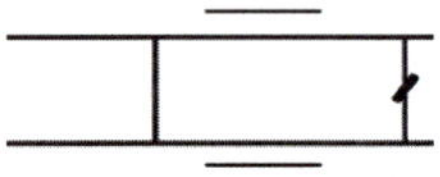	含无轨电车、特种车

表3-5 人体图形符号

含 义	图形符号	含 义	图形符号	含 义	图形符号
★人体		伤体		尸体	

表 3-6　牲畜符号

含　义	图形符号	含　义	图形符号	备　注
牲畜	▽	惊畜	▽〜〜〜	含牛、马、猪、羊等，需同时标注文字说明
伤畜	▼(半)	死畜	▼	

表 3-7　安全设施图形符号

含　义	图形符号	含　义	图形符号	含　义	图形符号
★隔离带（或花坛）	⬭	禁令标志	⊘	指示标志	○
隔离桩（墩、栏）	—X—X—	警告标志	△	指路标志	⊓

表 3-8　动态痕迹图形符号

含　义	图形符号	备　注	含　义	图形符号	备　注
轮胎擦印	— — — —		★轮胎拖印	═══ L ═══	L 为拖印长
★轮胎压印	------		★侧滑印	∿∿∿∿	各种车通用

表 3-9　道路标线符号

含　义	图形符号	含　义	图形符号
中心单实线	(实线带箭头)	★中心虚线	(虚线带箭头)
中心虚实线	(虚实线带箭头)	★中心双实线	(双实线带箭头)
停止线		导向车道线	
车行道边缘线		车道分界线	
停车让行线		★中心圈	

续表

含　义	图形符号	含　义	图形符号
减速让行线		★倾斜式停车位标线	
左转弯导向线		★路面障碍物标线	
港湾式停靠站标线		★平行式停车位标线	
导流标线		★垂直式停车位标线	
人行横道标线		人行道	
桥		漫水桥	
上坡道		道路	路面性质用文字说明，如冰、沥青、混凝土路面
下坡道	i为坡度	道路平交口	丁字路口和交叉路口按实际情况划
道路与铁路平交口		路面积水	也可表示道路外水塘
施工路段		路面突出部分	也可表示路外山冈、丘陵、土包
涵洞		路面凹坑	也可表示路外凹地、土坑

续表

含 义	图形符号	含 义	图形符号
隧道		路旁水沟	也可表示其他路外水沟

表 3-10　土地利用植被和地物图形符号

含 义	图形符号	含 义	图形符号	含 义	图形符号
★树木平面		树木侧面		★路灯	
★建筑物		★厂院大门、围墙		消防栓	
★停车场	P	★电杆		★碎石、沙土等堆积物	

表 3-11　交通现场和交通事故类型图形符号

含 义	图形符号	含 义	图形符号
★机动车行驶轨迹		★摩托车行驶轨迹	
★自行车行驶轨迹		行人运动轨迹	
翻车、坠落		爆炸	

表 3-12　其他图形符号

含 义	图形符号	备 注	含 义	图形符号	备 注
★方向标			风向标		X 为风力级数

8. 填写现场查勘记录

现场查勘工作非常重要，而现场查勘的内容又非常多，为防止查勘员疏忽某些细节，同时为规范查勘工作，各保险公司一般都制定《机动车辆保险现场查勘记录》，如表 3-13 所示，查勘人员根据现场查勘情况，如实填写现场查勘记录表即可。

表 3-13　机动车辆保险现场查勘记录表

机动车辆保险现场查勘记录			
被保险人：	保单号码：		赔案编号：
保险车辆	号牌号码：	是否与底单相符：	车架号码（VIN）：	是否与底单相符：
^	厂牌型号：	车辆类型：	是否与底单相符：	检验合格至：
^	初次登记年月：	使用性质：	是否与底单相符：	漆色及种类：
^	行驶证车主：	是否与底单相符：	行驶里程：	燃料种类：
^	方向形式：	变速器类型：	驱动形式：	损失程度：□无损失 □部分损失 □全部损失
^	是否改装：	是否具有合法的保险利益：		是否违反装载规定：
驾驶员	姓名：	证号：	领证时间：	审验合格至：
^	准驾车型：	是否是被保险人允许的驾驶员：□是 □否		是否是约定的驾驶员：□是　　□否 □合同未约定　　□不详
^	是否酒后：□是　　□否　　□未确定	其他情况：		
查勘时间	（1）	是否第一现场：	（2）	（3）
查勘地点	（1）		（2）	（3）
出险时间：		保险期限：	出险地点：
出险原因：□碰撞　　□倾覆　　□火灾　　□自燃　　□外界物体倒塌、坠落　　□自然灾害　　□其他＿＿＿			
事故原因：□疏忽、措施不当　　　□机械事故　　　□违法装载　　　□其他＿＿＿			
事故涉及险种：□车辆损失险　　□第三者责任险　　□附加险＿＿＿			
专用车、特种车是否有有效操作证：□有　　□无			
营业性客车有无有效的资格证书：□有　　□无			
事故车辆的损失痕迹与事故现场的痕迹是否吻合：□是　　□否			
事故为：□单方事故　　□双方事故　　□多方事故			
保险车辆车上人员伤亡情况：□无　　□有　　伤＿＿＿人；亡＿＿＿人。			
第三者人员伤亡情况：□无　　□有　　伤＿＿＿人；亡＿＿＿人。			
第三者财产损失情况：□无　　□有　□车辆损失　号牌号码：＿＿＿车辆型号：＿＿＿□非车辆损失＿＿＿			
事故经过：			
施救情况：			
备注说明：			
被保险人签字：		查勘员签字：	

绘制查勘记录时的注意事项。

①根据查勘情况，认真填写《查勘报告》，肇事司机或报案人应在《查勘报告》上签字确认。

②涉及人员伤亡的，要登记分别登记保险车辆车上人员和三者车辆、车外人员的死亡、受伤人数。

③对于多车互碰的案件，应对所有三者车辆的基本情况逐车进行记录。

④重大、复杂或有疑点的案件，应在询问有关当事人、证明人后，在《车险事故查勘询问笔录》中记录，并由被询问人签字确认。

⑤重大、出险原因较为复杂的赔案应绘制事故现场草图。现场草图要反映出事故车辆在事故前、事故中及事故后的方位、道路情况及外界影响因素。

⑥对查勘中发现的问题，需提醒下一步理赔环节注意的问题，应在《查勘报告》中详细注明。

知识准备七　汽车保险欺诈形成原因及影响

近年来，随着国民经济的高速发展和汽车保有量的增加，汽车保险得到了较快的发展，但在快速发展的过程中，也存在一些问题，如赔付率过高、保险欺诈较多等。据统计，汽车保险欺诈金额占理赔总额的 20%~30%。过高的欺诈金额会直接导致赔付率过高，间接导致汽车保费的提高。保险欺诈是保险业不可回避的话题，作为一名查勘理赔人员，识别保险欺诈是从业基本素质，要充分了解汽车保险欺诈的成因、形式以及预防措施，以有效识别保险欺诈。

一、汽车保险欺诈的概念

所谓汽车保险欺诈，是指投保人、被保险人不遵守诚信原则，故意隐瞒有关保险车辆的真实情况，或歪曲、掩盖真实情况，夸大损失程度，或故意制造、捏造保险事故造成保险标的损害，以谋取保险赔偿金的行为。

1. 保险欺诈的两个构成要件

①欺诈一方主观故意。主观故意的形成需具备两个条件：欺诈人明知其欺瞒行为会使保险公司陷于错误的认识，仍希望保险公司因陷于错误的认识而实现保险金的赔偿或者给付。

②欺诈一方实施了积极的欺诈行为。

2. 保险欺诈的主体和客体

①保险欺诈的主体只能由投保人、被保险人和受益人构成。另外，保险事故的鉴定人、证明人、财产评估人故意提供虚假证明文件，为他人欺诈提供条件的修理厂、代办索赔的中间人等，均可能成为保险欺诈行为的共犯。

②保险欺诈的客体是双重客体，既侵犯了保险公司的财产所有权，又侵犯了国家的保险制度。

3. 保险欺诈不是保险公司的可保风险

保险公司承保的风险必须是符合承保条件的特定风险。保险公司承担的风险是自然灾害或意外事故的纯风险，而不是投机风险和道德风险。对于投机风险和道德风险，保险公司不承担赔偿责任。

4. 保险欺诈的分类

保险欺诈一般分为广义保险欺诈与狭义保险欺诈。

（1）广义保险欺诈

保险当事人双方都可能构成保险欺诈。保险公司在缺乏必要偿付能力或未经批准擅自经营业务，并利用拟订保险条款和保险费率的机会，夸大保险责任范围诱导、欺骗投保人和被保险人的，均属于保险公司欺诈。投保人一方不遵守诚信原则，故意隐瞒有关保险标的的真实情况，诱使保险公司承保，或者利用保险合同内容，故意制造或捏造保险事故，造成保险公司损害，以谋取保险赔付金的，均属于投保方欺诈。

（2）狭义保险欺诈

狭义保险欺诈是指投保人、被保险人针对保险公司以骗取保险赔付金为目的的欺诈情形。车险理赔中的保险欺诈行为的欺诈对象是保险公司，保险欺诈的目标就是骗取保险金。保险金是保险事故发生后保险公司向被保险人或受益人给付的货币资金，财产保险合同中的保险金是对损失的补偿，也称为赔款。

二、汽车保险欺诈成因分析

汽车保险欺诈往往具有很大的隐蔽性，其形成原因也相当复杂，有社会的、个人道德方面的，也有保险条款、公司运作与监管方面的。

1. 对保险的认识偏差

目前，有些人对保险缺乏正确的认识，以"商人或投资"的眼光看待保险，认为向保险公司缴纳了保险费而没有得到赔偿很吃亏，因此千方百计地要索回已缴纳的保险费，一般采取将非保险责任的损失转嫁到保险公司的手段，并且根本不认为这种行为是保险欺诈，是一种犯罪行为，而认为至多是一种可以原谅的过错。人们对汽车保险欺诈也通常表现出理解和宽容。在缺乏社会信用制度的今天，汽车保险欺诈对欺诈行为人的社会声誉和信用基本无影响，从而致使汽车保险欺诈现象大量产生。

2. 法律法规有待健全和完善

《中华人民共和国保险法》仅对保险欺诈做了简单但不全面的界定，对欺诈行为的处罚并未做出细化规定。在实际处理汽车保险欺诈案件时，多数只是对欺诈行为人进行批评教育，说明欺诈的后果，劝说其放弃保险索赔，而很少有行政处罚或者刑事处罚，打击力度不够。目前，保险诈骗罪在我国只是一个较笼统的罪名，对于保险诈骗的各种具体形式、量刑等并无具体规定，因而执行起来有不少难度。大多数司法机关对保险欺诈犯罪仍倾向于"结果量刑"，而忽略了其"动机和行为"没有"既成事实，骗得赔款"就难以追究其法律责任，导致大量的汽车保险欺诈案件的行为人得不到应有的惩罚。

3. 相关机构、部门和单位运作不规范

目前，一些机构、部门和单位在事故现场处理过程中，对事故责任认定、车辆等物损鉴定、人员伤残评定、车辆等物损修理以及受伤人员治疗等环节存在违规操作、随意性大等管理运作不规范现象。例如：现场处理草率，忽视物证收集和运用；责任认定时不依据责任方的违章情节及其在事故中所起作用的因果关系；对车辆等物损进行低损高估；对于人员伤残，无残的评残、低残的高评在车辆等物损修复过程中人为扩大损失；人伤治疗中的大处方、违规用药、挂床现象等。这些现象的普遍存在为行为人实施保险欺诈提供了可乘之机，客观上起到了某种支持作用。

4. 保险行业汽车保险经营管理水平有待提高

粗放型的经营管理模式在当前保险企业中依然普遍存在，主要体现在以下几点。

①对汽车保险欺诈风险认识模糊。有些保险公司在实际经营管理活动中风险意识淡薄，对保险欺诈风险的危害与防范认识和应对不足，主要表现为"重规模、轻质量，重速度、轻效益"，这无形中为防范保险欺诈风险埋下了隐患。

②承保质量低，缺乏风险管控。有些保险公司的车险核保形同虚设，行之有效的核保政策被搁置一边，放弃了车险费率的从人、从车因素，验车承保工作落实不到位，随意放宽承保条件，盲目地追求业务规模。有的基层保险公司为了完成保险费收入任务不择手段，甚至不惜牺牲公司的长远利益违规承保，造成承保质量急剧下降，致使逆选择投保、高风险车辆大量涌进，其中不乏道德风险和投机风险的存在，结果是从保险源头埋下了欺诈的祸根。

所谓逆选择，就是指投保人中风险状况较差者倾向于选择购买保险或申请续保，而情况良好者则不欲购买保险或续保，而保险人更偏好风险状况良好的被保险人。

③理赔制度不健全，风险管控缺失。有些保险公司事故现场查勘工作不落实，现场查勘率低，现场查勘走过场，不分析、不研究、不定责、不沟通，现场不锁定证据和损失；事故损失核定不能执行"以我为主"的定损原则，对应修、应换项目把握不严，定损周期长，重视车辆损失而忽视其他物损；人伤案件处理存在查勘缺位、无人跟踪或跟踪不到位现象，损失证据材料缺乏核实，对治疗费以及误工费、护理费等赔偿标准把关不严，低残高评等现象时有发生。如果说承保质量低下为汽车保险欺诈风险的发生大开了方便之门，那么理赔制度的不健全和落实不到位则会直接导致保险欺诈风险的发生。

④保险从业人员素质偏低。目前，我国保险行业不仅缺乏复合型的保险专业人才，而且从业人员素质也良莠不齐，不具备应有的保险欺诈风险识别、风险估测和管理能力，有的甚至钻内部管理制度不完

善的空子谋取私利。例如，少数保险从业人员在承保、理赔时收取被保险人的"好处费"，为欺诈行为人提供各种假证明，袒护行为人，乃至个别保险从业人员与欺诈行为人私下串通骗取保险赔款。这些保险从业人员的道德风险在客观上加重了保险欺诈风险的存在与产生。

5. 保险行业缺乏汽车保险信息共享平台

保险行业缺乏汽车保险信息共享平台，使得汽车保险欺诈行为十分隐秘和多变。诈骗团伙可以采取"重复投保和索赔、异地作案、多次索赔"等保险欺诈方式，在各家保险公司之间游离作案，轻松地进行保险欺诈而不被发现，有的之所以能够成功诈骗十多起，原因就在于没能实现行业信息共享。如果能够将多起疑似欺诈案件放在一起进行分析和取证的话，保险欺诈很难得逞。

三、汽车保险欺诈的影响

1. 违背民法原则

欺诈行为违背了民法意思自治的精神，对民法的诚实信用原则构成威胁，不利于社会正义及善良风气的形成。

保险法律关系须建立在最大诚信的基础上，严格遵守《合同法》《保险法》的规定，履行诚信的义务。

投保方的诚信义务应为：订立保险合同时，就保险公司提出的保险标的或被保险人有关情况的询问如实告知，发生保险事故时应及时通知保险公司，并尽可能提供与确认保险事故性质、原因、损伤程度等有关的证明和资料。禁止在未发生保险事故的情况下，谎称发生保险事故，禁止故意制造保险事故和夸大保险损失等。

保险公司的诚信义务应为：订立保险合同时，应向投保人明确说明保险条款的内容，尤其是有关免责条款的规定，保险事故发生后，应当根据投保方提供的事故证明和资料及时核定保险损失、迅速理赔，依照合同约定，如认定为投保方的事故证明和资料不完整，应通知其补充不完整的部分。

无论哪种机动车保险欺诈行为，如故意虚构保险标的、对发生的保险事故编造虚假的原因或者夸大损失的程度、编造未曾发生的保险事故、故意造成财产损失的保险事故等、骗取保险金的行为，都属于故意捏造虚假情况，或歪曲、掩盖真实情况，违反了诚信义务。

2. 影响保险业的发展

保险欺诈影响保险业的发展。保险欺诈给保险公司造成的经济危害是多方面的。

①减少保险公司的赢利收益。美国保险业务专家会议曾公开承认保险欺诈已被确定为当前对保险业赢利构成威胁的最大部分。

②降低了保险公司偿付能力。保险赔偿基金与实际支付赔款的差额越大，保险公司的赔偿力就越不稳定，而应付这种偏差需要的偿付准备金就越大；反之，则越小。

③影响保费率的合理制定，保险公司在制定保险费率时，迫不得已地要将欺诈风险作为一个变数适当将其考虑在内。

保险公司是我国的金融机构的组成部分，直接经营的就是货币，保险欺诈骗赔所破坏的客体，就是金融秩序，它不但侵犯了投保人、被保险人、受益人和法定继承人的利益，而且也直接侵犯了国家财产，同时也侵犯了保险公司的利益。

3. 影响社会和谐发展

保险欺诈骗赔还常常伴有其他暴力犯罪的发生，是一种社会危害极大的违法犯罪行为。如果对保险欺诈骗赔打击不力，将会导致社会的不安定，影响我国社会的和谐发展。

知识准备八　汽车保险欺诈常见的表现形式

在汽车骗保案中，不法分子经常采取的手段有：编造事故、编造原因、制造事故、扩大损失、重复索赔、故意碰撞、联合骗保、更换劣件、酒后换驾等。其中扩大损失和重复索赔最为常见。在众多的车险骗赔者中，主要是修理厂和保险代理人。他们利用客户委托其索赔的机会，在修理过程中"偷梁换柱"，向保险公司索要高额保险赔偿金赚取差价的行为尤为严重，这种行为约占全部骗赔案件的1/3。

一、虚假告知，不够诚信

根据保险的最大诚信原则，如实告知是投保人必须履行的义务之一，包括与保险标的有关的所有有利与不利的事实，以便保险人确定是否承保该标的以及保费、保险金额的高低。有的投保人出于某种目的或期望，在较低的缴费水平上获得较高的保障程度，往往采取虚报、漏报、错报、高报等手段，提供假的证明材料欺骗保险人，使不具备投保资格的标的车混入了被保险的行列；在使用过程中，扩大了保险损失的发生概率，使客户交纳的保险费与保险公司承担的保险责任不相符，增加了保险公司的经营风险。甚至有的客户会为在脱保期已经丢失了的汽车投保，等保险合同生效后，再以标的物丢失为由提出索赔。

二、出险在先，投保在后

汽车出险时尚未投保，出险后才予以投保，然后伪装成在合同期内出的险，以达到获取汽车保险赔款的目的。

实施"先险后保"欺诈手段时，一般采用伪造出险日期或保险日期的手法。伪造出险日期时，一般是通过社会关系，由有关单位出具假证明，或伪造、编造事故证明，待投保后按正常程序向保险人报案索赔，对于这类案件，保险人即使派人去现场复勘，若不深入调查，也很难察觉。伪造保险日期时，一般是串通保险公司签单人员，内外勾结，利用"倒签单"手法，把起保日期提前至出险日期之前，瞒天过海、浑水摸鱼。有的车辆在保险到期脱保后，要求保险人按上年保单终止日续保，也可能属于此类欺诈。

无论采取何种手段，"先险后保"案件有个明显的特点，即投保时间与报案时间非常接近，因此，对这两个时间比较接近的案件务必严查。

"先险后保"欺诈手段比较简单，虽然经常发生，但只要保险公司严格承保手续，及时进行查勘，是完全能够避免的。

三、改变用途，出险索赔

汽车保险与其他财产保险一样，保险的交纳标准是与标的物的风险程度以及保障程度相对应的。在同等保障程度下，越是风险程度高的标的物，所对应的保费标准也就越高。

个别客户的汽车，起初是按照非营运属性投保的。但在经过一段时间之后，却改变了汽车的用途，开始从事营运。由于这一改变增大了汽车的使用风险，应该及时告知保险公司并按照营运汽车的保费标准予以追加，但部分保户基于不想增加保费标准的考虑，没有将这一变化及时告知保险公司。根据规定，假如车辆被车主擅自改变了用途，一旦出险，保险公司是可以拒赔的。

四、无中生有，谎报出险

这是指投保人、被保险人或受益人在保险期限内对并未发生的损失向保险公司提出索赔的行为。被保险人通过制造虚假事件、更换报废零部件、单方事故后再重新伪造双方事故使用本不属于保险索赔范围但事后制造事故骗取修理费等手段实施的欺诈。为了取得保险公司的信任，造假往往会采取唆使、收买他人提供虚假证明、资料或其他证据、伪造或变造修理发票、伪造证明、篡改事故责任认定书等不法手段。

五、编造原因，隐瞒真相

事故发生后，对于所造成的经济损失，依据保险合同，或者属于免责范围，或者需要车主本人承担较高的比率。于是，被保险人就想方设法地编造事故原因、隐瞒事故真相，以此来欺骗交警、欺骗保险公司的查勘人员。为达到此目的，他们往往采取欺骗手段骗取警方的事故责任认定书，或者篡改警方出具的事故责任认定书，或者伪造警方的事故责任认定书等。

六、报案不实，夸大损失

这种现象是指出险汽车的真实损失很小，被保险人却故意夸大损失程度或损失项目，以小抵大，骗取赔款。假如是被保险人在保险事故发生后，通过制造伪证、虚报损失等手段来夸大损失、企图获取较高赔付金额的，由于欺诈手段比较低劣，很容易被保险公司发现。

七、二次撞击，扩大损失

扩大损失是指保险事故发生后，保户为了获得高额的保险赔偿，放任标的损失继续扩大，甚至故意扩大标的损失的程度。

1. 扩大损失的基本形式

一般来说，车主、汽车修理厂通过扩大损失骗保的比例约为3∶7，大多数修理厂都是背着车主对受损车辆"动手脚"的，因他们担心车主无法接受自己的车子被故意再次撞击，加重损伤。

（1）保户自身扩大的损失

保户的汽车确实发生了碰撞，但基于种种考虑，在向保险公司最终报案时，事故车却有可能被扩大了损失。这些原因主要有以下几点。

①汽车的碰撞程度偏轻，不值得索赔，车主自行决定或在修理厂的建议下进行二次碰撞。

②由于保险条款将一些特定损坏规定为责任免除，被保险人为获取赔款，故意造成保险责任范围内的事故，把不应赔偿行为造成的损失，通过再次的故意造险进行掩盖，使其变成应该赔偿的责任事故。如停放在家属院中的汽车，右侧前照灯出现了不明原因的损坏，保险公司是不予赔偿的，为了获得保险公司的赔偿，驾驶员故意开车撞墙，导致保险杠右侧、右侧前照灯、角灯等一起损坏，报案者谎称是自己开车时不小心撞上的，保险公司如不能识别其诈骗企图并拿到诈骗证据，则很容易从车损险中给予赔偿。

③发生交通事故后，双方已经"私了"，无责方拿到了对方的赔款，但又不想再拿出钱来修车，便通过再碰撞的方式制造假现场，让保险公司赔偿。

④有时发生的交通事故责任明确，双方也达成了"私了"意见，但保险公司却不认可。车主在气恼之下，便故意再撞一次，然后谎称是不小心撞的。

其实，如果所发生的交通事故，损失较小且责任明确，保险公司可以给车主签订快速处理协议，这样被保险车辆通常都能拿到赔偿金。如果交通事故责任模糊，双方损失又都很严重，车主提供的资料跟事故现场又不太相符，车主就必须提供相应的证明材料（如交通事故证明等）。因此，如果两辆车追尾或轻微擦碰，不一定非要有交警到现场，只要事实认定比较清楚，双方在承认事故责任的情况下，去交通队开具证明就可以了。有了交通队的责任认定书，保险公司一样会赔偿车主的损失。

（2）车主与修理厂联手

车主与修理厂联手，共同扩大事故损失，车主获得了免费维修，修理厂获得了维修利润。

（3）修理厂擅自扩大的损失

车主将车送到修理厂去保养、维修，不法经营业户设法留下车主的身份证、行驶证、保险单等，等车主走后，将车再次碰撞，扩大损失，然后向保险公司代为索赔，以期获取高额的维修利润。

骗保案之所以频繁发生在修理厂，主要原因就是修车利润增多的诱惑。假如两辆车只是轻微擦了一下，到了修理厂，就有可能被加大损失部位，修理费自然也就相应增加了。对于修理厂来说，车辆损失的部位越大，他所获得的利润也就越高。

汽车维修的利润主要有两部分：一是工时费（通常可以达到25%左右）；二是材料管理费。修理厂承接事故车时，既可以向保险公司索要正常的更换部件费用及维修工时费用，也可以将出现问题的零部件更换一个价格低得多的组装件，甚至劣质件，获得额外利润。如果修理厂进行"代撞"骗保，可以将完好而价高的零部件事先拆卸下来，这样材料费的利润就可以上升到50%～500%。因此，汽修厂都愿意承修投保了车损险的事故车，因为与普通的故障车相比，这种车的利润高得多。而一些进口的老旧车型则更受欢迎，由于这些车逐渐退出了市场，配件难寻，且价格高昂，只要发生保险事件，就会得到大笔赔款。

2. 修理厂扩大汽车损失的主要做法

（1）利用保险人员的缺席

利用保险公司工作人员不肯自行前往评估的机会，多估、多报车辆损失。

（2）利用他人正在维修的车辆

维修人员利用他人正在维修的车辆，故意制造事故，然后串通保险公司的理赔人员，骗取保险赔偿，达到"两方受损，三方受益"（保险公司、车主受损）修理厂、负责制造撞车事故的修理工、保险公司理赔人员收益的目的。

（3）代撞内幕

① 瞒着车主撞：在客户送来的维修车辆原本受损的地方再次撞击，扩大受损面。

② 征得车主同意后撞：先告诉车主，许多部件可能存在老化现象，不美观、不安全需大修，价格会很高。假如让修理厂帮忙撞一下，将相关部件撞坏，然后报警，拿到交警开的事故责任认定书，找保险公司索赔，就能把相关部件都修好，而且无须自己花钱。

③ 汽车修理厂老板见到陌生车主来要求"代撞"时，会鼓励他们自己去撞。随便把车撞到小区的围墙上、路边的柱子上、树上，然后报警就可以了，根本查不出来是故意撞的还是非故意撞的。

④ 代撞驾驶员的驾驶技术都很好，基本可以承诺"想换哪里，就能撞坏哪里"，一家修理厂，差不多每隔几天就去"撞"一次，成功率非常高。

⑤ 汽车修理厂专门负责理赔的人，与保险公司的理赔人员关系密切，只要有事故责任认定书，一般就能获赔。

八、故意造案，骗取赔款

这里是指被保险人故意使投保的车辆出险，造成损失，以谋求骗取赔款的行为。例如，对于趋于报废、价值较低而车辆损失保险保额又较高的汽车，在被保险人期望获取高额赔款的欲望驱动下，可能会故意造成汽车出险。这类案件往往具有出险时间、地点精心选择的特点，所以查处难度较大，有时保险公司尽管会怀疑被保险人可能是骗案，但却很难找到证据。

九、移花接木，混淆视听

所谓移花接木、造假骗局，包括以下几个方面。

①无证驾驶或酒后驾驶发生事故后，找具有正常驾驶资格的人顶替真实驾驶员承担责任。

②正常维修的车辆，被换上了损坏了的旧件，然后假冒原车损坏件向保险公司索赔。

③一辆已经定损、索赔了的车，被换上另外一辆车的牌照后，再次索赔。

④故意混淆事故责任比率，改变保险公司承担事故责任的比率。

⑤个别汽车修理厂接到客户的受损车辆后，用较低档的材料为客户修理，却以高档材料的价格向保险公司索赔，以此赚取不同档次的材料费用差价。

十、一险多报，重复索赔

这是汽车保险理赔中最常见、最普遍的现象。常见的一险多赔诈骗案有三种形式。

1. 一次事故向多个保险人索赔

这属于重复投保。投保人向多家公司购买保险，但并不将该情况通知各保险公司。发生事故后，持各公司的保险单分别索赔，以获取多重保险赔款。由于重复保险多蓄谋已久，且隐蔽性极高，再加上各保险公司之间信息不交流，所以欺诈成功率较高。

2. 一次事故多险索赔

如车辆造成货物损失后，投保人可在车上货物责任险和货物运输险项下同时索赔。因保险公司内部横向信息沟通不畅，投保人往往会轻而易举地索赔成功。

3. 在一次事故中，先由事故责任者给予赔偿，然后再向保险公司索赔

这种诈骗案，数额一般不大，但在日常生活中却最常见。出险原因都是被别人追尾或被别人所撞后，第三方负事故责任，在第三方已给予赔偿的情况下，再到保险公司谎称自己倒车所撞进行骗赔。所以对单方事故，尤其是对车辆尾部损坏的单方事故进行现场查勘时要特别注意。

十一、顶替他人，冒充索赔

这里是指被保险的汽车出险后，造成了财产损失或人身伤亡。但是，由于某些原因，被保险人或其权益人根本没有资格向保险公司索赔。但他在索赔时，却隐瞒了这些真实的原因，而是改换成有资格索取赔款的"理由"，以骗取保险公司的赔付。

十二、内外勾结，狼狈为奸

内外勾结尽管有几种形态，但主要是指保险公司内部的相关工作人员与汽车修理厂相互勾结，利用保户因为发生小事故造成轻微损伤的标的车，通过再次碰撞的方式扩大损失；或者利用车主虽然投保了车损险，但只是前来进行例行维护的汽车进行故意碰撞，以此相互勾结，骗取保险公司的高额赔偿。

十三、肇事逃逸，事后索赔

肇事逃逸是指交通事故发生后，当事人明知自己发生了交通事故，为逃避事故责任，故意逃离事故现场，不向公安机关报案的一种违法行为。肇事逃逸有以下两种情况。

①人和车都在事故发生后逃离事故现场。

②弃车逃逸，即当事人将车留在现场；人逃离事故现场。但是，肇事逃逸者再被查获之后，将面临严厉的法律制裁以及向受害方赔偿高额的损失；而他自己的车辆，也可能需要修复。基于减轻自己负担的考虑，他们会向保险公司提出索赔申请。

知识准备九　汽车保险欺诈的防范和调查

一、汽车保险欺诈的防范

汽车保险欺诈原因一方面来自社会治理，另一方面来自保险公司的内部管理。下面从这两方面有针对性地制定对策和采取措施，全面加强汽车保险欺诈的防范。

1. 加强保险宣传，树立正确的保险理念

加强保险有关法律法规以及汽车保险原理的宣传，让民众了解汽车保险是一种经济制度，同时也是一种法律关系。这种经济关系的准则用保险法等法律形式固定下来。要让广大公众树立正确的保险观，纠正"买保险，没有赔偿吃亏""买了保险，有损失就要赔"等错误认识，加深对保险"人人为我 我为人人""人助我与我助人机会均等"的互助内涵以及保险基本原则的理解，依法索赔，严格自律，提高保险欺诈的防范意识，不给犯罪分子可乘之机。

2. 完善法律法规，坚持依法处理

从维护国家保险制度以及充分发挥保险为国民经济发展、人民生活保驾护航的作用出发，在打击保险欺诈方面要进一步加强和完善立法，制定打击保险欺诈的专业法律，加大法律责任和惩戒力度，以提高法律的威慑力，使各种保险欺诈行为都得到应有的惩罚，切实做到有法可依、违法必究这是预防保险欺诈的根本保证。特别是针对保险欺诈未遂案件，依据行为人的"行为与动机延续而产生的结果"进行量刑和惩戒，同时"适当降低和细化保险欺诈金额的量刑额度"，从严、从快强力打击保险欺诈行为。

打击保险欺诈行为要坚持"有法可依、有法必依，执法必严、违法必究"的处理原则，根据《中华人民共和国保险法》和《中华人民共和国新刑法》等有关法律规定，对情节严重、构成犯罪的，追究刑事责任；情节轻微、不构成犯罪的，依照国家有关规定给予行政处罚。对任何保险欺诈案件都要追究行为人的民事责任，收缴违法所得。

3. 全社会综合治理，依法合规办事

要在全社会开展防范保险欺诈教育，社会各机构、部门和单位都应提高法制观念，依法合规办事，自觉防范和化解保险欺诈风险，依靠社会各界力量齐抓共管，加强对保险欺诈行为的防范和打击逐步根除滋生保险欺诈行为的土壤与环境。

建立全社会参与的打击保险欺诈行为的工作体系。保险公司加强与公安部门、检察院、法院、交通管理部门、车辆管理部门、医疗机构等的联系，充分发挥他们的职能和作用，协同作战、联合办案由此逐步形成一个全社会打击保险欺诈的信息网络，进而可以更及时、有效地遏制保险欺诈。

4. 提高保险公司防范汽车保险欺诈的能力

（1）提高承保质量

防范汽车保险欺诈应该从源头做起，加强汽车保险的承保管理，对欺诈风险实行事前控制，严防"病从口入"，承保时要充分了解投保人及被保险车辆的详细信息，查验投保车辆，防止"虚构标的承保""出险后投保"以及其他带"病"投保等保险欺诈行为。核保是承保重要环节，要建立科学、规范的核保制度与流程，核保工作要前移，现场了解所承保车辆的安全技术状况、使用环境、驾驶人情况等，对承保风险进行合理的识别、衡量和控制，根据客户需求和市场情况，合理制订承保方案。汽车保险核保要严格规避非承保风险，如投机风险和道德风险，要警惕有过欺诈行为和带有欺诈倾向的投保人投保，要杜绝承保老旧车辆、稀有车辆的超高保险额、车辆损失险。严格执行报备的汽车保险条款和费率，不得任意放宽承保条件、扩大保额、降低费率外，要规范投保单的填写，充分履行保险公司的告知义务。

（2）提高从业人员的素质

建设一支高素质的汽车保险专业队伍是防范保险欺诈的基本保证实际工作中要掌握保险、相关法律法规、机动车辆等专业知识，掌握保险事故处理过程中涉及的其他知识与技能，还要具有良好的沟通和协调能力、丰富的实践经验。因此，对从业人员应加强培训和指导，使其全面提高思想和业务素质，增强打击和防范保险欺诈的意识和能力。

（3）强化理赔环节的管理

汽车保险理赔是防范保险欺诈的重点所在。

①加大现场查勘力度，落实保险责任和损失。对于保险车辆三次以上出险、夜间出险、损失较大的单方事故、距离起保或终止日期 10 日内出险的案件，必须及时查勘事故第一现场，以便于发现问题、收集证据。现场查勘时要认真分析事故车辆、现场痕迹，结合路面状况和交通环境等，确认事故真实性和造成的损失，同时了解并掌握各事故方的违章行为。运用交通法规分析各事故方违章行为与交通事故之间的因果关系，然后根据"路权原则、安全原则"，综合评判、确认事故责任的具体比例。确认出险原因，根据保险合同，运用近因原则，判定保险责任。对于损失较大、有异议、事故情况不明、责任不清的事故，要主动找负责事故处理的交警进一步了解情况，交流现场查勘情况、事故责任的认定意见，如果存在异议，则要按程序申请复议，否则按其他司法程序处理。现场认定保险责任事故造成的损失范围和程度。通过了解事故的碰撞过程、冲击力度，确认受损车辆等物的受损范围和损失程度，严格甄别新旧伤、正常磨损、应修应换项目等。

② 严格定损管理，防止人为扩大损失。对于不经拆解无法准确认定损失的，要控制事故车辆，严格监督拆解过程，避免"野蛮拆解、以次充好"等人为的损失扩大，禁止采取边修边定、修复结算完成定损的方式。对于损失较大的案件，实行招标修复。对全损或修复金额接近实际价值的受损车辆，借助互联网二手车拍卖平台进行公开拍卖，合理确定实际损失。重视施救费和其他物损的核算与认定，要将其他物损的品种、数量、损失程度详细记录在查勘报告和定损报告中。对专业性强的损失物资，可聘请专业部门协助确认损失。

③ 规范人伤案件处理，防范人为欺诈。对于人伤案件，要进行现场查勘、提前介入，从源头严控人伤案件的理赔欺诈。针对人伤赔付项目开展调查、核实工作，准确把握人伤案件各给付项目和赔付基准。加强伤残案件的管理，实现全流程的跟踪与指导、陪同定残、严格审核，严防伤残案件欺诈。

④ 实施人伤案件合议制度，推行人伤案件的协商处理，加快人伤案件处理时效。

（4）提高防范意识，打击保险欺诈行为提高防范保险欺诈的意识和能力

在案件处理过程中要抓疑点、细操作、查漏洞、重防范，要对事故发生的每一个细节、碰撞痕迹，联系事故相关人员信誉状况、以往出险情况等进行综合分析，采取"模拟事故发生和逆向思维"的方式，从其"行为和动机"方面逐点排查，切实把防范保险欺诈工作落到实处。

典型汽车保险欺诈表现形式的防范措施见表 3-14 所示。

表 3-14 典型汽车保险欺诈表现形式的防范措施

形态与特征	表现形式	防范措施
老旧车型出险	虚构损坏，以次充好，夸大损失 ①购买老旧车型成本较低 ②老旧车型配件成本较高、定损金额高 ③老旧车型修复时可以使用拆车件、维修成本低、利润空间大	①加强对老旧车型的承保控制 ②提高对老旧车型（包括三者车）的警惕性 ③定损人员需进行全程跟踪，从严掌握定损价格 ④对于特殊案件，聘请第三方定损机构鉴定
多次出险	虚构损坏，以次充好，夸大损失 单方事故居多，与修理厂串通，以次充好，低质低价修复，获取修理差价，常见情形有： ①将完好配件偷换成损坏配件，定损后，再将原车完好的配件装回 ②将非本次事故造成的损失强加于本次事故中	①查勘现场，查勘车辆，对比痕迹 ②定损人员现场监视拆解过程 ③提供事故证明 ④核实肇事情况 ⑤向被保险人核实事故情况 ⑥严格赔款支付管理
起保、终止近期出险	出险在先，投保在后，虚构故事 承保一周内出现的，保险车辆在承保前多为已出险车辆；接近保险止期出险的，多是利用车险事故赔偿，进行日常车辆保养和小修等	1. 加强验车承保 2. 加强第一事故现场查勘 3. 提高对事故损失成因判断 4. 对此类客户通知承保部门据保

续表

形态与特征	表现形式	防范措施
夜间出险	故意造势，捏造原因，隐瞒真相 ①夜间光线不好，事故现场不清晰，损坏部位新旧程度不易辨认 ②现场目击者少 ③保险公司及交警值班人员少，不能现场查勘 ④晚间，酒后驾车人员较多，非驾驶人开车等	①加强第一现场查勘 ②尽量将现场保留到天亮 ③加强后期损失的再次核查 ④仔细核实事故痕迹 ⑤加强酒驾的警惕性，调查目击者
延迟报案	捏造原因，隐瞒真相 ①事故中出现免责情形，需要时间进行掩盖和变通 ②人为夸大事故一方违章情节和作用，通过人为扩大责任，转嫁损失 ③需要时间人为扩大损失	①加强第一现场查勘，调取交管部门的相关资料，仔细查勘事故痕迹 ②分析事故痕迹、结合事故各方违章情节及其作用和你把握责任。三现场确认锁定保险事故损失范围和程度是与事故处理部门进行沟通
痕迹不符	捏造原因，隐瞒真相 ①交通事故中车辆碰撞，刮擦的痕迹与报案情况不符 ②事故现场轮胎印迹，散落物，分布等与报案情况不符	①掌握各种形态的碰撞痕迹规律，物证收集等知识，提高辨别事故真伪的能力 ②加强与交管、痕检等部门的合作 ③加强第一现场查勘 ④多方调查，检验事故真实性
偷梁换柱	夸大人商家大损失 ①受害人或被保险人故意开具不属实，10的货高标准的误工证明，护理证明等片区保险赔偿 ②"小病大医""大处方""挂床" ③伤者在救治过程中将不属于保险事故造成的疾病进行治疗，并通过被保险人转嫁到保险公司，以骗取赔偿 ④无残评残，低残高评 ⑤改变事故伤亡人员的户口性质	①加强第一现场查勘率 ②对误工费、护理费明显偏高的案件，要求提供完税证明和连续半年的工资单 ③调查人员去出证单位实地调查取证 ④加强医核的前期调查和与主治医师的沟通工作 ⑤严格医核标准，剔除不合理费用 ⑥加强案件的跟踪，陪同定残。与当地法定伤残鉴定机构建立业务合作关系，避免高定残现象 ⑦对不合理的定残标准要坚持重新定残
倒保	出险在先，投保在后 在保险公司承保时车辆已经损坏在保险公司承保后通过制造现场骗取赔偿	①实行验车承保 ②进行痕迹鉴定 ③对事故进行调查走访
标的不符 驾驶人不符	移花接木，混淆视听 将保险车辆的牌照装到非保险车辆上，以保险车辆手续骗取保险赔偿 保险车辆驾驶人在发生交通事故后，为规避保险免赔限定，故意调换驾驶人，以躲过交警处罚及骗取保险赔偿。常见的形式有： ①无有效驾驶证 ②准驾车型不符 ③因酒驾原因调换驾驶人	①加强现场第一现场查勘； ②严格查验车架号、发动机号是否与保险单相符 ③提高鉴别照片真伪的技能 ④保证及时到达第一现场， ⑤加强地现场调查取证工作，细化对比痕迹核实事故，经过 ⑥三加强对事故，驾驶人的询问

续表

形态与特征	表现形式	防范措施
拼凑事故	虚构事故，瞒天过海 无中生有，谎报出险，往往采取制作伪证，伪造事故现场及证明材料等方式。常见情形有： ①修理厂保留大量事故车辆的照片，特别是局部配件损坏照片，将该类照片掺杂到保险车辆的照片中，或利用照片处理软件修改照片，通过保险定损后，骗取保险赔偿 ②被保险人故意用私刻的交警公章制造虚假事故责任认定书，制造虚假赔偿协议及赔偿收据，以单纯人伤事故骗取保险赔偿 ③保险车辆并不客观存在，投保人以虚假资料投保，在保险公司承保后又以车辆丢失为由，通过盗抢险进行骗赔 ④将非保险车辆的牌照装到保险车辆上，以保险车辆手续骗取保险赔偿	①加强第一现场查勘 ②严格执行照片时间显示，当天报纸与损失照片同拍摄手段 ③提高鉴别照片真伪的技能 ④实行验车承保 ⑤加强人伤现场调查工作，对疑案加强全方位调查 ⑥提高对事故处理公章的识别能力 ⑦与公安部门合作，严查车辆登记手续
故意行为	故意碰撞，扩大损失 故意出险，制造事故，导致损失，骗取赔偿款。常见情形有： ①人为制造第二次事故，通过扩大损失谋取利润 ②车辆真实价值接近保险费或者车质很差，价值较低但保险额较高，精选时间、地点制造事故 ③将除外责任的损失通过制造事故人为变为保险事故损失	①加强现场查勘详情了解事故，经过原因，细化痕迹对比 ②了解涉案人员信誉状况 ③多方调查取证，结合承保等进行综合分析 ④与公、检、法机关进行合作，联合打击
酒驾	酒后倒驾，冒充索赔 ①饮酒或醉酒驾车发生事故后，更换驾驶人 ②经过公安交通管理部门检验确定为酒后驾驶，但由于执法环境恶劣，对交警开具的事故责任认定书故意不予表述，以骗取保险赔偿	①加强与宴酒部门的合作，从源头取得酒宴报告 ②加强事故现场人员的询问取证，特别是第三者、目击者的取证 ③与交通管理部门建立合作共建关系，运用奖励机制取得交通管理部门的支持
无有效证、照	移花接木，混淆视听 ①无证驾车肇事；持不合格驾驶证肇事 ②未取得号牌或未按规定进行安全检验的车辆肇事	①现场查验事故车辆 ②现场查验当事人的驾驶证、事故车辆的行驶证并取证 ③去公安主管部门核对证、照的合法性和有效性
重复索赔	重复投保，多家索赔 ①重复投保，一次事故，向多个保险公司索赔 ②对受损车辆不予修复，并以此损失进行多次保险赔偿 ③一次事故先从责任方获得赔偿，然后再向保险公司索赔	①在理赔处理中，对以前的案件进行"前溯"，核对损失部位是否重复 ②维修时要求回收更换旧件 ③实行修复验车，核实维修过程 ④加强行业信息沟通及合作

(5) 搭建、完善保险行业的汽车保险信息平台

搭建、完善保险行业的汽车保险信息平台，将所有投保信息、理赔案件进展信息全部及时上传到该平台，对防范汽车保险欺诈起着至关重要的作用。通过在保险行业的汽车保险信息平台设计和运行反欺诈规则引擎，进行大数据筛选、分析，可以及时、准确地甄别、发现异常承保和理赔信息。另外，交通

事故的处理信息、病人的诊断资料、有关车辆事故物质损失、人员伤残鉴定评估信息、保险车辆以及驾驶人员违章违法信息等都是打击汽车保险欺诈的重要资源，应发挥其在费率厘定、风险防范、遏制欺诈、预测趋势等方面的作用和优势，在全社会范围内建立起防范保险欺诈的防火墙。

二、汽车保险欺诈调查

1. 及时查勘现场

事故现场会遗留各种痕迹的物证，记载着大量能够真实反映事故发生、发展过程的信息，但这些痕迹和物证极易受到自然或人为的破坏。

2. 认真调查事故经过

一方面，应围绕事故向投保人、被保险人、受益人及目击者进行调查，对事故发生的经过、原因、损失情况及保护经营状况、个人品行、近期异常表现、保险标的状况等与事故有关的情况进行详细询问，并作好调查记录。另一方面，与负责事故处理或鉴定的有关部门密切配合，及时了解事故处理情况，提出涉嫌诈骗的疑点，争取公安部门的支持，配合调查取证。

3. 综合分析案情，寻找揭露诈骗的突破口

①分析投保动机。
②将有关时间联系起来分析。
③将现场痕迹物证及有关证据结合起来分析。

4. 委托专业机构，从事索赔调查

商务调查机构和信息咨询公司的人员在社会事务及案件调查上有着丰富的阅历和经验，可以通过这些机构的业务帮助、支持，有效识别保险欺诈。

5. 汽车火灾事故询问笔录

汽车火灾事故是造成损失较大的汽车保险事故。为了有效甄别案件真伪，需要认真做好现场调查工作，同时做好询问笔录。

学习任务一　汽车事故现场勘验、拍照和证据搜集

班　级		姓　名	
日　期		组　别	
指导老师		成　绩	
实践内容	汽车事故现场勘验、拍照和证据搜集		
实践目的	1. 了解现场查勘的主要内容 2. 掌握现场查勘的方法和主要环节 3. 掌握汽车事故现场摄影的原则、要求和方法 4. 了解现场物证、人证的收集		
实践设备	案例、模拟车辆、数码相机		

续表

一、接受任务
李某驾驶一辆奥迪 A4 车，于 2019 年端午节晚上 7 点 50 分，行驶在一乡村公路上。转弯时由于车速过快，方向没有把握好，车掉入路边的水沟中，并被大树阻挡撞击。客户李先生给自己的车购买了全险，包括机动车交通事故责任强制保险、机动车第三者责任保险、机动车车辆损失保险、机动车车上人员责任保险、车辆自燃损失险、车身划痕损失险、不计免赔率特约险。你作为查勘人员，应当如何去进行事故现场勘验、拍照和数据收集呢？
二、信息收集
1.（填空题）汽车保险现场查勘又称为_____，是指保险公司查勘人员在汽车保险意外事故发生以后，_____以事故_____为中心，根据事故发生的_____，围绕造成事故的_____及_____等问题所进行的一系列调查取证活动。 2.（填空题）查勘定损人员接到调度后，要及时赶赴现场，出发前需做的准备工作包括_____、_____、_____、_____、_____。 3.（填空题）现场物证的收集包括_____、_____、_____等。 4.（多选题）对事故现场进行拍摄时应遵循一定的原则一下说法正确的是（　　）。 　　A. 应有反映事故现场全貌的全景照片 　　B. 应有反映受损车辆号牌及受损财产部位和程度的近景照片 　　C. 尽量以更多的照片反映事故现场的效果 　　D. 要有某些重要局部（如保险标的发动机号码、车辆 VN 代码等）的特写照片 5.（问答题）列举出你知道的现场摄影的方法。
三、小组讨论
小组成员根据各自在自主学习阶段掌握的专业知识，就任务材料讨论作为查勘人员到达现场进行询问时主要包含哪些内容，现场拍摄需要注意哪些事项？讨论后汇总，由小组代表分享并完成工单。
四、填写工单
1. 针对案例事故，作为查勘人员到达现场进行询问时主要包含哪些内容？ 2. 针对案例事故，现场拍摄时的注意事项有哪些？
五、质量检查
请实训指导教师检查作业结果，并针对任务实施过程中出现的问题提出改进措施及建议。

序号	评价标准	评价结果
1	了解现场查勘的主要内容	
2	掌握现场查勘的方法和主要环节	
3	了解现场物证、人证的收集内容	
4	能针对案例事故，分析现场拍摄时的注意事项	
5	能主动进行知识探究	
6	能积极参与小组讨论	

综合评价 ☆ ☆ ☆ ☆ ☆
综合评语：

续表

六、评价反馈

请根据自己在本次任务中的实际表现进行评价，请组长根据组员在本次任务中的实际表现给予小组评价。

序号	评价标准	评分分值	自评分	组长评分
1	明确工作任务，理解其在实践生产中的重要性	5		
2	了解现场查勘的主要内容	10		
3	掌握现场查勘的方法和主要环节	10		
4	了解现场物证、人证的收集内容	15		
5	能针对案例事故，分析现场拍摄时的注意事项	20		
6	能主动进行知识探究	15		
7	能积极参与小组讨论和分享	20		
合 计		100		

学习任务二　道路交通事故现场图绘制

班　级		姓　名	
日　期		组　别	
指导老师		成　绩	
实践内容	道路交通事故现场图绘制		
实践目的	1. 认识交通事故现场图的重要性 2. 了解交通事故现场图所需呈现的主要内容 3. 掌握交通事故现场图的绘制原则 4. 熟悉各类交通元素的图形符号		
实践设备	案例、现场图范例、绘图纸、尺		

一、接受任务

2020年4月3日中午，驾驶人刘某向保险公司报案，称其驾驶大众朗逸轿车，在武南路与常武路交叉口自北向南行驶，与一辆自南向西的三轮电动车发生碰撞，三轮车侧翻，车主倒地受伤，同时后方被一辆躲避不及的公交车追尾。接到报案后，保险公司立刻派查勘人员到现场查勘。作为查勘人员，在进行现场查勘后需绘制一张交通事故现场图，作为后期交通事故认定的重要依据保存。

二、信息收集

1. （填空题）交通事故现场图是研究分析 ＿＿＿＿＿＿、＿＿＿＿＿＿、＿＿＿＿＿＿ 的重要依据。
2. （填空题）交通事故现场草图绘制完成后需要 ＿＿＿＿＿＿、＿＿＿＿＿＿、＿＿＿＿＿＿、＿＿＿＿＿＿ 分别签名。
3. （单选题）下面关于交通事故现场绘制说法错误的是（　　）。
    A. 交通事故现场图要表明现场的地点和方向。
    B. 交通事故现场图要表明各种交通元素以及与交通事故有关的遗留物和散落的位置。
    C. 交通事故现场图要只需表明现场人与车的状态，动植物状态无须表明。
    D. 交通事故现场图要表明现场重要痕迹。
4. （多选题）下列说法正确的有（　　）。
    A. 保险标的出现率较高　　　　B. 业务量大，投保率高
    C. 扩大保险利益　　　　　　　D. 被保险人自负责任与无赔款优待
5. （问答题）绘制交通事故现场图需要遵循哪些原则？

续表

三、小组讨论
小组成员根据各自在自主学习阶段掌握的专业知识，就任务材料讨论绘制该交通事故现场图需要呈现哪些内容，及绘制过程中的注意事项，讨论后汇总，由小组代表分享并完成工单。
四、填写工单
绘制该案件的现场图，应该呈现哪些主要的交通元素和哪些遗留痕迹？请列出名称并用相应图形符号表示。

五、质量检查

请实训指导教师检查作业结果，并针对任务实施过程中出现的问题提出改进措施及建议。

序号	评价标准	评价结果
1	能认识交通事故现场图的重要性	
2	能了解交通事故现场图所需呈现的主要内容	
3	能掌握交通事故现场图的绘制原则	
4	能熟悉各类交通元素的图形符号，并应用到案例中	
5	能主动进行知识探究	
6	能积极参与小组讨论	

综合评价 ☆ ☆ ☆ ☆

综合评语：

六、评价反馈

请根据自己在本次任务中的实际表现进行评价，请组长根据组员在本次任务中的实际表现给予小组评价。

序号	评价标准	评分分值	自评分	组长评分
1	明确工作任务，理解其在实践生产中的重要性	5		
2	能认识交通事故现场图的重要性	10		
3	能了解交通事故现场图所需呈现的主要内容	15		
4	能掌握交通事故现场图的绘制原则	15		
5	能熟悉各类交通元素的图形符号，并应用到案例中	20		
6	能主动进行知识探究	15		
7	能积极参与小组讨论和分享	20		
	合　计	100		

学习任务三 典型保险欺诈案例识别

班　级		姓　名	
日　期		组　别	
指导老师		成　绩	
实践内容	汽车保险欺诈案例分析		
实践目的	1. 分析此案例中汽车保险欺诈类型的主要表现形式 2. 分析此案例中嫌疑人的法律责任和法律后果 3. 掌握汽车保险欺诈的起因和防范措施		
实践设备	案例、车辆保险条款以及《中华人民共和国保险法》等		

一、接受任务

2019年11月9日晚21：30，驾驶人张某向保险公司报案，称其驾驶奔驰CLK 350轿车，在汤庄镇行驶过程中，为了躲避行人与王某驾驶的一辆捷豹轿车追尾，致使捷豹轿车撞到路边的树，两车受损，未有人员伤亡。接到报案后，保险公司立刻派查勘人员到现场查勘。奔驰轿车前保险杠、前照灯组件、风扇、散热器等元件损坏。捷豹轿车前风窗玻璃、前照灯组件破损，后保险杠防撞条出现裂纹，前保险杠骨架、散热器框架呈一定角度的弯曲变形。奔驰轿车投保险种为机动车交通事故责任强制保险、机动车辆损失保险、机动车第三者责任保险、车辆盗抢险、车辆驾乘险及不计免赔率特约险。鉴定机构对事故现场所造成的损失进行鉴定。奔驰轿车总损失约为11万元人民币，捷豹轿车总损失为24万元人民币，路边树木损失1000元人民币。保险公司现场查勘后，发现这起事故有伪造事故现场，骗取巨额保险金的重大嫌疑。于是，向有关部门报案。

保险公司人员和交警随后对事故进行现场复勘，发现出事地点道路平坦；对碰撞树木进行测量，发现其与捷豹轿车前机盖、前保险杠骨架、散热器框架等所呈现的碰撞痕迹不符；奔驰轿车前机盖前沿离地高度与捷豹轿车尾灯离地高度不符，显然不可能发生碰撞接触。从碰撞程度分析，两车在追尾碰撞过程中，首先发生接触的是双方车辆保险杠，在保险杠发生严重变形的情况下，保险杠后方其他部件才能发生破损。奔驰轿车的散热器框架严重变形、断裂，其后边的散热器和风扇也已受损，而被追尾的捷豹轿车后保险杠受损却很轻微，这一点既不符合碰撞规律，更不符合能量守恒定律。在警方的一再盘问下，捷豹轿车驾驶人王某迫于压力，向警方供认了事情真像。张某和王某本就相识，王某是某汽修厂老板。由于奔驰轿车快到保险止期，张某先驾车撞墙，然后从王某的修车厂借来一辆先前已受损的高档捷豹轿车，拼凑了此次事故，并承诺在骗保成功后分享赔款。此案件性质恶劣，经司法部门调查处理，当事人受到法律的惩罚。

二、信息收集

1. （填空题）保险欺诈的两个构成要件是＿＿＿＿＿＿＿和＿＿＿＿＿＿＿。
2. （填空题）汽车保险欺诈的调查包括＿＿＿＿＿、＿＿＿＿＿、＿＿＿＿＿、＿＿＿＿＿、＿＿＿＿＿。
3. （填空题）汽车保险欺诈的影响有＿＿＿＿＿、＿＿＿＿＿、＿＿＿＿＿。
4. （多选题）下列属于汽车保险欺诈的主体的是（　　）。
   A. 投保人　　　B. 保险公司　　　C. 受益人　　　D. 被保险人
5. （问答题）汽车保险欺诈的主要表现形式有哪些？

6. 汽车保险的防范措施有哪些？

三、小组讨论

小组成员根据各自在自主学习阶段掌握的专业知识，就任务材料中保险欺诈的主要表现形式和特征，讨论防范措施，讨论后汇总，由小组代表分享并完成工单。

续表

四、填写工单
该案件存在痕迹、不符及夜间出现两个明显特征，请写出有针对性的主要防范措施。 1. 夜间出险：   2. 痕迹不符：

五、质量检查
请实训指导教师检查作业结果，并针对任务实施过程中出现的问题提出改进措施及建议。

序号	评价标准	评价结果
1	能了解汽车保险的欺诈的相关概念	
2	能了解汽车保险欺诈的影响	
3	能掌握典型汽车保险欺诈的防范措施	
4	能分析此案例中汽车保险欺诈类型的主要表现形式	
5	能主动进行知识探究	
6	能积极参与小组讨论	

综合评价 ☆ ☆ ☆ ☆ ☆
综合评语：

六、评价反馈
请根据自己在本次任务中的实际表现进行评价，请组长根据组员在本次任务中的实际表现给予小组评价。

序号	评价标准	评分分值	自评分	组长评分
1	明确工作任务，理解其在实践生产中的重要性	5		
2	能了解汽车保险的欺诈的相关概念	10		
3	能了解汽车保险欺诈的影响	10		
4	能掌握典型汽车保险欺诈的防范措施	15		
5	能分析此案例中汽车保险欺诈类型的主要表现形式	20		
6	能主动进行知识探究	15		
7	能积极参与小组讨论和分享	20		
	合　计	100		

学习情境四　汽车保险事故定损

汽车发生意外或交通事故，车辆会造成不同程度的损伤，就会涉及损失赔偿。事故损失的范围涉及损伤零配件和总成的更换及修理、施救费用和第三者损失。准确确定损伤零件的更换或修复费用，确定第三者损失范围及费用，审核医疗费用，合理确定施救费用等，是保险公司履行责任，保证汽车使用安全性，降低保险成本，减少纠纷，提高保险人市场信誉的最有效的环节。

① 了解汽车保险事故定损的一般流程。
② 掌握汽车保险事故的定损原则。
③ 熟悉一般事故损失费用的构成。
④ 学会对汽车车身进行定损。
⑤ 能够对机动车火灾事故进行定损理赔。
⑥ 能够对机动车水淹事故进行定损理赔。

学习任务一　汽车保险一般事故定损

2021年5月22日刘某驾驶一辆大众途观在无锡锡澄路江海高架入口匝道上冲撞一辆铃木雨燕，导致铃木雨燕追尾前面的标致307。后面一辆大众朗逸刹车不及，又撞上了大众途观。事故导致大众途观车前保险杠、大灯严重损坏，机盖严重变形，后保险杠有擦伤；铃木雨燕车后保险杠、左后尾灯破碎，后备厢门变形；标致307轿车后保险杠擦伤；大众朗逸车前保、右前大灯破碎，机盖严重变形。假设你是该大众途观车险投保公司的理赔员，现请你进行保险理赔。

学习任务二　汽车保险重大事故定损

2020年8月24日苏州市张家港二环路与农联路路口，电动自行车驾驶人陈某在行至事发路口时，与隔离绿化带另一侧，一辆正在机动车道内正常行驶的小轿车相撞，因陈某未正确佩戴头盔，撞击瞬间，头盔被撞飞，未能形成有效保护，事故造成陈某重伤。

假设你是该机动车车险投保公司的理赔员，现请你进行保险理赔。

学习任务三　汽车保险火灾事故定损

2019年6月15日下午2：00多，烈日当空正是夏日酷暑，王某驾驶的小客车来到某公司，发现公司那条道路上到处晾晒着麦秸秆，找不到一处空地停车。他只得小心的，将车停放在一车间门前的一堆麦秆草上。然后他像往常一样锁好车门，到车间里办事。去了短短几分钟后，突然有人喊"失火了！失火了！快来救火呀！"，车间内的人们一窝蜂地往外冲，王某也跟着人群快步走出车间，眼前的景象让他惊愕，正是他驾驶的那辆汽车，冒着浓浓的黑烟，车厢里窜出火苗，并不断发出噼里啪啦的爆炸声。车下的麦秆草还在旺烧，仅靠几个人浇水灭火已难以控制火势。王某立即拨打了报警电话，附近的村民、当地公安派出所的民警、消防中队官兵都来了，尽管大家全力扑救，但车还是没能保住，被大火全部烧毁。

学习任务四　汽车保险水灾事故定损

2018年7月30日下午1：00多，姚某报案称自己将一辆奥迪A3轿车停放在某停车场，后因暴雨导致汽车被水淹，未再启动。接到报警电话后，保险公司立即派查看人员进行现场查勘，停车场地势低洼，车身及发动机舱有明显的水位线。发动机舱淹到蓄电池，空气格进水。驾驶室内及后备箱进水，CD盒被淹。标的车被水淹大概3小时，水质为下水道污水（含油），受损属实。标的车证件齐全有效。作为定损人员请你对该起案件进行合理定损。

知识准备一　车辆损失确定

一、车辆定损的原则

①修理范围只限于本次事故中所造成的车辆损失。主要分为本次事故损失和非本次事故损失正常，维护损失与保险事故损失。根据保险损失补偿原则，只有本次保险事故所造成的损失才属于赔偿范围。

②能够修理的零部件，尽可能修复，不能随意更换新的零部件。

③能局部修复的，不要扩大到整体修理。

④能更换零部件的禁止更换总成件。

⑤根据修复工艺难易程度及当地工时费水平准确确定工时费用。

⑥准确掌握汽车零配件价格。

⑦确定车辆的维修方案时，应保证车辆维修后能达到原有的技术性能状态。

二、车辆定损流程

车辆定损流程如图4-1所示。

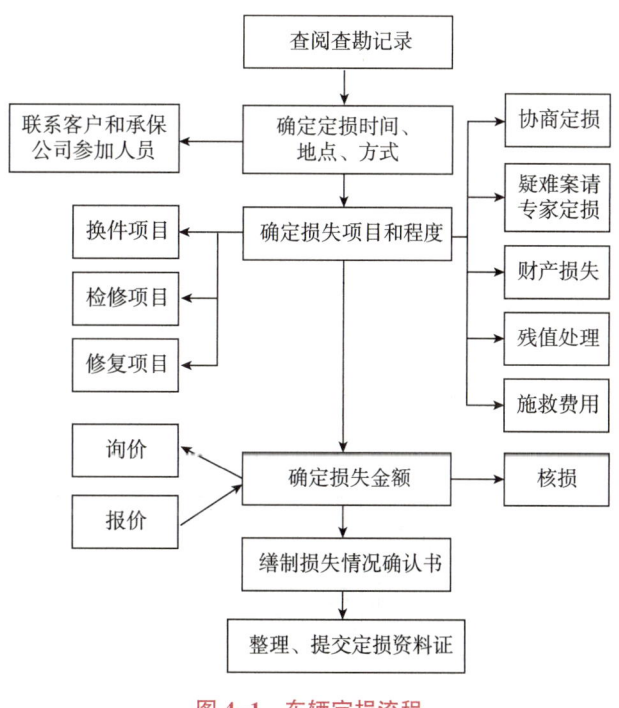

图4-1　车辆定损流程

三、车身定损

1. 车身定损过程和次序

车辆的车身，在碰撞、刮擦和倾翻等交通事故或意外事故中，是受损最严重的部分，其车身覆盖件及其他构件会发生局部变形，严重时车架或整体式车身也会发生变形，使其形状和位置关系不符合制造厂的技术规范，这不仅影响美观，还会影响到车身和汽车上其他总成的安装关系。要做好车身的定损和维修费用的评估工作，需要遵循一定的次序。确定车身损失项目的过程和次序如图4-2所示。

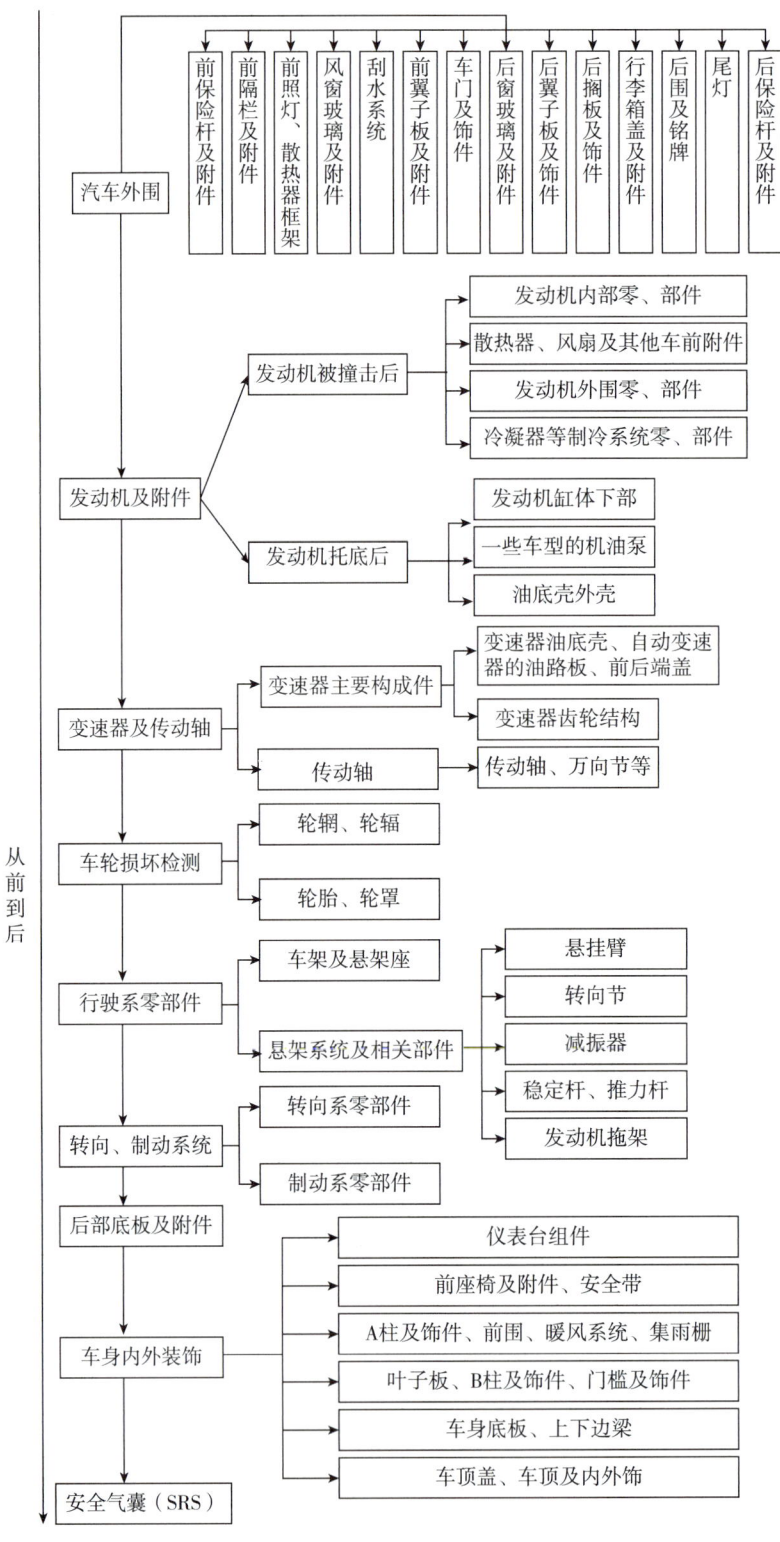

图 4-2　确定车身损失项目的过程和次序

2. 车身定损结构

图 4-3 为车身定损结构。常损零件修与换的掌握如表 4-1 所示。

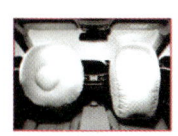前保险杠

电器
操控台
座椅安全带
空调及暖风系统

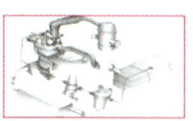燃油供给系
随车附件及其他
增压机构/中冷器
前悬挂架系统
后悬挂架系统

图 4-3 车身定损结构

表 4-1 常损零件修与换

常损零件大类		具体事项
标准		弯曲变形则修，折曲变形则换
承载式车身结构件	弯曲变形的特点	损伤部位与非损伤部位过渡平滑、连续
		通过拉拔矫正能够使它恢复到事故前的形状，不会留下永久的塑件性变形
	折曲变形的特点	折曲变形剧烈，曲率半径小于 3mm，一般在很短的长度上弯曲可达 90°角以上
		矫正后，零件上仍有明显的裂纹或开裂，或者出现永久变形带，不经调温加热处理无法恢复到事故前的形状
	其他注意事项	在车身折曲后的矫正过程中钢板内部发生了什么变化
		为什么那些只有一些小的折曲变形或裂纹的大结构件也必须进行更换
		当决定采用更换结构板件时，应完全按照制造厂的建议
		高强度钢在任何条件下，都不得用加热法来矫正

续表

常损零件大类		具体事项
非结构钣金件	前翼子板	损伤没有达到必须将其从车上拆下来才能修复的程度，只是中部凹陷，可修
		损伤达到必须将其从车上拆下来才能修复，且前翼子板价格低廉、供应流畅，材料价格达到或接近整形修复的工时费，可换
		每米长度超过3个折曲、破裂变形或已无基准形状，可考虑更换
		如果每米长度不足3个折曲、破裂变形，且基准形状还在，可修
		如果修复工时费明显小于更换费用，应考虑以修理为主
	三厢车的后翼子板	由于不可拆卸性，该后翼子板仅有修理的可能，因此均应采取修理的方法修复
	车门	如果门框产生塑性变形，通常来说是无法修复的，可考虑更换
		许多汽车车门面板是作为单独零件供应的，损坏后可单独更换
	发动机舱盖和行李箱盖	这两个部位都是要将内外两层分开进行修理，若不需将两层分开，则不必考
		若需将两层分开整形修理，应先考虑工时费加辅料与其价值关系，如工时费加辅料接近或超过其价值，则不应考虑修理；反之，则考虑修复
塑料件		对于燃油箱及要求严格的单独结构件，不应该考虑更换
		整体破碎应以更换为主
		价格较低、更换方便的零件应以更换为主
		应力集中部位应以更换为主，如尾门铰链、撑杆锁机处
		基础零件且尺寸较大，为划痕、擦伤或穿孔，拆装麻烦、更换成本高或无现货供应，可修
		表面无漆面的，不能使用氰基丙烯酸酯黏结法修理的，且表面光洁度要求较高的，一般可更换
机械类零件	悬架系统、转向系统	对于车轮外倾、主销内倾、主销后倾，首先可通过检查轮胎的磨损是否均匀，初步判断事故车前车轮的定位情况
		检查车身定位尺寸，消除如摆臂橡胶套的磨损等原因
		校正好车身后，再做车轮定位检查
		如果车轮定位检查仍不合格，再根据其结构、维修手册判断具体的损伤部位，并逐一更换、检测，直至确认损伤部件为止
	铸造基础件	由于焊接都会造成变形，一般考虑更换
电器件		熔断器、熔丝、大限流熔断器要更换，应使用统一规格的熔断器
		自动式断路器可自动复位，循环使用
		手动式断路器需人工复位，循环使用

知识准备二 人员伤亡费用确定

一、法律法规

《最高人民法院关于审理人身损害赔偿案件适用法律若干问题的解释》第十七条第一款规定："受害人遭受人身损害，因就医治疗支出的各项费用以及因误工减少的收入，包括医疗费、误工费、护理费、交通费、住宿费、住院伙食补助费、必要的营养费，赔偿义务人应予以赔偿。"

第十七条第二款规定："受害人因伤致残的，其因增加生活上需要所支出的必要费用以及因丧失劳动能力导致的收入损失，包括残疾赔偿金、残疾辅助器具费、被扶养人生活费，以及因康复护理、继续治疗实际发生的必要的康复费、护理费、后续治疗费，赔偿义务人也应当予以赔偿。"

第十七条第三款规定："受害人死亡的，赔偿义务人除应当根据抢救治疗情况赔偿本条第一款规定的相关费用外，还应当赔偿丧葬费、被扶养人生活费、死亡补偿费以及受害人亲属办理丧葬事宜支出的交通费、住宿费和误工损失等其他合理费用。"

二、人员伤亡费用的赔偿标准

1. 医疗费用

医疗费通过医疗机构出具的医药费、住院费等收款凭证，结合病历和诊断证明等相关证据确定。若赔偿义务人对治疗的必要性和合理性有异议，需承担相应的举证责任。医疗费的赔偿数额，依照一审法庭辩论终结前实际发生的数额确定。

器官功能恢复训练所必需的康复费、适当的整容费及其他后续治疗费，赔偿权利人可待实际发生后另行起诉。但根据医疗证明或者鉴定结论确定必然发生的费用，可以同已经发生的医疗费一同予以赔偿。

2. 误工费

误工费根据受害人的误工时间和收入状况进行确定。误工时间根据受害人接受治疗的医疗机构所出具的证明确定。受害人由于伤致残持续误工的，误工时间可计算到定残日前1天。若受害人有固定收入，则误工费依照实际减少的收入计算。若受害人无固定收入，则参照受害人近3年的平均收入计算；若受害人无法举证证明其最近3年的平均收入状况，则可根据受诉人民法院所在地相同或相近行业上一年度职工的平均工资计算。

3. 护理费

护理费根据护理人员的收入状况和护理人数、护理期限确定。若护理人员有收入，则参照误工费的规定计算；若护理人员没有收入或雇用护工，则参照当地护工从事同等级别护理的劳务报酬标准计算。

原则上，护理人员通常为1人，但医疗机构或者鉴定机构有明确意见的，可以参照确定护理人员人数。护理期限应当计算至受害人恢复生活自理能力时为止。受害人由于残疾而无法恢复生活自理能力的，可依据其年龄、健康状况等因素确定合理的护理期限，但最长不超过20年。受害人定残后的护理，应参照其护理依赖程度并结合配制残疾辅助器具的情况确定护理级别。

4. 交通费

交通费根据受害人及其必要的陪护人员由于就医或转院治疗而实际发生的费用计算。交通费应以正式票据作为凭证，相关凭据应与就医地点、时间、人数、次数相符。

5. 住院伙食费

住院伙食补助费可根据当地国家机关一般工作人员的出差伙食补助标准予以确定。若受害人确有必要到外地进行治疗，因客观原因无法住院，受害人本人及其陪护人员实际发生的住宿费和伙食费，其合理部分应给予赔偿。

6. 营养费

营养费根据受害人伤残情况参照医疗机构的意见确定。

7. 残疾赔偿金

残疾赔偿金根据受害人丧失劳动能力程度或伤残等级，参照受诉人民法院所在地上一年度城镇居民人均可支配收入或者农村居民人均纯收入标准，从定残之日开始按20年计算。但60周岁以上的，年龄每增加1岁减少1年；75周岁以上的，按5年计算。受害人由于伤致残而实际收入没有减少，或伤残等级较轻但造成职业妨害严重影响其劳动就业的，可相应调整残疾赔偿金。

8. 残疾辅助器具费

残疾辅助器具费按照普通适用器具的合理费用标准计算。伤情有特别需要的，可根据辅助器具配制机构的意见确定相应的合理费用标准。辅助器具的更换周期及赔偿期限根据配制机构的意见确定。

9. 丧葬费

丧葬费按照受诉人民法院所在地上一年度职工月平均工资标准，以6个月总额计算。

10. 被扶养人生活费

被扶养人生活费根据扶养人丧失劳动能力程度，按照受诉人民法院所在地上一年度城镇居民人均消费性支出和农村居民人均年生活消费支出标准计算。被扶养人为未成年人的，计算至18周岁；被扶养人无劳动能力又无其他生活来源的，计算20年。但60周岁以上的，年龄每增加1岁减少1年；75周岁以上的，按5年计算。

11. 死亡赔偿金

死亡赔偿金按照受诉人民法院所在地上一年度城镇居民人均可支配收入或者农村居民人均纯收入标准，按20年计算。但60周岁以上的，年龄每增加1岁减少1年；75周岁以上的，按5年计算。

12. 精神损害抚慰金

受害人或者死者的近亲属遭受精神损害，赔偿权利人向人民法院请求赔偿精神损害抚慰金的，适用《最高人民法院关于确定民事侵权精神损害赔偿责任若干问题的解释》予以确定。机动车交通事故责任强制保险在死亡伤残责任限额内，原则上最后赔付精神损害抚慰金。

三、确定人员伤亡费用的注意事项

1. 事故发生后，涉及人员伤亡的，由接报案人员通知医疗跟踪人员进行医疗跟踪，了解伤者受伤和治疗的情况、各类检查和用药情况。

2. 伤者需要转院或赴外地治疗的，须由所在医院出具证明并经事故处理部门同意方可负责。伤残鉴定费需经过保险人同意，方可赔偿。

3. 定损人员应当及时审核被保险人提供的有关单证，对不属于保险责任范围内的损失和不合理的费用，如精神损失补偿费、请客送礼费等应当予以剔除，并在人员伤亡费用清单上"保险人的意见"栏内注明剔除项目及金额。

四、人员伤亡案件常见索赔单证审核核实要素

人员伤亡案件常见索赔单证审核核实要素有很多要求，详见表4-2。

表4-2 人员伤亡案件常见索赔单证审核核实要素

交通事故类型	具体内容
医疗发票与费用清单的审核	医疗发票须符合财务规定
	医疗发票须为伤者本人的治疗发票
	发票时间与病历证明须一致；应核算手写发票金额
	住院医疗发票原则上均应附加费用清单或相关证明材料
	对医院费用清单要逐项审核，确认项目及收费的合理性；数额较大的应与医疗相关部门逐一对照
	人伤赔偿项目符合人伤情况与查勘情况，人伤治疗恢复情况符合医学基本常理
病历证明与病休证明的审核	确认符合医院规定的证明
	确认病休时间符合医学常规
	确认继续治疗费或二次手术费的合理性

续表

交通事故类型	具体内容
死亡证明	确认户口注销证明
	确认法医尸检证明
	确认尸体火化证明
	确认公安部门的死亡证明书
	确认死亡原因与本次事故的关联性
抚养证明	确认抚养证明的合法性
	确认被抚养人主体的合法性
	确认被抚养的人数和期限符合常理
交通事故类型	具体内容
伤残证明	确认伤残评定文书符合"道路交通事故伤残人员评定"中相关的文书规定
	确认伤残级别符合"道路交通事故伤残人员评定"
	确认伤残评定的伤残情况与伤者实际受伤情况一致或存在明显的关联关系
残疾辅助器具证明	确认残疾辅助器具为合格义肢厂家生产
	符合相关部门颁布的义肢使用及费用标准的证明

知识准备三 其他财产损失确定

保险事故导致的财产损失，除车辆本身损失和第三者人员伤害外，还可能造成第三者的财产损失和车上承运货物的损失，从而构成第三者责任险、车上货物责任险赔偿对象。

一、第三者财产损失

交通事故中常见的非车辆财产损失有普通公路路产、高速公路路产、供电通信设施、城市与道路绿化设施等。

相关财产的品名和数量可参照当地物价部门列明的常见品名和配套数量。确定受损财物的数量时还必须注意其计算方法的科学性、合理性。

1. 市政设施

对于市政设施的损坏，市政部门对肇事者索要的损失赔偿往往有一部分属处罚性质以及间接损失方面的赔偿，但保险公司依据条款规定只能承担因事故造成的直接损失。因此定损人员在定损过程中应该掌握和区分在索要赔偿部分中，哪些属于间接费用，哪些属于罚款性质。同时，为使定损合理，定损人员还要准确掌握和收集当地损坏物体的制造成本、安装费用及赔偿标准。一般情况下，各地市内绿化树木及草坪都有规定的赔偿标准及处罚标准。在定损过程中，只能按损坏物体的制造成本、安装费用及赔偿标准进行定损。

2. 道路设施

车辆倾覆后很容易造成对道路路面的擦痕以及燃油对道路的污染，很多情况下路政管理部门都要求对路面进行赔偿，尤其是高速公路路段，道路两旁的设施（护栏等）也可能因车辆碰撞而损坏。对于以上两方面所造成的损失，保险公司有责任与被保险人一起与路政管理部门商定损失。因道路及设施的修复施工一般由路政管理部门组织，很难以招标的形式进行定损。大部分损失核定都以路政管理部门为主，但在核损时定损人员必须掌握道路维修及设施修复费用标准，定损范围只限于直接造成损坏的部分。对于路基路面塌陷，应视情况确定是否属于保险责任。若在允许的载重吨位下，车辆通过所造成的路基路面塌陷，不在赔偿范围之内；若车辆严重超载，在超过允许吨位的情况下通过所造成的路基路面损失，应由被保险人自行赔偿，也不在保险公司的赔偿范围之内。

3. 房屋建筑物

碰撞事故可能造成路旁房屋建筑物的损坏，在对房屋建筑物的损失进行核定时，除要求定损人员掌握有关建筑方面的知识之外（建筑材料费用、人工费用），在定损方面最好采取招标形式进行，即请当地建筑施工单位进行修复费用预算招标。这样一方面便于准确定损，另一方面也比较容易说服第三者（受害者）接受维修方案。

4. 道旁农田庄稼

车辆倾覆可能造成道旁农田庄稼（青苗）的损坏，此部分损失的核定可参照当地同类农作物亩产量进行测算定损。

在对第三者损失定损的过程中，实际确定的损失费用往往与第三者向被保险人索要的赔偿费用有一定的差距。保险公司定损人员应当向被保险人解释清楚，即保险公司只能对造成第三者的实际损坏部分的直接损失费用进行赔偿，超出部分（如间接损失费用、处罚性质费用以及第三者无理索要的部分费用）应出被保险人与第三者进行协商处理。

5. 家畜、牲畜

家畜、牲畜受伤后以治疗为主。对于受伤后失去使用价值或死亡的家畜、牲畜，应凭畜牧部门证明或协商折价赔偿，公路上散养的家畜不在赔偿范围之内。

6. 商铺的设施及商品

商铺的设施及商品需物损方提供购买材料、进货证明单、购买发票等。对于销售类货物损失，需索取进货发票，依据进货价格赔偿；不能提供进货凭证的，可以按略低于市场价格赔偿。

二、车上承运货物或其他物品损失

1. 车上货物或其他货品

车上货物或其他货品应根据不同的物品分别定损，对一些精密仪器、家电、高档物品等应该核实具体的数量、规格、生产厂家，查验购货发票；可向市场或生产厂家了解物品价格。另外，对于车上货物，还应取得运单、装箱单、发票，核对装载货物情况，防止虚报损失。

2. 私人物品

私人物品需物损方提供购买发票、物损证明，调查市场同类型物品价格，根据市场价格、物损方提供的发票、磨损程度，给出一个折旧后的合理损失金额，协商解决。

知识准备四　施救费用和残值确定

施救费用是指当被保险标的遭遇保险责任范围内的灾害事故时，被保险人或其代理人、雇佣人员为了减少事故损失而采取适当措施抢救保险标的时支出的额外费用。所以，施救费用是用一个相对较小的费用支出来控制损失的扩大。

一、确定施救费用应遵循的原则

施救费用的确定要严格按照条款规定事项进行，并遵循以下原则。

①保险车辆发生火灾时，应当赔偿被保险人或其允许的驾驶人使用他人非专业消防单位的消防设备、施救保险车辆所消耗的合理费用及设备损失。

②保险车辆出险后，失去正常的行驶能力，被保险人雇用吊车及其他车辆进行抢救的费用，以及将

出险车辆拖运到修理厂的运输费用，保险人应按当地物价部门核准的收费标准予以负责。

③在抢救过程中，因抢救而损坏他人的财产，如果应由被保险人赔偿的，可予以赔偿。但在抢救时，抢救人员个人物品的丢失，不予赔偿。

④抢救车辆在拖运受损保险车辆途中，发生意外事故造成保险车辆的损失扩大部分和费用支出增加部分，如果该抢救车辆是被保险人自己或他人义务派来抢救的，应予赔偿；如果该抢救车辆是受雇的，则不予赔偿。

⑤保险车辆出险后，被保险人或其允许的驾驶人，或其代表奔赴肇事现场处理所支出的费用，不予负责。

⑥保险人只对保险车辆的施救保护费用负责。保险车辆发生保险事故后，需要施救的受损财产可能不仅局限于保险标的，但是，保险公司只对保险标的施救费用负责。所以，在这种情况下，施救费用应按照获救价值进行分摊。如果施救对象为受损保险车辆及其所装载货物，且施救费用无法区分，则应按保险车辆与货物的获救价值进行比例分摊，机动车辆保险人仅负责保险车辆应分摊的部分。

⑦保险车辆为进口车或特种车，发生保险事故后，当地确实不能修理，经保险人同意后去外地修理的移送费，可予适当负责。但是，应当明确的是这种费用属于修理费用的一部分，而不是施救费用。另外，护送保险车辆者的工资和差旅费，不予负责。

⑧施救、保护费用与修理费用应分别理算。但施救前，如果施救、保护费用与修理费用相加，估计已达到或超过保险金额时，则可推定全损予以赔偿。

⑨保险车辆发生保险事故后，对其停车费、保管费、扣车费及各种罚款，保险人不予负责。

⑩车辆损失险的施救费用是一个单独的保险金额，而第三者责任险的施救费用不是一个单独的赔偿限额，第三者责任险的施救费用与第三者损失金额相加不得超过第三者责任险的保险赔偿限额。

二、施救过程中车辆损失扩大的处理

车辆发生重大事故后，例如严重碰撞及倾覆，往往需要进行施救，才能使出险车辆脱离现场。

根据机动车保险条款规定："保险车辆发生保险事故后，被保险人应当采取合理的保护、施救措施，并立即向事故发生地交通管理部门报案。同时通知保险人。"被保险人未履行此条义务，保险人有权拒赔。应重点掌握区分是否合理保护、施救。

一般情况下，在对车辆进行施救时，难免对出险车辆造成再次损失，例如使用吊车吊装时，钢丝绳对车身的漆皮损伤。对于合理的施救损失，保险公司可承担损伤赔偿责任（即在定损时考虑对损坏部位的修复），对于不合理的施救损失则在定损时可不予考虑。

不合理的施救表现如下。

①对倾覆车辆在吊装过程中未合理固定，造成二次倾覆的。

②在使用吊车起吊中未对车身合理保护，致车身大面积损伤的。

③对拖移车辆未进行检查，造成车辆机械（如制动、传动部分）损坏的，轮胎缺气或转向失灵硬拖硬磨造成轮胎损坏的。

④在施救过程中拆卸不当，造成车辆零部件损坏或丢失的。

三、残值处理

残值处理是指保险公司根据保险合同履行了赔偿并取得对于受损标的所有权后，对于这些受损标的的处理。

在通常情况下，对于残值的处理均采用协商作价折归被保险人并在保险赔款中予以扣除的做法。但在协商不成的情况下，保险公司应将已经赔偿的受损物资收回。这些受损物资可以委托有关部门进行拍卖处理，处理所得款项应当冲减赔款。一时无法处理的，则应交保险公司的损余物资管理部门收回。

[案例1] 某运输公司驾驶人钱某驾驶东风牌货车在山路上行驶，忽遇路面滑坡，车辆顺势滑至坡下

20余米处，所幸钱某没有受伤。钱某小心翼翼地下车，发现车子还有可能继续下滑，就从工具箱中取出千斤顶，想把车子的前部顶起来防止其继续下滑。就在钱某操作千斤顶时，车辆忽然下滑，钱某躲闪不及，被车辆压住，导致腰椎骨折。

事故发生后，运输公司迅速向保险公司报案，并提出索赔请求。保险公司业务人员在核赔时发现该车只投保了车辆损失险，遂告知运输公司对于钱某的伤残费用不负赔偿责任。运输公司则认为，钱某是在对车辆施救过程中受的伤，其伤残费用应属于"施救费"，应在车损险的保险赔付范围内，并申请在车辆修复金额之外单独计算予以赔偿。保险公司拒绝了运输公司的请求，运输公司遂向法院起诉。

法院经审理后认为，依据《保险法》的有关规定，钱某的伤残费用不属于"施救费用"，保险公司可以拒赔，于是判决运输公司败诉。

案情分析：我国《保险法》第四十二条第二款对保险施救费用有专门规定："保险事故发生后，被保险人为防止或减少保险标的的损失所支付的必要的、合理的费用，由保险人承担；保险人所承担的数额在保险标的损失赔偿金额以外另行计算，最高不超过保险金额的数额。"机动车辆损失保险条款也对施救费用做出了与《保险法》内容相同的规定。施救费用一般包括两个方面：一是保险事故发生时，为抢救财产或者防止灾害蔓延而采取必要措施所造成的保险标的的损失。二是为施救、保护、整理保险标的所支出的合理费用。保险人之所以支付施救费用，目的在于充分调动被保险人抢救保险标的的积极性，防止损失的扩大。

根据我国《保险法》的上述规定，施救费用必须是为"防止或减少保险标的损失"所支付的必要的、合理的费用。本案中的车辆驾驶人的伤残虽然是在施救过程中发生的，但他的伤残与防止或减少保险标的损失并没有必然的联系，而是属于在施救过程中发生的另一起意外事故。另外，钱某的人身伤残损害也不是施救所应付出的必要的、合理的代价。因此，司机钱某的伤残治疗费用不属于"施救费用"，根据法律和合同的规定，保险人无须承担其伤残治疗费用。

[案例2] 2019年12月17日，南京市李先生为自家东风标致508轿车向保险公司投保了车辆损失险。2020年8月，高先生驾车去无锡办事，行至312国道横林段，在超车时，因视线被遮挡，汽车被路上一水泥块托底。高某下车检查，未发现异常，又驾车继续行驶2km左右，发动机曲轴抱死，车辆不能行驶。高某随即停车并与保险公司联系，征得保险公司同意后将车拖至修理厂。修理厂经检查发现：该车发动机油底壳有一凹陷，位置正好在机油集滤器处，活塞、连杆、曲轴报废，修理费预计达1.3万余元。车修好后高某即向保险公司索赔，保险公司在了解事故的全过程后，将赔偿范围缩小。双方由此发生争议，高某上诉至法院。

保险公司认为，发动机曲轴抱死、活塞粘缸等是由于发生保险事故后，高某采取措施不当继续行驶所致，属扩大的损失，对扩大的损失保险公司不予赔偿。

高某认为，车辆在行驶中被乱石托起后自己曾停车检查，并未发现车辆受损，作为一名普通司机，只有通过车辆能否继续行驶才能判断是否发生了保险事故，自己继续驾车行驶的行为并无不妥，保险公司理应赔偿全部损失。

法院经审理后认为，本案车辆的事故症状并非普通司机所能够准确判断的，高某作为一名普通司机，缺乏专业修理知识，其主观上无法知道保险事故已经发生，只有通过车辆能否继续行驶才能判断是否发生了保险事故，也就是说，高某在保险事故发生后未经必要修理而继续使用车辆，无扩大损失的故意，因此，被告应当赔偿高某的全部损失。

案情分析：本案争议的焦点是：高某在停车检查后又驾车行驶，由此造成的扩大损失部分，保险公司是否应予赔偿。

《保险法》第五十七条规定："保险事故发生时，被保险人有责任尽力采取必要的措施，防止或者减少损失。"这一条确定了被保险人有防损救灾的义务。被保险人要履行这个义务一般应具备两个条件：一是主观上知道保险事故已经发生；二是客观上能够采取一定措施预防或减少保险标的的损失。这两个条件是相互联系、互为前提的，它是判断被保险人是否履行了防损救灾义务的标准。只有知道，才会施救；具备条件，才能施救。如果被保险人不知道或无法知道保险事故已经发生，保险人就不能以被保险人未采取必要措施为由而拒赔；同时，如果被保险人根据当时当地的客观条件，无法采取措施防止或减少保险标的的损失，保险人也不能拒赔。因此，判断被保险人是否履行了救灾防损义务，必须以被保险人的应知、能知以及能够采取措施为前提，否则就强人所难，加重了被保险人的义务，不能合理有效地保护被保险人的利益。

知识准备五　汽车保险火灾事故处理流程

一、汽车起火的分类

汽车起火分自燃、引燃、碰撞起火、爆炸起火和雷击起火等五类。

1. 自燃

根据保险条款的解释，自燃是指汽车在没有外界火源的情况下，由于本车电器线路和供油系统等车辆自身原因发生故障或所载货物自身原因起火燃烧的现象。

2. 引燃

引燃是指汽车在停放或者行驶过程中，因为外部物体起火燃烧，使车体乃至全车被火引着，导致部分或全面燃烧的现象。

3. 碰撞起火

碰撞起火是指汽车在行驶过程中，因为发生意外事故而与固定物体或者移动物体相碰撞，假如汽车采用汽油发动机，碰撞程度又较为严重，引起部分机件的位移，挤裂了汽油管，喷射而出的汽油遇到了运转着的发动机所发出的电火花，导致起火燃烧的现象。

4. 爆炸起火

爆炸起火就是因为车内、车外的爆炸物起爆所引发的机动车起火燃烧，包括车内安置的爆炸物爆炸引爆，车外爆炸物爆炸引爆，车内放置的打火机、香水、摩丝等被晒爆引爆，车载易爆物爆炸引爆等多种形式。

5. 雷击起火

雷击起火就是机动车在雷雨天气被雷击中而起火燃烧的现象。

二、汽车自燃的原因

汽车起火尽管原因复杂，但就其实质而言，不外乎火源（着火点）、可燃物和氧气（或空气）这三大因素。围绕这几点，结合汽车结构，基本可以分析出汽车起火的真实原因。在汽车起火原因的分析中，碰撞、引燃、爆炸和雷击等不难识别，理赔处理基本包含在车损险的范围之内。但是，自燃的理赔单独列出，其识别也存在着一定的难度，据消防部门和车险理赔专家的统计分析，在汽车自燃事故中，存在着"五多"现象：小轿车多；私家车多；行驶状态发生火灾者多（约占70%）；使用5年（或10万千米）以上者多（约占70%）；火灾原因以漏油和导线短路居多（占60%以上）。汽车自燃的主要原因有以下几个。

1. 漏油

油箱中泄漏出来的汽油是汽车上最可怕的助燃物，漏油点大多集中在管件接头处。无论是行进还是停驶，汽车上都可能存在火源，如点火系统产生的高压电火花、蓄电池外部短路时产生的高温电弧、排气管排出的高温废气或喷出的积炭火星等，当泄漏的燃油遇到火花时，就会造成起火。

在化油器式汽车上，汽油滤清器多安装于发动机室内，距缸体及分电器很近，一旦因燃油泄漏而使混合气达到一定浓度，只要有明火出现，自燃事故将不可避免。例如：长途大客车发生自燃事故居高不下，这是因为在运行10多万千米后，汽车很容易出现高压线漏电现象，瞬间电压可达10000V以上，足以引燃一定浓度的汽油蒸气。而长途大客车一直在高速运转，检修时间很少甚至没有。

2. 漏电

发动机工作时，点火线圈自身温度很高，有可能使高压线绝缘层软化、老化、龟裂，导致高压漏电。另外，高压线脱落引起跳火也是高压漏电的一种表现形式。由于高压漏电是对准某一特定部位持续进行的，必然引发漏电处温度升高，引燃泄漏的汽油。

低压线路搭铁是引发汽车自燃事故的另一主要原因。由于搭铁处会产生大量热能，如果与易燃物接触，会导致自燃。

造成低压线搭铁的原因有：导线老化；导线断路直接搭铁；触点式控制开关因触点烧结而发生熔焊，使导线长时间通电而过载。某些私家车用户对刚刚购置的车疼爱有加，会添加防盗器、换装高档音响、增加通信设备、开设电动天窗、添加空调等。如果因为价格等原因未在专业化的汽车维修店改装，未对整车线路布置进行分析及功率复核，难免导致个别线路用电负荷加大；在对整车进行线路维修或加接控制元件时，如果在导线易松动处未进行有效固定，有可能使导线绝缘层磨损。

3. 接触电阻过大

线路接点不牢或触点式控制开关触点接触电阻过大等，会使局部电阻过大，长时间通电时发热引燃可燃物。

4. 人工直接供油

对于采用化油器的汽车来说，有时会出现供油系统工作不良的现象。个别驾驶员为了省事，向化油器直接供油。此时一旦发生化油器回火，就将引起汽车起火。

5. 明火烘烤柴油油箱

冬季，有时柴油机会出现供油不畅，某些驾驶员在油箱外用明火烘烤，极易引起火灾。

6. 车载易燃物引发火灾

当车上装载的易燃物因泄漏、松动摩擦而起火时，将导致汽车起火。

7. 超载

汽车超载，会导致以下三种可能。
①发动机处于过度疲劳和过热状态，一旦超过疲劳极限，就有可能发生自燃。
②车载货物较多，相互间的摩擦作用较大，货物间若捆扎不牢，有可能摩擦起火。
③弯曲的钢板弹簧有可能与货厢相接触，导致摩擦起火。

8. 停车位置不当

现代汽车一般装有三元催化转化器，该装置因位于排气管上，温度很高，且在大多数轿车上位置较低，如果停车时恰巧将其停在麦秆等易燃物附近，会引燃可燃物。

如果驾驶员夏季将汽车长时间停放在太阳下曝晒，会将习惯性放置在前窗玻璃下的一次性打火机晒爆，如果车内恰巧有火花（如吸烟、正在工作的电气设备产生的电火花等），就会引燃车内饰品及其他物品。

三、汽车火险的查勘与定损

1. 火险查勘的基本要求

在查勘汽车火险现场、分析起火原因时，需掌握构成燃烧的三大基本要素。
①导致汽车起火的火源（火花或电火花）。
②周围是否存在易燃物品（如汽油、柴油、润滑油和易燃物等）。

③火源与易燃物品的接触渠道中是否有足够的空气可供燃烧。

只要牢牢把握以上三点，再通过查勘车身不同位置的烧损程度，首先找出起火点位置，再分析起火原因，判断出汽车起火的自燃、引燃属性，就可以为下一步的准确理赔奠定基础。

2. 与汽车自燃相关的问题

（1）发动机熄火后的自燃

发动机熄火以后，有时汽车反而会自行起火燃烧，这种现象有些令人费解。其实，当发动机熄火以后，由于失去了风冷条件，车体温度反而会有所上升，就有可能导致临近燃点的汽车上的某些物品起火燃烧。

（2）汽车上的主要易燃物

汽车上的主要易燃物品有燃料、润滑油、导线、车身漆面、内饰、塑料制品和轮胎等，这些物品一旦遇火，就会起到明显的助燃作用且火势不可控制，就有可能将全车烧毁。

（3）晒爆的打火机与自燃

有的时候，驾驶员会将一次性的气体打火机放置在仪表板处。如果汽车在烈日下暴晒，很有可能会晒爆气体打火机。爆炸的打火机完全有可能打坏仪表板，如果恰巧将仪表板上的相线打断了，所产生的电火花就有可能将弥在驾驶室内的可燃气体引燃。

（4）车厢内部是否会自行起火

车厢内部自行起火这种现象在理论上是存在的。但在现实中，几乎不可能发生。原因是车内没有明显的火源，再加之车的内饰品大多带有一定的阻燃功能，因此，一般不会车内自行起火燃烧。

（5）防盗报警器与自燃

在汽车上擅自安装的防盗报警器，一方面可能未对线路进行功率复核，另一方面防盗报警器是始终通电的。如果导线偶然断开或因电流过大而烧焦时，就容易成为汽车上的一个自燃火源点。

（6）拆卸油管可能引起自燃

对于装有电喷式发动机的汽车来说，当发动机熄火以后，油管中仍然会有一定的残余汽油压力。如果维修人员在此时马上动手拆卸相关油管，则会导致汽油喷射而出，引发火灾。

（7）自燃后的轮胎

汽车起由于风向的缘故，车身两侧及前后安装的轮胎燃烧程度并不一致，一般说来，顺风向的轮胎会烧得严重，逆风向的轮胎则一般不会燃烧。另外，由于地面的散热条件较好，而且地面与轮胎之间没有空气流通，所以轮胎的接地点也不会燃烧。

（8）自燃与油箱爆炸

在实际的汽车火灾现场，极少发生油箱爆炸。伴随着汽车的燃烧，油箱中的汽油往往只是会被烧光。这是因为，在汽车起火燃烧的过程中，油箱内并无空气，燃烧着的火焰无法被引入到油箱内部。但是，车体燃烧所产生的高温会对油箱及其内部的汽油产生强烈的烘烤，导致油箱中的汽油挥发，从而产生较高的气压，将油箱盖顶开，使汽油挥发，快速燃烧，直至烧光。

3. 火灾车辆保险责任

（1）涉及的主要险种

汽车火灾事故主要涉及车辆损失险和自燃险。

（2）保险责任

若车辆火灾属于自燃（由消防单位认定），与车辆损失险无关，涉及的是自燃险。投保了自燃险的就属于保险责任；没有投保自燃险的，就属于免除责任。

若车辆火灾是由于碰撞、雷击、爆炸及引燃引起的火灾，涉及的是车辆损失险。

①若意外碰撞起火，则属保险责任，但是先自燃起火后伪造碰撞起火，则往往涉及骗保风险，这种情况的车辆往往是投保了车损险，没有投保自燃险，想通过伪造事故现场达到骗保的目的。

② 若为雷击导致车辆起火，则属于保险责任。

③ 若为爆炸起火，则要确定爆炸起因，人为安装爆炸物引起的爆炸属于免除责任，由车辆部件爆炸起火的则属于保险责任。

④ 若为外界原因引燃车辆的，属于保险责任，前提是故意纵火除外。

（3）对下列原因及状态下的损失，保险人不负责赔偿

① 不明原因产生的火灾。

② 未按政府规定进行年度检验或检验不合格的车辆。

③ 因人工直接供油、高温烘烤等违反车辆安全操作规则造成的损失。

④ 在修理期间或被扣押期间。

⑤ 保险车辆改装或加装的设备引起的火灾。

⑥ 被保险人的故意行为或违法行为造成保险车辆的损失。

⑦ 车辆无档案或与档案不符的。

对因火灾造成保险车辆损失的查勘定损处理中，应严格掌握保险责任与除外责任的区分，研究、分析着火原因。

4. 火损汽车的定损

（1）全部损失

整体燃烧时的过火面积接近或达到100%。其损失状态为：全车线束、仪表台、内饰件、电器、座椅烧损；发动机附件、金属壳体熔化变形；车身钣金件高温脱碳（表面漆层大面积烧毁），造成主要部件均无修复利用价值。这种状态基本上已达到车辆全损的程度了。

对于这类车损，在定损时要注意以下两点。

① 通过查勘确认起火原因、如果有必要应对起火原因展开进一步调查，判定是碰撞起火、外来火源还是自燃，明确事故责任方，为确认保险赔付方案打好基础。

② 准确核定残值一般此类车辆只能作废品出售，准确定价后交由被保险人处理。

（2）部分损失

局部燃烧时的过火面积没有达到车辆报废的程度，还可修复。这类车损可以分为以下三种损失状态。

① 发动机舱着火造成发动机前部线路、发动机附件、部分电器、塑料件烧损。

② 轿壳或驾驶室着火：造成仪表台、音响设备、内装饰件烧损。

③ 货运车辆货厢内着火。

对于这类车损，在定损时要注意以下两点。

① 区分损坏件和已过火但还可修复的使用件，准确核定损失项目。一般电路、胶管、塑料件等，只要过火，就无法修复；对于机械配件，可根据表面漆层的颜色仔细判别过火程度，过火程度轻微的要尽量修复。

② 对于承载金属件（指车架、前桥、后桥、壳体类），应考虑是否因燃烧而退火、变形。货车车架过火的，要根据变形严重程度和变形部位确定损失：一般轻微过火的，可通过修理恢复使用；承载部位过火的，可考虑采用局部加强的工艺修理；严重过火且修理后难以恢复承载性能的，通过审批后方可进行更换。

知识准备六 汽车水灾定损

对于因水损坏汽车的理赔，现在实行的保险条款基本都将发动机内部的损失列为免责范围。因此，对于没有购买发动机进水损失险的标的车来说，处理进水损失时，相对简单。但是，对于已经购买

了发动机进水损失险的标的车来说，界定因水灾造成的发动机项损坏时，需要准确区分哪些属于由进水造成的损失，哪些属于机械故障造成的损失，这一点十分重要。如果判定为非保险责任而证据又不够充足，常常会造成保险索赔时的纠纷。

对于仓储式的停车被淹，由于所造成的损失通常是众多标的同时受损，在短时间内要对汽众多车型、不同受损程度的车进行较科学的损失评估，往往会使车险评估人员感觉非常棘手。

对于海水造成的损失，要考虑到海水的强腐蚀性对汽车有可能造成毁灭性的损失。

从大量的水灾案例实践中分析得出，做好汽车水灾理赔工作必须从以下几个方面入手。

第一，迅速到达出险现场，认真、细致地进行现场查勘。

第二，详细了解汽车在水中浸泡时间长短。

第三，区分车型对不同受损程度的标的车进行抽样，评定损失。

第四，对同一地区、同一车型、受损程度相似的标的车辆制定相对一致的损失评定标准。

一、水灾损失的施救与保养

在遇到暴雨或洪水时，一些经验不够丰富的驾驶员，一些处理水灾受损汽车经验不多的查勘人员、维修人员，往往不知所措或采取措施不当，扩大汽车损失。例如，在发动机被水淹熄火以后，绝大多数驾驶员会条件反射般地进行重新起动发动机的尝试，希望尽快脱离被困险境，结果加重了汽车损坏；个别救援人员因所采用的施救措施不当，扩大了汽车损坏；个别查勘定损人员无法界定水淹损失与人为扩大损失的区别；个别维修人员采取的处置措施不当，扩大了损失。

如果查勘人员到达现场时，汽车仍在水中，则必须对其进行施救。施救时一定要遵循"及时、科学"的原则，既要保证进水汽车能够得到及时救援，又要避免汽车损失进一步扩大。施救进水汽车时，应该注意以下事项。

1. 严禁水中起动汽车

汽车进水熄火后，驾驶员绝对不能抱着侥幸心理贸然起动，否则会造成发动机进水，导致损坏。汽车被水淹的程度较大时，驾驶员最好马上熄火，及时拨打保险公司的报案电话，或者同时拨打救援电话，等待施救。

实践证明，暴雨中受损的汽车，大多数是因为汽车在水中熄火后，驾驶员再次起动而造成发动机损坏的。据统计，大约有90%的驾驶员，当发现自己的汽车在水中熄火后，会再次起动，这是导致发动机损失扩大的主要原因。

2. 科学拖车

在对水淹汽车进行施救时，一般应采用硬牵引方式拖车，或将汽车前轮托起后牵引不要采用软牵引方式。如果采用软牵引方式拖车，一旦前车减速，被拖汽车只有选择挂挡，利用发动机制动力方式减速，这就会导致被拖汽车发动机的转动，最终导致发动机损坏。如能将前轮托起后牵引，可避免因误挂挡而引起的发动机损坏。另外，拖车时定要将变速器置于空挡，以免车轮转动时反拖发动机运转，导致活塞、连杆、气缸等的损坏。对于采用自动变速器的汽车，不能长距离拖曳（通常不宜超过20~30km），以免损伤变速器。

在将整车拖出水域后，应尽快把蓄电池负极线拆下，以免各种电器因进水而短路。

3. 及时告知车主和承修厂商

在将受淹汽车拖出水域后，应及时告知车主和承修厂商，下列措施是被保险人应尽的施救义务（最好印制格式化的告知书。交被保险人或当事人签收。以最大限度防止损失扩大）。

容易受损的电器（如各类电脑模块、音响、仪表、继电器、电动机、开关、电气设备等）应尽快从车上卸下，进行排水清洁，电子元件用无水酒精清洗（不要长时间用无水酒精清洗，以免腐蚀电子元件）晾干，避免因进水引起电器短路。某些价值昂贵的电气设备，如果清洗晾干及时，完全可以避免损失；如果清洗晾干不及时，就有可能导致报废。

4. 及时检修电气元器件

汽车电脑最严重的损坏是芯片损坏。前风窗处通常设有流水槽及排水孔，可及时排掉积水，汽车被水泡过以后，流水槽下往往沉积了许多泥土及树叶，极易堵住排水孔，应及时疏通，以免排水不畅造成积水。当积水过多时，水会进入车内，可能危及汽车电脑，导致电控统发生故障，甚至损坏。一些线路因为沾水，其表皮会过早老化，出现裂纹，导致金属外露，最终使电路产生故障。装有电喷发动机的汽车，其控制电脑更怕受潮。车主应随时注意电脑的密封情况，避免因电脑进水，使控制紊乱而导致全车瘫痪。

安全气囊的保护传感器有时与电脑做成一体，如果电脑装于车的中部，一般为此种结构，维修时只要更换了安全气囊电脑，就无须再换保护传感器。部分高档车（3.0L以上）的安全气囊传感器一般用硅胶密封，其插头为镀银，水淹后无须更换；低档车插头为镀铜，水浸后发绿，可用无水酒精擦洗，并用刷子刷，再用高压空气吹干。

一般而言，如果电脑仅仅是不导电，还可进行修理；如果是芯片出现问题，就需更换了。根据车型不同，电脑价格在1000~8000元不等。

各类电动机进水后，对于可拆解的，可采用"拆解—清洗—烘干—润滑—装配"的流程处理，如电动机、发电机、天线电动机、步进电动机、风扇电动机、座位调节电动机、门锁电动机、ABS电动机、油泵电动机等；对于无法拆卸的，如刮水器电动机、喷水电动机、玻璃升降电动机、后视镜电动机、鼓风机电动机、隐藏式前照灯电动机等，一般应考虑一定的损失补偿率，一般为20%~40%。

5. 及时检查相关机械零部件

（1）检查发动机

汽车从水中施救出来后，要对发动机进行检查。

① 检查气缸是否进水，气缸进水会导致连杆被顶弯，损坏发动机。

② 检查润滑油是否进水。润滑油进水会导致其变质，失去润滑作用，使发动机过度磨损。检查时，将润滑油尺抽出，查看油尺上润滑油的颜色。如果油尺上的油呈乳白色或有水珠，就要将润滑油全部放掉，清洗发动机后，更换新油。

③ 将火花塞全部拆下，用手转动曲轴，如果气缸进水，则从火花塞螺孔处会有水流出。如感觉有阻力，说明发动机内可能有损坏，不要借助工具强行转动，要查明原因，排除故障，以免引起扩大损坏。

④ 如果通过检查未发现润滑油异常，可从火花塞螺孔处加入少许润滑油，用手转动曲轴数次，使整个气缸壁都涂上一层油膜，以防锈、密封，同时也有利于发动机起动。

（2）检查变速器

如果主减速器及差速器进水，会使其内的齿轮油变质，造成齿轮磨损加剧。对于采用自动变速器的汽车，还要检查控制电脑是否进水。

（3）检查制动系统

对于水位超过制动油泵的被淹汽车，应更换全车制动液。因为当制动液里混入水时，会使制动液变质，致使制动效能下降，甚至失灵。

（4）检查排气管

如果排气管进了水，要尽快排除，以免水中杂质堵塞三元催化转化器和损坏氧传感器。

6. 清洗、脱水、晾晒、消毒及美容内饰

如果车内因潮湿而有霉味，除了在阴凉处打开车门，让车内水气充分散发，消除车内潮湿气和异味外，还需对车内进行大扫除，更换新的或晾晒后的地毯及座套。查看车门铰链部分、行李厢地毯下、座位下的金属部分以及备用胎固定锁部位有没有生锈痕迹。

车内清洁不能只使用一种清洁剂和保护品，而应根据各部位的材质选用不同的清洁剂。多数美容装

饰店会选用碱性较大的清洁剂，这种清洁剂虽然有增白、去污功效，但也有一定后患，碱性过强的清洁剂会浸透绒布、皮椅、顶棚，最终出现板结、龟裂等。应选择 pH 值不超过 10 的清洗液，配合专用抽洗机，在清洁的同时用循环水将脏东西和清洗剂带走，并将此部位内的水汽抽出。还有一种方法是采用高温蒸汽对车辆真皮座椅、车门内饰、仪表板、空调风口和地毯等进行消毒，同时清除车内烟味、油味、霉味等各种异味。

7. 保养汽车

如果汽车整体被水浸泡，除按以上方法排水外，还要及时擦洗外表，防止酸性雨水腐蚀车体。最好对全车进行一次二级维护，全面检查、清理进水部位，通过清洁、除水、除锈、润滑等，恢复汽车性能。

8. 谨慎起动

在未对汽车进行排水处理前，严禁采用起动机、人工推车或拖车方式起动被淹汽车。只有进行了彻底的排水处理，并进行了相应润滑后，才能进行起动的尝试。

二、水淹基本情况

1. 水的种类

评估汽车水淹损失时，通常将水分为淡水和海水。本书只对淡水造成的损失进行评估。

在对淡水水淹汽车的损失评估中，应充分注意淡水的混浊情况。多数水淹损失中的水为雨水和山洪形成的泥水，但也有下水道倒灌形成的浊水，这种城市下水道溢出的浊水中含有油、酸性物质和各种有机物质。油、酸性物质和其他有机物质对汽车的损伤各不相同，现场查勘时需充分注意，并作出明确记录。

2. 汽车的配置

定损汽车的水淹损失时，要对被淹汽车的配置进行认真详细的记录，特别注意电子器件，如 ABS、ASR、SRS、AT、CVT、CCS、CD、GPS 和 TEMS 等。对水灾可能造成的受部件，一定要做到心中有数。另外，要对真皮座椅、高档音响、车载 DVD 及影视设备等配置是否为原车配置进行确认，如果不是原车配置，应核实车主是否投保"新增设备险"。区分受损配置是否属于"保险标的"，对于理赔结果差别很大。

3. 水淹高度

水对汽车的淹没高度是确定水损程度非常重要的一个参数。一般来说，针对不同的车型，"水淹高度"通常不是以具体的高度值作为计量单位，而是以汽车上某个重要的位置作为参数。轿车的水淹高度可分为 6 级，如图 4-4 所示。每一级的损失程度各不相同，相互之间差异较大，具体内容将在后面的损失评估时再进行定性和定量分析。

图 4-4　轿车的水淹高度示意图

①制动盘和制动毂下沿以上，车身地板以下，乘员舱未进水。
②车身地板以上，乘员舱进水，而水面在驾驶员座椅坐垫面以下。
③乘员舱进水，水面在驾驶员座椅坐垫面以上，仪表工作台以下。
④乘员舱进水，水面在仪表工作台中部。
⑤乘员舱进水，水面在仪表工作台面以上，顶篷以下。
⑥水面超过车顶，汽车被淹没顶部。

4. 水淹时间

汽车被水淹的时间长短，是评价水淹损失程度的另外一个重要参数。水淹时间长短对汽车所造成的损伤差异很大。现场查勘时，在第一时间通过询问来确定水淹时间是项重要的工作。水淹时间的计量一般以小时（h）为单位，通常分为6级，如表4-3所示。

每一级对应的损失程度差异较大，在后面的损失评估时将进行定性和定量分析。

表4-3 水淹级别与时间对应关系

水淹级别	水淹时间/h	水淹级别	水淹时间/h
1	t≤1	4	12<t≤24
2	1<t≤4	5	24<t≤48
3	4<t≤12	6	>48

三、水灾损失评估

汽车种类繁多，各类别之间略有差异。本书以社会保有量较大的乘用车为例，阐述汽车的水灾损失评估。

1. 水淹汽车的损坏形式

（1）静态进水损坏

汽车在停放过程中被暴雨或洪水侵入甚至淹没属于静态进水。如图4-5所示为停车场被淹，属于典型的静态进水。

汽车在静态条件下进水，会造成内饰、电路、空气滤清器和排气管等部受损，有时气缸也会进水。在这种情况下，即使发动机不启动，也可能造成内饰浸水，电路短路，汽车计算机芯片损坏，空气滤清器、排气管和发动机泡生锈等；对于采用电喷发动机的汽车来说，一旦电路遇水，极有可能导致线路短路，造成无法着火，如果强行起动发动机，极有可能导致严重损坏。就机械部分而言，汽车被水泡过之后，进入发动机的水在高温作用下，会使内部运动件锈蚀加剧，当进气行程吸水过多时，容易造成连杆变形，严重时导致发动机报废。

汽车进水后，内饰容易发霉、变质。如不及时清理，天气炎热时，会出现各种异味。

（2）动态进水损坏

在汽车行驶过程中，发动机气缸因吸入水而使汽车熄火，或在强行涉水（如图4-6所示）未果，发动机熄火后被水淹没。除了静态条件下可能造成的全部损失外，汽车动态进水还有可能导致发动机直接损坏。

图 4-5　汽车静态进水

图 4-6　汽车动态进水

如果汽车进了水，水就有可能通过进气门进入气缸，这会导致在发动机的压缩行程中，活塞在上行压缩时，所遇到的不再只是混合气，还有水，而由于水是不可压缩的，因此曲轴和连杆所承受的负荷就要极大地增加，有可能造成弯曲，在随后的持续运转过程中就有可能导致进一步弯曲、断裂，甚至捣坏气缸。同样是动态进水，发动机转速高低不同、车速快慢不等、发动机进气管口安装位置不一、吸入水量多少不一样等，所造成的损坏程度自然也就有所不同。如果发动机在较高转速条件下直接吸入了水，完全有可能导致连杆折断、活塞破碎、气门弯曲、缸体被严重捣坏等故障。有时候发动机进水导致自然熄火，机件经清洗后可以继续使用，但有个别的汽车经过一段时间使用后，连杆折断捣坏缸体。这是因为当时的进水导致连杆轻微弯曲，为日后的故障留下了隐患。

2. 水淹后的损失评估

表 4-4　不同水淹高度对应损失率

水淹级别	特征	可能造成的损失	损失率
1	水淹高度在制动盘和制动毂下沿以上，车身地板以下，乘员舱未进水	自动盘和制动毂的损坏形式主要是生锈，生锈的程度，主要取决于水淹时间的长短及水质。通常情况下，无论自动盘和制动毂的生锈程度如何，所采取的补救措施，主要是四轮的保养	约为 0.1%
2	水淹高度在车身地板以上，乘员舱进水，但水面在驾驶员座椅坐垫以下	除造成 1 级的损失外，还会造成：四轮轴承进水；全车悬架下部连接处因进水而生锈；配有 ABS 的汽车轮速传感器磁通量传感失准；地板进水后，车身地板如果防腐层和油漆层本身有损伤就会造成锈蚀。（如帕萨特 B5），会造成模块损毁	1%～5%
3	乘员舱进水，水淹高度在驾驶员座椅垫面以上，仪表工作台以下	除造成 2 级的损失外，还会造成：座椅、部分内饰潮湿和污染，真皮座椅，真皮内饰损伤严重。若水淹时间超过 24 小时，还会造成桃木内饰板分层开裂；车门电动机进水；变速器、主减速器及差速器可能进水；部分控制模块、起动机、音响被水淹	3%～15%
4	乘员舱进水，水淹高度在仪表工作台面以上，顶棚以下	除造成 3 级的损失外，还会造成：发动机进水；仪表板中部音响控制设备、CD 机、空调控制面板受损；蓄电池放电，进水；大部分座椅及内饰被水淹；音响的扬声器全损；各种继电器、熔丝盒可能进水；所有控制模块被水淹	0.5%～2.5%
5	乘员舱进水水淹高度在仪表工作台面以上顶棚一下	除造成 4 级的损失外，还会造成：全部电气装置被水泡；发动机严重进水；离合器、变速器、后桥也可能进水；绝大部分内饰被泡；车驾大部分被泡	10%～30%
6	水淹高度超过车顶汽车被淹没顶部	汽车所有零件都受到损失	25%～60%

根据水淹高度和水淹时间确定损失等级；根据损失等级进行损失评估。损失等级的确定主要以水淹高度为主、水淹时间为辅。不同水淹高度对应的损失如表4-4所示。

确定等级后，可参照等级损失率一次性确定损失。

定损金额＝保险金额×损失率

例：一辆保险金额10万元的保险车辆发生2级水灾损失。

定损金额＝100000×(0.5%～2.5%)＝500～2500元

四、某保险公司水灾定损过程

1. 现场查勘

接到报案的第一时间告知客户不要二次起动。

确定是否属于保险责任。确定造成"水淹车"的原因，如果是由暴雨、洪水造成，必要情况下需要提供相关证明（气象部门或新闻媒体等）。

除确实无法去现场案件外，均要求查勘车辆"水淹"后的第一状态，第一时间查勘车辆损失情况，防范道德风险的发生。

做好调查笔录，请保户详细描写车辆的出险及救援经过，确认保险责任及除外责任。大部分水淹车都需要施救，不恰当的施救方法会造成保险车辆的损失扩大。所以，正确的施救方法至关重要，查勘员要在第一时间内告知客户相关的注意事项，因为大部分客户在出险后往往只想尽快将车辆施救出来，而忽略了不恰当的施救会造成不必要的损失。对于自动挡的车辆施救更应该注意，一旦变速箱进水而施救后平拖到修理地点的话，可能会造成变速箱内部损坏，建议使用背车或架起驱动轮拖车。

特别提醒

车辆进水后查勘检查重点如下。

（1）发动机检查要点

①进气系统损坏情况：包含空气滤清器、进气歧管、进气平衡箱、进气压力传感器、活性炭罐、碳罐电磁阀。

②发动机本体损坏情况：包含进排气门、配气正时机构、活塞连杆机构、润滑机构。

③燃油系统损坏情况：包含燃油管路、燃油滤清器、燃油泵滤网、调压阀。

④排气系统损坏情况：包含前氧、后氧、三元催化转化器、排气罐消声器。

（2）底盘系统损坏情况

①变速箱：包含变速箱油、变速箱通风孔、油封密封状态。

②后轮制动器：包含后轮轴承、轮速传感器、后轮制动自调系统、手制动器钢索系统。

③转向系统：包含电动助力扭矩传感器、助力电动机。

（3）车辆电气系统损坏情况

①发动机主线束：包含水蚀、损坏情况。

②车辆底盘线束：包含水蚀、损坏情况。

③发电机、起动机：包含水蚀、损坏情况。

④音响喇叭：包含水蚀、损坏情况。

⑤发动机ECU：包含水蚀、损坏情况。

⑥安全气囊ECU：包含水蚀、损坏情况。

⑦EPS ECU：包含水蚀、损坏情况。

⑧车辆防盗器：包含电控元件水蚀、损坏情况。

⑨车门玻璃升降器：包含电控、电机元件水蚀、损坏情况。

⑩安全带预紧线路：包含座椅传感器、安全带预紧系统电气元件水蚀、损坏情况。

2. 拆检定损

水淹车的处理关键在于及时，快速清洗、快速拆检、快速定损、快速烘干修理。

水淹之后的车拖到修理地点要马上进行处理，一定不能拖时间，否则会造成保险车辆扩大损失。可以要求修理厂分成几组同时对该车进行处理。

3. 处理方式

外观部件和悬挂部件：用清水清洗，特别要注意悬挂连接位置的泥沙和污物，有的话，则要清洗，重新润滑。轴承方面容易生锈的部位建议修理厂优先处理，对所有的轴承进行必要的保养处理。

电气部件：线路比较粗的，擦干净烘干即可；有电路板的，如仪表，一定要及时分解，用酒精清洗，然后晾干或用风扇吹干，防止印刷电路发生腐蚀。经此处理，会发现电器有很多是没有问题的。而电脑板是不能用酒精擦拭的（因为含水），必须用无水乙醇来擦拭，否则板子上的元件可能会生锈，影响使用。

内饰件：要及时清洗，然后风干。最好放到烤房里面让它风干，太阳直接照射的话会导致一些老化的皮质颜色变淡。

变速箱：变速箱进水，建议到专业的变速箱修理点或维修站清洗，如果水分清洗不干净而试车，一般会造成变速箱内部的烧蚀，这部分损失费用保险公司是不承担的。（定损单上一定要写清楚，防止后期被动）。

灯具：要注意是否因灯具本身质量问题造成损坏，一些灯具进水后及时烘干处理后是可以使用的。对于价值较高的电气元件，要注意收回，避免道德风险。

一定要及时详细列明定损内容（包括各种部件的清洗），并让客户和修理厂签字确认，这一点非常重要。

4. 沟通

①与客户的沟通。对于除外责任的损失要注意耐心细致地解释；对于可以恢复正常使用的部件不予更换时要做出必要解释。

②与修理厂的沟通。与修理厂做好协调，及时处理，避免损失的扩大。

学习任务一　汽车保险一般事故定损

班　级		姓　名	
日　期		组　别	
指导老师		成　绩	
实践内容	汽车保险一般事故定损		
实践目的	1. 了解汽车车身的组成及分类 2. 掌握汽车车身不同部位、不同材质部件的定损 3. 掌握发动机、底盘的定损方法 4. 会对分析事故的原因 5. 能对立理赔汽车一般保险事故		
实践设备	电脑、案例、保险条款、保险单证等		

续表

一、接受任务
2021年5月22日刘某驾驶一辆大众途观在无锡锡澄路江海高架入口匝道上冲撞一辆铃木雨燕,导致铃木雨燕追尾前面的标致307。后面一辆大众朗逸刹车不及,又撞上了大众途观。事故导致大众途观车前保险杠、大灯严重损坏,机盖严重变形,后保险杠有擦伤;铃木雨燕车后保险杠、左后尾灯破碎,后备厢门变形;标致307轿车后保险杠擦伤;大众朗逸车前保、右前大灯破碎,机盖严重变形。假设你是该大众途观车险投保公司的理赔员,现请你进行保险理赔。

二、信息收集

1. (单选题) 某汽车实际价值是80万元,投保时保险金额为40万元,后来汽车发生30万元的损失,则保险公司应赔偿( )。
   A. 80万元　　　　B. 40万元　　　　C. 30万元　　　　D. 15万元

2. (单选题) 王某投保了第三者责任险车辆,在保险期限内发生两次第三保险事故,被保险人对第三者承担的赔偿责任分别是27万元和32万元。由于被保险人在投保时选择了30万元档次的赔偿限额,保险人赔偿了第一次事故的27万元以后,对第二次事故的32万元,根据规定应( )。
   A. 赔偿32万元,第三者责任险仍然有效　　　　B. 赔偿30万元,第三者责任险仍然有效
   C. 赔偿30万元,第三者责任险终止　　　　D. 赔偿3万元,第三者责任险终止

3. (多选题) 根据我国保险法得规定,应当由保险人承担得费用有( )。
   A. 保险事故发生后,被保险人为防止或者减少保险标的得损失所支付得施救费用
   B. 保险事故发生后,被保险人为确定事故性质进行勘查、鉴定所支出的费用
   C. 被保险人为避免保险事故的发生,而采取的管理、维修等措施所支出的费用
   D. 责任保险的被保险人因给第三者造成损害的保险事故而被提起诉讼或仲裁所支出的诉讼费或仲裁费

4. (填空题) 保险赔偿额的计算是以保险发生时保险标的的_____为计算依据。

5. (填空题) _____是指保险人在保险标的发生风险事故导致损失后,对被保险人提出的索赔要求进行处理的过程。

6. (问答题) 请简述汽车定损原则。

三、小组讨论

小组成员根据各自在自主学习阶段掌握的专业知识,就任务材料中事故责任进行分析、讨论,汇总后,由小组代表分享并完成工单。

四、填写工单

1. 简述铃木雨燕车的保险责任。

2. 简述大众朗逸车的保险责任。

3. 简述快速理赔车的定损处理方法。

4. 分析材料中四辆汽车追尾的责任界定的方法及定损处理方法。

续表

五、质量检查

请实训指导教师检查作业结果,并针对任务实施过程中出现的问题提出改进措施及建议。

序号	评价标准	评价结果
1	能分辨一般汽车保险事故责任	
2	能熟悉车身覆盖件的修复工艺	
3	能熟悉一般汽车保险事故的定损流程	
4	能掌握汽车一般事故的定损方法和技巧	
5	能主动进行知识探究	
6	能积极参与小组讨论	

综合评价 ☆ ☆ ☆ ☆ ☆
综合评语:

六、评价反馈

请根据自己在本次任务中的实际表现进行评价,请组长根据组员在本次任务中的实际表现给予小组评价。

序号	评价标准	评分分值	自评分	组长评分
1	明确工作任务,理解其在实践生产中的重要性	5		
2	能分辨一般汽车保险事故责任	10		
3	能熟悉车身覆盖件的修复工艺	15		
4	能熟悉一般汽车保险事故的定损流程	15		
5	能掌握汽车一般事故的定损方法和技巧	20		
6	能主动进行知识探究	15		
7	能积极参与小组讨论和分享	20		
合计		100		

学习任务二 汽车保险重大事故定损

班 级		姓 名	
日 期		组 别	
指导老师		成 绩	
实践内容	汽车保险重大事故定损		
实践目的	1. 了解有人员伤亡事故赔偿的国家法规 2. 掌握人员伤亡事故定损的标准 3. 掌握有人员伤亡事故定损的注意事项及相关要求 4. 会对汽车保险重大事故进行定损		

实践设备	电脑、案例、保险条款、保险单证等

一、接受任务

2020年8月24日苏州市张家港二环路与农联路路口，电动自行车驾驶人陈某在行至事发路口时，与隔离绿化带另一侧，一辆正在机动车道内正常行驶的小轿车相撞，因陈某未正确佩戴头盔，撞击瞬间，头盔被撞飞，未能形成有效保护，事故造成陈某重伤。假设你是该机动车车险投保公司的理赔员，现请你进行保险理赔。

二、信息收集

1. （多选题）不同投保公司的甲、乙两车相撞，甲车投保人第三者责任保险，则甲车可以从保险公司获得赔偿的项目包括（　　）。
   A. 甲车的自身损失　　　　　　　　　　B. 乙车的车辆损失
   C. 甲车所载人员的物质损失　　　　　　D. 乙车所载人员的物质损失

2. （单选题）被扶养人生活费根据扶养人丧失劳动能力程度，按照受诉人民法院所在地上一年度城镇居民人均消费性支出和农村居民人均年生活消费支出标准计算。被扶养人无劳动能力又无其他生活来源的，计算（　　）年。
   A. 20年，75周岁以上的，按5年计算
   B. 18年，75周岁以上的，按5年计算
   C. 20年，但60周岁以上的，年龄每增加1岁减少1年
   D. 20年，但60周岁以上的，年龄每增加1岁减少1年；75周岁以上的，按5年计算

3. （填空题）车辆定损应坚持_____的原则，保险人会同被保险人和第三者车损方一起进行车辆定损。

4. （填空题）一般情况下，被保险人应提供的单证有以下几种：_____；保险车辆施救、修理单证；第三者赔偿费用的有关单证；交通事故的必要单证。

5. （填空题）被保险人在索赔中的义务责任包括发生保险事故的通知义务、_____以及提供索赔单证的义务。

6. （问答题）汽车保险补偿原则的限度有哪些？

三、小组讨论

小组成员根据各自在自主学习阶段掌握的专业知识，就任务材料中陈某的责任进行分析，并讨论该事故中轿车投保公司是否有赔偿责任，如果有，包含哪些？如果没有，请说明理由。讨论后汇总，由小组代表分享并完成工单。

四、填写工单

1. 材料中的电动自行车驾驶人陈某有责任吗？为什么？

2. 材料中轿车司机有责任吗？为什么？

3. 简述有人员伤亡事故的定损要求及方法。

续表

五、质量检查

请实训指导教师检查作业结果,并针对任务实施过程中出现的问题提出改进措施及建议。

序号	评价标准	评价结果
1	能分辨汽车起火的不同类型	
2	能掌握火损汽车的定损方法	
3	能熟悉火灾车辆保险责任	
4	能对分析任务材料中王某汽车起火原因并正确进行定损处理	
5	能主动进行知识探究	
6	能积极参与小组讨论	

综合评价 ☆ ☆ ☆ ☆

综合评语:

六、评价反馈

请根据自己在本次任务中的实际表现进行评价,请组长根据组员在本次任务中的实际表现给予小组评价。

序号	评价标准	评分分值	自评分	组长评分
1	明确工作任务,理解其在实践生产中的重要性	5		
2	能分辨汽车起火的不同类型	10		
3	能掌握火损汽车的定损方法	15		
4	能熟悉火灾车辆保险责任	15		
5	能对分析任务材料中王某汽车起火原因并正确进行定损处理	20		
6	能主动进行知识探究	15		
7	能积极参与小组讨论和分享	20		
合 计		100		

学习任务三 汽车保险火灾事故定损

班　级		姓　名	
日　期		组　别	
指导老师		成　绩	
实践内容	汽车保险火灾事故定损		
实践目的	1. 掌握汽车火灾事故的分类 2. 了解汽车自然的原因 3. 了解汽车火灾事故的保险责任 4. 掌握汽车火灾事故的定损方法		
实践设备	电脑、案例、保险条款、保险单证等		

续表

一、接受任务
2019年6月15日下午2:00多,烈日当空正式夏日酷暑,王某驾驶的小客车来到某公司,发现公司那条道路上到处晾晒着卖秸秆,找不到一处空地停车。他只得小心的将车停放在一车间门前的一堆麦秆草上。然后他像往常一样锁好车门,到车间里办事。去了短短几分钟后,突然有人喊"失火了!失火了!快来救火呀!",车间内的人们一窝蜂地往外冲,王某也跟着人群快步走出车间,眼前的景象让他惊愕,正是他驾驶的那辆汽车,冒着浓浓的黑烟,车厢里窜出火苗,并不断发出噼里啪啦的爆炸声。车下的麦秆草还在旺烧,仅靠几个人浇水灭火已难以控制火势。王某立即拨打了报警电话,附近的村民、当地公安派出所的民警、消防中队官兵都来了,尽管大家全力扑救,但车还是没能保住,被大火全部烧毁。

二、信息收集

1. (多选题)以下是引起汽车自燃原因的有(　　　)。
   A. 漏油　　　　　　　　B. 超载　　　　　　　　C. 碰撞　　　　　　　　D. 人工直接供油
2. (单选题)下列不属于车辆损失险的保险责任的是(　　　)。
   A. 夏季将汽车停放在易燃物附近引发的火灾
   B. 汽车碰撞后导致起火烧毁汽车
   C. 汽车遭受雷击起火,整车烧毁
   D. 车主加装了音响设备,由于排线不规范,在使用过程中发生起火烧毁内饰。
3. (填空题)汽车起火分_____、_____、_____和_____起火等五类。
4. (填空题)根据火灾对车辆损坏程度一般分为_____燃烧和_____燃烧。
5. (填空题)发动机工作时,点火线圈自身温度很高,有可能使高压线绝缘层_____、_____、_____,导致高压漏电。
6. (问答题)汽车自燃主要由哪些原因造成?

三、小组讨论

小组成员根据各自在自主学习阶段掌握的专业知识,就任务材料中王某汽车起火的原因进行分析,并讨论该事故的保险责任,讨论该事故的定损方法及后续残值处理,讨论后汇总,由小组代表分享并完成工单。

四、填写工单

1. 简述火灾车辆保险责任。

2. 简述火灾车辆的定损处理方法。

3. 材料中王某汽车起火的原因分析及定损处理。

续表

五、质量检查

请实训指导教师检查作业结果,并针对任务实施过程中出现的问题提出改进措施及建议。

序号	评价标准	评价结果
1	能分辨汽车起火的不同类型	
2	能掌握火损汽车的定损方法	
3	能熟悉火灾车辆保险责任	
4	能对分析任务材料中王某汽车起火原因并正确进行定损处理	
5	能主动进行知识探究	
6	能积极参与小组讨论	

综合评价 ☆ ☆ ☆ ☆ ☆
综合评语:

六、评价反馈

请根据自己在本次任务中的实际表现进行评价,请组长根据组员在本次任务中的实际表现给予小组评价。

序号	评价标准	评分分值	自评分	组长评分
1	明确工作任务,理解其在实践生产中的重要性	5		
2	能分辨汽车起火的不同类型	10		
3	能掌握火损汽车的定损方法	15		
4	能熟悉火灾车辆保险责任	15		
5	能对分析任务材料中王某汽车起火原因并正确进行定损处理	20		
6	能主动进行知识探究	15		
7	能积极参与小组讨论和分享	20		
合 计		100		

学习任务四 汽车保险水灾事故定损

班 级		姓 名	
日 期		组 别	
指导老师		成 绩	
实践内容	汽车保险水灾事故定损		
实践目的	1. 熟悉水淹车施救与检查 2. 能根据水淹高度和水淹时间综合判断水灾汽车损失级别 3. 了解水淹车的后续维修与处理		
实践设备	电脑、案例、保险条款、保险单证等		

续表

一、接受任务
2018年7月30日下午1：00多，姚某报案称自己将一辆奥迪A3轿车停放在某停车场，后因暴雨导致汽车被水淹，未再启动。接到报警电话后，保险公司立即派查看人员进行现场查勘，停车场地势低洼，车身及发动机舱有明显的水位线。发动机舱淹到蓄电池，空气格进水。驾驶室内及后备厢进水，CD盒被淹。标的车被水淹大概3小时，水质下水道污水（含油），受损属实。标的车证件齐全有效。作为定损人员请你对该起案件进行合理定损。
二、信息收集
1.（单选题）车辆行驶中遇到暴雨熄火，下列处理方法错误的是（　　）。 　　A. 联系保险公司报案　　　　　　　　　　B. 条件允许的情况下，下车将车推到高处 　　C. 启动发动机并慢速离开水洼处　　　　　D. 尽快联系救援 2.（多选题）水淹高度为3级时可能对汽车造成的损失有（　　）。 　　A. 四轮轴承进水 　　B. 座椅、部分内饰潮湿和污染，真皮座椅，真皮内饰损伤严重 　　C. 全车悬架下部连接处因进水而生锈 　　D. 发动机进水 3.（填空题）在对水淹汽车进行施救时，一般应采用＿＿＿＿方式拖车，或将汽车前轮托起后牵引不要采用＿＿＿＿方式。 4.（填空题）各类电动机进水后，对于可拆解的，可采用"＿＿＿—＿＿＿—＿＿＿—＿＿＿—＿＿＿"的流程处理。 5.（问答题）施救进水汽车时，应该注意哪些事项？   6.（问答题）简述汽车电器元件进水后如何根据不同情况进行处理。
三、小组讨论
小组成员根据各自在自主学习阶段掌握的专业知识，就任务材料中姚某汽车水淹级别进行分析，并讨论该事故的定损和后续处理方式，讨论后汇总，由小组代表分享并完成工单。
四、填写工单
1. 对六个级别水淹高度特征进行描述。   2. 简述水灾车辆内饰的处理和维护。   3. 对材料中姚某汽车水淹级别进行分析，并讨论该事故的定损和后续处理方式。

续表

五、质量检查

请实训指导教师检查作业结果,并针对任务实施过程中出现的问题提出改进措施及建议。

序号	评价标准	评价结果
1	能掌握汽车水淹后的正确施救方式	
2	能根据水淹高度和水淹时间综合判断水灾汽车损失级别	
3	能掌握水灾事故中不同元件的处理方式	
4	能对任务材料中姚某汽车水淹级别分析并定损	
5	能主动进行知识探究	
6	能积极参与小组讨论	

综合评价 ☆ ☆ ☆ ☆ ☆

综合评语:

六、评价反馈

请根据自己在本次任务中的实际表现进行评价,请组长根据组员在本次任务中的实际表现给予小组评价。

序号	评价标准	评分分值	自评分	组长评分
1	明确工作任务,理解其在实践生产中的重要性	5		
2	能掌握汽车水淹后的正确施救方式	10		
3	能根据水淹高度和水淹时间综合判断水灾汽车损失级别	15		
4	能掌握水灾事故中不同元件的处理方式	15		
5	能对任务材料中姚某汽车水淹级别分析并定损	20		
6	能主动进行知识探究	15		
7	能积极参与小组讨论和分享	20		
合计		100		

学习情境五　汽车保险事故核损、赔付

汽车保险事故核损、赔付是汽车理赔工作的重要环节。保险汽车保险车辆肇事后经现场查勘、调查、定损以及事故车辆修复后，由被保险人提供单证、事故责任认定书、损害赔偿调解书、车辆估损单、修理清单和修车发票以及各种其他赔偿费用单据，经保险责任审定、损失费用核定后，可以计算赔款数额。通过赔款理算、核赔，可以进一步检查真个案件信息的真实性、定量的把握性、审核的严密性、分类的合理性，以及被保险人应尽的义务进行监督。并可对有疑问的材料提出复审意见，是确保公平公正理赔的关键环节。在本情景中要学习各险种的赔款理算，并对汽车保险事故进行核赔与结案，它可以对风险加以控制和防范的同时也可以充分发挥保险的补偿职能。

① 了解损失赔偿原则。
② 掌握汽车保险索赔、理赔的流程及内容。
③ 掌握汽车交强险、商业险的赔款理算的方法。
④ 掌握汽车核赔和结案的流程及内容。
⑤ 会缮制赔款计算书。
⑥ 能独立处理保险事故的理赔。

学习任务一　汽车赔款理算

有甲乙两车，甲车为载货汽车，乙车为小型载客汽车，在道路上发生交通事故，双方负事故的同等责任，致使一名骑自行车的人（丙）受伤，并造成路产管理人（丁）遭受损失。交通事故各参与方的损失分别为：甲车车辆损失 3000 元，车上货物损失 5000 元；乙车车辆损失 1 万元，乙车车上人员重伤一名，造成残疾，花费医药费 2 万元，残疾赔偿金 5 万元；骑自行车人经抢救无效死亡，医疗费用 3 万元，死亡赔偿金 10 万元，精神损害抚慰金 2 万元；路产损失 5000 元。甲乙两车均承保了交强险，财产损失、医疗费用、死亡伤残各赔偿限额分别为 2000 元、10000 元、11 万元；甲乙车都投保了商业机动车保险，甲车投保险别分别为车辆损失险、第三者责任险、车上货物责任险、不计免赔险；乙车投保险别分别为车辆损失险、第三者责任险、车上人员责任险、不计免赔险。甲车、乙车分别该如何赔款理算？

学习任务二　赔款计算书缮制

A 车与 B 车相撞，同时撞伤一行人丙。A 车共 5 座，每座均投保了 5 万元的车上人员责任险。A 车车上共有两人甲和乙，甲经过抢救后死亡，乙残疾。甲的死亡补偿费为 80000 元，抢救费用 12000 元；乙的残疾赔偿金为 30000 元，医疗费用 20000 元，丙的医疗费用 5000 元。A 车在事故中负 70% 的责任，缮制 A 车车上人员责任险的赔款计算书。

学习任务三　汽车保险事故核赔

李某与 2020 年 7 月 5 日向某保险公司投保一辆奥迪 A6 汽车，于同年 10 月 10 日与一辆摩托车发生双方事故，经交警裁定，张某负主要责任。对于该事故，作为核赔人，首先应对三者方的承保情况进行核对。

通过上述案例请问：什么是核赔？核赔的主要内容是什么？

学习任务四　汽车保险事故赔付结案

一辆二手通用五菱面包车交易后，还没来得及变更被保人就出了车祸。买主起诉保险公司被驳回后，卖主又起诉保险公司。此案在江北区法院开庭时，保险公司称，卖主不是车主，不应赔付卖主。"这么说来，保险公司就可以不赔了哦？"卖主陈女士很疑惑。

"这车祸发生得太不是时候了。"陈女士说。陈女士称，2018 年 6 月 18 日，她到中国人民财产保险股份有限公司重庆市江北支公司为白车牌为渝 R998N2 的通用五菱车买保险，险种为车辆损失险、第三者责任险等。合同约定保险期限为 2018 年 6 月 25 日至 2019 年 6 月 24 日。2018 年 10 月 25 日，陈女士将该车转卖给王先生，并在当日办理了车辆过户手续。就在当天，该车在金开大道上与一辆宝马相撞。交警认定，王先生负全部责任。

因为这车是买了保险的，王先生就向保险公司索赔，但遭到拒绝。无奈之下，他向江北区法院起诉，要求保险公司赔付 1.3 万余元。保险公司认为，王先生与其没有保险合同关系。该车是在保险合同期限内发生车祸，被保险人为陈女士，故只能由陈女士提起诉讼。江北法院随后判决：驳回王先生的诉讼请求。

请同学简单讨论以下问题。

1. 结案时，汽车保险公司工作人员主要任务是什么？
2. 拒赔时，汽车保险公司应遵循什么原则？

知识准备一　损失补偿原则

一、损失补偿原则的含义

损失补偿原则是指保险标的发生保险责任范围内的损失时，保险人按照合同规定，以货币形式赔偿被保险人所受的损失，或以实物赔偿，或修复原标的，但无论采用哪种赔偿形式，都只能使被保险人在经济上恢复到受损前的状态，而不允许被保险人获得额外利益。

这种损害补偿包括以下两层含义。

①补偿以保险责任范围内损失的发生为前提，也就是说有损失就赔偿，无损失就不赔偿。

②保险人对被保险人的赔偿，只能使保险标的恢复到保险标的发生损失以前的状态，保险赔偿不能高于实际损失。这样可以有效地避免保险成为赌博行为以及诱发道德行为的产生。

损失补偿原则只适用于财产保险，人身保险合同不适用这一原则；定值保险、重置价值也不属于损失补偿原则。

二、损失补偿的范围

损失补偿的范围是指保险人应对被保险人的哪些损失予以补偿。一般而言，主要包括以下几方面。

1. 保险标的的实际损失

在财产保险中，保险事故发生时保险标的的实际损失计算，通常以损失发生时受损财产的实际价值为准，但最高赔偿金额以保险标的的保险金额为限。

2. 施救费用

施救费用应是直接的、必要的，并符合国家有关政策规定的。它不仅包括对保险车辆本身进行抢救和保护所发生的费用，还包括向第三者进行追偿所发生的协商与诉讼费用。

3. 其他费用

其他费用主要是指为了确定保险范围责任内的损失所支付的受损标的的检验、估价、出售等费用。

三、损失补偿的方法

在汽车的保险合同有效期内，保险车辆发生保险事故而遭受损失，保险人按照合同的约定给予赔偿。按照我国的法律规定，计算补偿可以采用扣除与赔偿方式。

1. 扣除方式

①按照重置成本扣除保险标的的残值来确定实际损失。

②根据保险车辆驾驶员在事故中所负的责任，确定扣除比例。具体为：负事故全部责任或单方肇事的，扣除赔款的15%；负事故主要责任的，扣除赔款的10%；负同等责任的扣除赔款的8%；负次要责任的，扣除赔款的5%（以家庭自用汽车为例）。

③汽车保险是不定值保险，加之保险金额的确定方法不同，可能出现不足额保险，只能根据保险金额按比例赔偿。

④如果存在保险事故的其他责任人，保险人通常是先赔偿，然后获得代位追偿权。如果被保险人同意，也可以直接在赔偿计算时扣除赔款。

2. 赔偿方式

汽车保险的损害补偿有现金给付、重置和修理三种方式。

①现金给付是财产保险中最常见的损害补偿方式，它简单方便、明了、结案迅速，深受欢迎。汽车保险中的第三者责任险常采用这一补偿方式。

②重置是指保险人更新购置与保险标的相同或相似的物品，作为损害的补偿。汽车保险的玻璃破碎险一般采用这一方式补偿。

③修理是指当保险标的受损时，保险人采用修理的办法，将保险标的的性能恢复到未损害时的状况。车辆损失险一般采用这一形式补偿。

损害补偿原则的核心是要维护保险作为一个社会经济制度的积极意义，即它一方面要确保被保险人在遇到承保风险造成损失时能够得到充分的补偿，以稳定其正常生产和生活活动；另一方面又要防止一些不法的被保险人利用保险进行非法牟利。只有这样，保险才能健康有序地发展，才能真正发挥其保障的作用。

知识准备二　汽车保险索赔

车辆发生交通事故，却得不到保险公司的赔偿。此种情况的发生很可能是被保险人没有事先深入领会车辆保险条款。当出现保险事故后，被保险人可以就自己的事故损失向保险人提出索赔请求，这是被保险人的权利。

一、事故车辆索赔程序

保险车辆出险后，被保险人应向保险公司报案索赔。索赔程序如图 5-1 所示。

出险报案。汽车出险后，被保险人应及时通知保险公司，否则，造成损失无法确定或扩大的部分保险公司将不予赔偿。报案时需说明的内容包括保单号码、被保险人姓名、车型、牌照号码、出险时间、出险地点、出险原因、事故类型、受损情况、报案人姓名、联系电话、驾驶员姓名等，如涉及第三者，还需说明第三方车辆的车型牌照号码等信息。

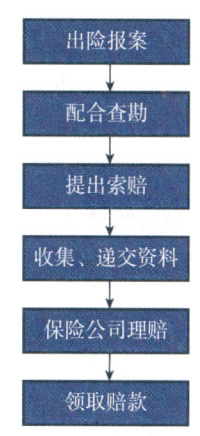

图 5-1　汽车索赔程序

1. 报案期限

在事故发生后 48h 内报案。现在一般事故后直接电告保险公司报案。故意或因重大过失未及时通知，致使保险事故的性质、原因、损失程度等难以确定的，保险公司对无法确定的部分，不承担赔偿。

2. 外地出险报案

在外地出险的，可向保险公司在当地的分支机构报案，并在 48h 内通知保险公司。在当地的公司查勘后，再回到投保的所在地向承保公司申请索赔。

3. 配合查勘

接案后，保险公司会派人到现场查勘，并通过拍照、记录等手段来掌握第一手材料，这些材料是判断事故是否属于保险责任以及计算、确定赔偿金额的重要依据。如果上述材料不准确，会给判断事故是否属于保险责任和计算、确定赔偿金额造成困难。因此被保险人应积极协助查勘。

4. 提出索赔

被保险人向保险公司索赔。

5. 递交资料

被保险人索赔时，需要向保险公司递交有关索赔材料，保险公司应当对索赔资料迅速审查核定，并将核定结果告知被保险人。

6. 保险公司理赔

保险公司收到递交的资料后，应当迅速进行理赔处理。

7. 领取赔款

当保险公司确定了赔偿金额后，会通知被保险人领取赔款。对于属于保险责任的，保险人应当与被保险人达成协议后十日内支付赔款；对于不属于保险责任的，保险人应当从做出核定之日起，三日内向被保险人发出拒绝赔偿通知书，说明理由。

二、索赔注意事项

在索赔阶段，被保险人应避免一些错误做法，以免索赔受阻。

1. 未经保险公司认可不要擅自修复受损车辆

实践中，一些被保险人为避免不耽误使用车辆，往往先将车送修，然后再向保险公司索赔，其实这是一种错误的做法，会给索赔带来麻烦。根据车险条款的规定，车辆出险后，被保险人应会同保险公司检验车辆，协商确定修理项目、方式和费用。否则，保险公司有权重新核定或拒绝赔偿。

2. 被保险人不要对第三者自行承诺赔偿金额

按照车险条款规定，事故牵扯第三者的，保险公司将按有关规定在责任限额内核定赔偿金额。未经保险公司书面同意，被保险人自行承诺的赔偿金额，保险公司有权重新核定。

3. 被保险人不要在保险公司赔偿前放弃向第三者索赔的权利

在保险公司支付赔款前，向第三者请求赔偿的权利属于被保险人，此时被保险人有权放弃向第三者请求赔偿的权利，但这也意味着放弃了向保险公司索赔的权利。当保险公司向被保险人支付赔款后，被保险人未经保险公司同意，放弃对第三者请求赔偿权利的行为无效。

4. 被保险人索赔时应实事求是。

如有隐瞒事实、伪造单证、制造假案等行为发生，被保险人除将有可能因此而受到法律制裁外，还有可能遭到保险公司拒赔。

三、索赔遭拒绝的常见情况

被保险人有下列情形之一的，保险人不负责赔偿。

1. 车辆未按期检测

保险合同只对合格车辆生效，对于未按期检测的机动车，保险公司视为不合格，该情况下发生的事故，保险公司当然拒赔。

2. 车辆无牌照

车辆出险时必须具备公安交通管理部门核发的有效行驶证及号牌，否则保险公司将拒绝赔偿事故损失。

3. 车辆在收费停车场或营业性修理厂出险

保险公司认为收费停车场或营业性修理厂对车辆负有保管责任，在保管期间因保管人管理不善造成车辆损毁、丢失的，保管人应承担相应责任，故保险公司不会赔偿事故损失。

4. 驾驶证未按期审核

驾驶员逾期没有年审，驾驶机动车便属违法行为，保险公司可以根据保险合同拒绝理赔。

5. 酒后肇事

饮酒开车，会降低驾驶员的应急反应能力，增加出事故的概率，因此交通安全法规严令禁止饮酒开车。违法行为产生的事故损失，保险公司拒绝赔付。

6. 被保险人、车辆驾驶员及其家庭成员受害。

根据第三者责任保险的责任免除的规定，被保险人、被保险车辆的驾驶员不属于第三者，当他们成为事故受害者时，不能获得保险公司的赔偿。

7. 车轮单独损坏

如果被保险车辆仅车轮单独损坏（包括轮胎、轮辋、轮毂罩），而其他部位未发生损坏，保险公司认为此损失极易产生道德风险，故在条款中规定不予赔偿。

8. 牵引没保险的车撞车不赔

如果因为开车牵引一辆没有投保第三者责任保险的车辆上路，与其他车辆相撞并负全责，保险公司不会对此做任何赔偿。

9. 非被保险人允许的驾驶人员使用保险车辆肇事

保险条款规定，驾驶人员使用保险车辆必须征得被保险人的允许，否则，造成的车辆损失，保险公司不负责赔偿。

10. 利用保险车辆从事违法活动

利用保险车辆从事违法活动不利于社会安定，不符合保险稳定社会生产和社会生活的宗旨，保险公司不予保障。

知识准备三　汽车保险理赔

导学视频

汽车保险理赔是整个汽车保险过程中非常重要的一个环节。汽车保险理赔是从保险公司角度而言的，而索赔是从被保险人角度而言的。当出现保险事故后，保险公司需要就被保险人提出的索赔申请，按合同的约定去解决赔偿问题，这也是保险公司应尽的义务。

一、汽车保险理赔的含义

汽车保险理赔是指保险汽车在发生保险责任范围内的损失后，保险人依据保险合同的约定解决保险赔偿问题的过程。保险人是否履行保险合同和赔案处理的效率决定了理赔的质量，这关系到保险人的成本与信誉，也关系到被保险人的切身利益。

二、汽车保险理赔的意义

汽车保险理赔是保险经营的最后一道环节，做好保险理赔工作，对于维护投保人的利益，加强汽车保险经营与管理，提高保险企业的信誉和经营效益，具有重要的意义。

1. 被保险人所享受的保险利益得到实现

损失补偿是汽车保险的基本职能。被保险人通过与保险公司订立保险合同来转嫁自己汽车可能遇到的风险。汽车保险合同成立后，一旦出险，车主可享受到车辆损失、人员伤亡造成的损失补偿。

2. 使人民生活安定，社会再生产过程得到保障

通过汽车保险理赔得到的损失补偿能够使伤亡者及其家属得到保险金给付，使受损车辆得到损失补偿。汽车保险理赔能够让被保险人及其家庭安定生活，树立或增强生活的信心，对社会的稳定发挥积极作用。所以，汽车保险的作用能否得到充分发挥，汽车保险经营方针能否得到贯彻，在汽车保险理赔方面体现得最明显、最突出。

3. 汽车保险承保的质量得到检验

当汽车保险公司办理汽车理赔案件时，可以检验汽车保险展业是否深入，承保手续是否齐全，保险费是否合理、保险金额是否恰当，平时不易察觉，一旦发生赔偿案件，上述问题就清楚地暴露出来了。从这个意义上讲，汽车保险理赔过程是对承保质量的检验。汽车保险公司必须认真研究、及时处理汽车保险理赔过程中出现的问题，才能提高和改进和业务质量。

4. 汽车保险的经济效益得到充分反映

汽车保险经济效益的高低，在很大程度上取决于保险经营成本的大小，而在汽车保险经营成本中最大的成本项目是赔款支出。因此，赔款支出成本对保险经济效益具有决定性影响。一定时期内，保险赔款支出少，在其他条件不变的情况下，保险经济效益就好；反之，经济效益就差，或者无效益可言。

三、汽车保险理赔的原则

汽车理赔工作涉及面广，情况比较复杂。在赔偿处理过程中，特别是在对汽车事故查勘过程中，必须要求和坚持一定的原则。

1. 坚持实事求是的原则

在整个理赔过程中，保险人应当实事求是，特别是在现场查勘、车辆修复定损以及赔案处理方面。

尊重客观事实，严格按照条款办事，具体问题具体分析，结合实际情况进行灵活适当的处理，尽量使各方都满意。

2. 坚持重合同、守信用、依法办事的原则

保险人要严格履行保险合同，认真履行经济补偿义务。在处理理赔案时，保险人必须严格按条款办事，该赔的一定要赔，而且应按照赔偿标准及规定赔足；对不属于保险责任范围内的损失，不滥赔，同时还要向被保险人讲明道理。拒赔部分要讲事实、重证据；要依法办事，坚持重合同、诚实信用。汽车保险公司加强法制观念，只有这样才能树立保险的信誉，扩大保险的积极影响。

3. 坚决贯彻"八字"理赔原则

"主动、迅速、准确、合理"是保险理赔人员在长期的工作实践中总结出的经验，是保险理赔工作优质服务的最基本要求。

①主动：就是要求保险理赔人员对出险的案件，要积极、主动地进行调查、了解和勘查现场，掌握出险情况，进行事故分析，确定保险责任。

②迅速：就是要求保险理赔人员查勘、定损处理迅速，对赔案审核准确，赔款计算案卷缮制快，复核、审批快，使被保险人及时得到赔款。

③准确：就是要求从查勘、定损以至赔款计算，都要做到准确无误，不错赔、不滥赔、不惜赔。

④合理：就是要求在理赔工作过程中，要本着实事求是的精神，坚持按条款办事。在许多情况下，要结合具体案情准确定性，尤其在对事故车辆进行定损过程中，要合理确定事故车辆维修方案。

理赔工作的"八字"原则是一个整体，不能只单纯专注于一个或几个方面。只看重速度，草率处理，理赔案件调查不全面，盲目下结论，或者计算不准确，就可能会发生错案，甚至引起法律纠纷。只追求准确、合理，忽视速度，不讲工作效率，赔案久拖不决，也会对公司的形象造成恶劣影响。汽车保险理赔总体要求是从实际出发，为客户着想，既要讲速度，又要讲质量，一定要让客户满意。

四、汽车保险理赔的特点

1. 被保险人的公众性

我国的汽车保险的被保险人曾经是以单位、企业为主，但是，随着个人拥有车辆数量的增加，被保险人中单一车主的比例将逐步增加。这些被保险人的特点是他们购买保险具有较大的被动色彩，加上文化、知识和修养的局限，他们对保险、交通事故处理、车辆修理等知之甚少。另一方面，由于利益的驱动，检验和理算人员在理赔过程中与其在交流过程中存在较大的障碍。

2. 损失率高且损失幅度较小

汽车保险的另一个特征是保险事故虽然损失金额一般不大，但是，事故发生的频率高。保险公司在经营过程中需要投入的精力和费用较大，有的事故金额不大，但是，仍然涉及对被保险人的服务质量问题，保险公司同样应予以足够的重视。另一方面，从个案的角度看赔偿的金额不大，但是，积少成多也将对保险公司的经营产生重要影响。

3. 标的流动性大

由于汽车的功能特点，决定了其具有相当大的流动性。车辆发生事故的地点和时间不确定，要求保险公司必须拥有一个运作良好的服务体系来支持理赔服务，主体是一个全天候的报案受理机制和庞大而高效的检验网络。

4. 受制于修理厂的程度较大

在汽车保险的理赔中扮演重要角色的是修理厂，修理厂的修理价格、工期和质量均直接影响汽车保险的服务。因为，大多数被保险人在发生事故之后，均认为由于有了保险，保险公司就必须负责将车辆修复，所以，在车辆交给修理厂之后就很少过问。一旦因车辆修理质量或工期，甚至价格等出现问题均将保险公司和修理厂一并指责。而事实上，保险公司在保险合同项下承担的仅仅是经济补偿义务，对于事故车辆的修理以及相关的事宜并没有负责义务。

5. 道德风险普遍

在财产保险业务中汽车保险是道德风险的"重灾区"。汽车保险具有标的流动性强，户籍管理中存在缺陷，保险信息不对称等特点，以及汽车保险条款不完善，相关的法律环境不健全及汽车保险经营中的特点和管理中存在的一些问题和漏洞，给了不法之徒可乘之机，汽车保险欺诈案件时有发生。

五、汽车保险理赔的流程

汽车保险理赔业务流程对于保险公司是有一些细微的差别，对于不同的实际业务也不是千篇一律的。但是总体而言，汽车保险理赔业务的基本工作流程基本是一致的。这是某保险公司的汽车保险理赔整体流程图，如图5-2所示。

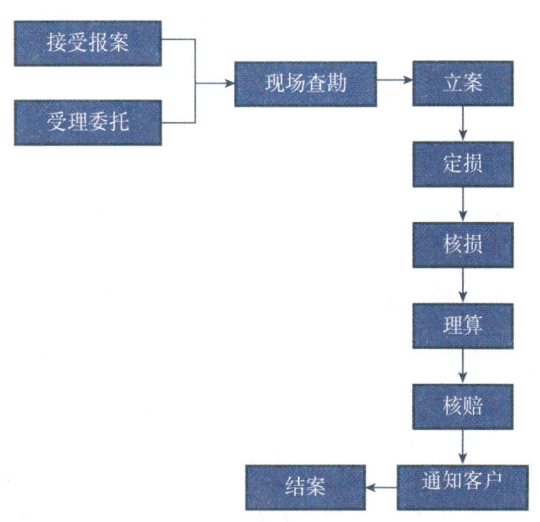

导学视频

图 5-2　汽车保险理赔流程图

1. 接受报案、受理委托

①接到报案，根据报案人提供的信息，查询保单，并完成主要信息的核对。
②详细询问事故信息，并同步录入系统。
③确认立案，生成赔案编号。
④赔案立案后，对需要查勘的案件，及时通知调度人员调度派工。

2. 现场查勘

①接受车险查勘工作，根据客户需求安排救援。
②为客户提供索赔指引服务，指导客户填写索赔申请书，告知客户理赔所需单证，并初步审核保险责任。
③查勘现场及事故损失情况，初步确定事故责任，为最终赔偿责任、赔偿项目及金额的确定提供资料；按要求收集理赔资料。

3. 定损

根据汽车构造原理，通过科学、系统的专业化检查、测试与勘测手段，对汽车碰撞与事故现场进行综合分析，运用车辆定损资料与维修数据，对车辆碰撞修复进行科学系统的定损定价。

4. 核损

①复核定损人员定损项目、金额及其责任认定。

②对超权限案件进行上报。

5. 赔款理算

①审核被保险人提供材料的有效性和准确性。
②根据保险条款的规定，对基本险、附加险、施救费用等分别计算赔款金额，并将核定计算结果及时通知被保险人。
③完成理算报告，在系统中生成并打印赔款计算书。

6. 核赔

经过赔款理算之后，需要进行核赔。核赔人员接到案件后，主要对案卷的文件进行形式审核、实质审核和赔款计算审核，确定赔款金额，另外还需要对赔案进行分析。

7. 通知客户、结案

在完成了理算、核赔工作后，就进入了被保险人支付赔款的程序，保险人需要通知客户收取赔偿金，最后结案。

知识准备四　汽车交强险赔款理算

一、赔偿原则

保险人在交强险责任范围内负责赔偿被保险机动车因交通事故造成的对受害人的损害赔偿责任。交强险赔偿的原则是先通过交强险赔付，不足的部分再由商业车险来补充。因此交强险的赔款理算将影响到汽车商业保险的赔款理算。

二、赔偿时限

保险公司自收到被保险人提供的证明和资料之日起5日内，对是否属于保险责任做出核定，并将结果通知被保险人；对属于保险责任的，在与被保险人达成赔偿保险金的协议后10日内，赔偿保险金。对不属于保险责任的，应当书面说明理由。

三、交强险的赔款理算

1. 基本计算公式

保险人在交强险各分项赔偿限额内，对受害人死亡伤残费用、医疗费用、财产损失分别计算赔偿。
①总赔款=各分项损失赔款之和=死亡伤残费用赔款+医疗费用赔款+财产损失赔款。
②各分项损失赔款=各分项核定损失承担金额，即：死亡伤残费用赔款=死亡伤残费用核定承担金额
医疗费用赔款=医疗费用核定承担金额
财产损失赔款=财产损失核定承担金额
③各受害人各分项核定损失承担金额之和>交强险各分项赔偿限额的，各分项损失赔款等于交强险各分项赔偿限额。注："受害人"为被保险机动车的受害人，不包括被保险机动车本车车上人员、被保险人，下同。

2. 当保险事故涉及多个受害人时

①基本计算公式中的相应项目
各分项损失赔款=各受害人各分项核定损失承担金额之和，即：
死亡伤残费用赔款=各害人死亡伤残费用核定承担金额之和
医疗费用赔款=各受害人医疗费用核定承担金额之和

财产损失赔款=各受害人财产损失核定承担金额之和

②各受害人各分项核定损失承担金额之和超过被保险机动车交强险相应分项赔偿限额的，各分项损失赔款等于交强险各分项赔偿限额。

③各受害人各分项核定损失承担金额之和超过被保险机动车交强险相应分项赔偿限额的，各受害人在被保险机动车交强险分项赔偿限额内应得到的赔偿为：

被保险机动车交强险对某一受害人分项损失的赔偿金额=交强险分项赔偿限额×(事故中某一受害人的分项核定损失承担金额/各受害人分项核定损失承担金额之和)

3. 当保险事故涉及多辆肇事机动车时

①各被保险机动车的保险人分别在各自的交强险各分项赔偿限额内，对受害人的分项损失计算赔偿。

②各方机动车按其适用的交强险分项赔偿限额占总分项赔偿限额的比例，对受害人的各分项损失进行分摊，该计算公式为：

某分项核定损失承担金额=该分项损失金额×(适用的交强险该分项赔偿限额/各致害方交强险该分项赔偿限额之和)

注意：肇事机动车中的无责任车辆，不参与对其他无责车辆和车外财产损失的赔偿计算，仅参与对有责方车辆损失或车外人员伤亡损失的赔偿计算。无责方车辆对有责方车辆损失应承担的赔偿金额，由有责方在本方交强险无责任财产损失赔偿限额项下代赔。

一方全责，一方无责的，无责方对全责方车辆损失应承担的赔偿金额为全责方车辆损失，以交强险无责任财产损失赔偿限额为限。

一方全责，多方无责的，无责方对全责方车辆损失应承担的赔偿金额为全责方车辆损失，以各无责方交强险无责任财产损失赔偿限额之和为限。

多方有责，一方无责的，无责方对各有责方车辆损失应承担的赔偿金额以交强险无责任财产损失赔偿限额为限，在各有责方车辆之间平均分配。

多方有责，多方无责的，无责方对各有责方车辆损失应承担的赔偿金额以各无责方交强险无责任财产损失赔偿限额之和为限，在各有责方车辆之间平均分配。

肇事机动车中应投保而未投保交强险的车辆，视同投保机动车参与计算。

对于相关部门最终未进行责任认定的事故，统一适用有责任限额计算。

③肇事机动车均有责任且适用同一限额的，简化为各方机动车对受害人的各分项损失进行平均分摊，主要有以下两种情况。

对于受害人的机动车、机动车上人员、机动车上财产损失，该计算公式为：

某分项核定损失承担金额=受害人的该分项损失金额/(N−1)

对于受害人的非机动车、非机动车上人员、行人、机动车外财产损失，该计算公式为：

某分项核定损失承担金额=受害人的该分项损失金额/N

注：式中N为事故中所有肇事机动车的车辆数；肇事机动车中应投保而未投保交强险的车辆，视同投保机动车参与计算。

④初次计算后，如果有致害方交强险限额未赔足，同时有受害方损失没有得到充分补偿，则对受害方的损失在交强险剩余限额内再次进行分配，在交强险限额内补足。对于待分配的各项损失合计没有超过剩余赔偿限额的，按分配结果赔付各方；超过剩余赔偿限额的，则按每项分配金额占各项分配金额总和的比例乘以剩余赔偿限额分摊；直至受损各方均得到足额赔偿或应赔付方交强险无剩余限额。

4. 受害人财产损失需要施救时

财产损失赔款与施救费累计不超过财产损失赔偿限额。

5. 主车和挂车在连接使用状态下发生交通事故时

主车与挂车的交强险保险人分别在各自的责任限额内承担赔偿责任。

若交通管理部门未确定主车、挂车应承担的赔偿责任，主车、挂车的保险人对各受害人的各分项损失平均分摊，并在对应分项赔偿限额内计算赔偿。

主车与挂车由不同被保险人投保的，在连接使用时发生交通事故，按互为三者的原则处理。

6. 被保险机动车投保两份以上交强险时

保险期间，起期在前的保险合同承担赔偿责任，起期在后的不承担赔偿责任。

7. 对被保险人的精神损害抚慰金赔偿规定

对被保险人依照法院判决或者调解承担的精神损害抚慰金，原则上在其他赔偿项目足额赔偿后，在死亡伤残赔偿限额内赔偿。

8. 死亡伤残费用和医疗费用的核定标准

按照《最高人民法院（关于审理人身损害赔偿案件适用法律若干问题的解释）》规定的赔偿范围、项目和标准，公安部颁布的《道路交通事故受伤人员伤残评定》（GB18667-2002），以及交通事故人员创伤临床诊疗指南和交通事故发生地的基本医疗标准核定人身伤亡的赔偿金额。

[案例1] A、B两机动车发生交通事故，两车均有责任。A、B两车车损分别为4000元、5000元，B车车上人员医疗费用9000元，死亡伤残费用8万元，另造成路产损失1000元。设两车适用的交强险财产损失赔偿限额为2000元，医疗费用赔偿限额为1万元，死亡伤残赔偿限额为11万元，试计算A、B两车可获得的交强险赔款为多少？

案例分析：

（1）A车交强险赔偿计算

A车交强险赔偿金额=各受害人各分项核定损失承担金额之和=受害人死亡伤残费用赔款+受害人医疗费用赔款+受害人财产损失赔款=B车车上人员死亡伤残费用核定承担金额+B车车上人员医疗费用核定承担金额+财产损失核定承担金额。

① B车车上人员死亡伤残费用核定承担金额=80000/(2-1)=80000元。

② B车车上人员医疗费用核定承担金额=9000/(2-1)=9000元。

③ 财产损失核定承担金额=路产损失核定承担金额+B车损核定承担金额=1000/2+5000/(2-1)=5500元，超过财产损失赔偿限额，按限额赔偿，赔偿金额为2000元。

其中，A车交强险对B车损的赔款=财产损失赔偿限额×B车损核定承担金额/（路产损失核定承担金额+B车损核定承担金额）=2000×[5000/(1000/2+5000)]=1818.18元。

其中，A车交强险对路产损失的赔款=财产损失赔偿限额×路产损失核定承担金额/（路产损失核定承担金额+B车损核定承担金额）=2000×[(1000/2)/(1000/2+5000/1)]=181.82元。

④ A车交强险赔偿金额=80000+9000+2000=91000元

（2）B车交强险赔偿计算

B车交强险赔偿金额=财产损失核定承担金额+A车损核定承担金额=1000/2+4000/(2-1)=4500元，超过财产损失赔偿限额，按限额赔偿，赔偿金额为2000元。

所以，B车交强险赔偿金额为2000元。

[案例2] A、B两机动车发生交通事故，A车全责，B车无责，A、B两车车损分别为2000元、5000元，另造成路产损失1000元。设A车适用的交强险财产损失赔偿限额为2000元，B车适用的交强险无责任财产损失限额为100元，计算A、B两年的交强险赔偿金额。

（1）A车交强险赔偿计算

A车交强险赔偿金额=B车损失核定承担金额+路产损失核定承担金额=5000+1000=6000元，超过财产损失赔偿限额,按限额赔偿,赔偿金额为 2000 元。

(2) B 车交强险赔偿计算

B 车交强险赔偿金额=A 车损核定承担金额=2000 元,超过无责任财产损失赔偿限额,按限额赔偿,赔偿金额为 100 元。

B 车对 A 车损失应承担的 100 元赔偿金额,由 A 车保险人在交强险无责财产损失赔偿限额项下代赔。

知识准备五　汽车商业险赔款理算

一、车辆损失险赔款理算

商业保险赔款计算时,按照条款要求应先扣除事故当事方保险公司赔付的交强险赔款,然后在商业险项下进行赔偿。

1. 投保时按保险车辆的新车购置价格确定保险金额

(1) 全部损失赔款的计算

保险车辆在保险事故中发生全部损失,分为实际全损和推定全损两种。实际全损是指保险车辆在事故中整体损毁;推定全损是指保险车辆在事故中损失严重失去修复价值或事故后的施救费用与修复费用之和超过车辆的价值。

①保险金额高于保险事故发生时保险车辆的实际价值

赔款=(实际价值-残值-交强险赔偿金额)×事故责任比例×(1-免赔率之和)。

其中,保险事故发生时车辆的实际损失(以下简称"实际价值")按保险事故发生时同类型车辆市场新车购置价(含车辆购置附加费)减去该车已使用年限折旧后确定。每满一年扣除一年折旧,不足一年的部分不计折旧。实际价值有可能低于投保时的保险车辆实际价值。新车购置价根据保险合同签订地同类型新车的市场售价确定,无同类型新车销售价的,双方协商确定。

免赔率之和是指依据保险合同条款中规定的各项免赔率之和。

在确定事故责任比例时,一般参照交通警察部门判定的事故责任比例。一般被保险机动车方负全部责任的,比例为 100%;被保险机动车双方负主要责任的,比例为 70%;负同等责任的,比例为 50%;负次要责任的,比例为 30%;被保险机动车方无责任的,比例为 0。

[案例 3] 一辆新车购置价为 100000 元的汽车全额投保了汽车损失保险,即保险金额为 100000 元,实际价值为 90000 元,驾驶员承担主要责任,依据条款规定承担 10% 的免赔率,同时由于非约定驾驶员驾车肇事,应增加 10% 免赔率,车辆全部损失,残值 1000 元,暂不考虑交强险,计算车损险赔款。由于保险金额高于实际价值,因此按下式计算:

赔款=(90000 元-1000 元)×70%×[1-(10%+10%)]=49840 元。

②保险金额等于或低于实际价值

赔款=(保险金额-残值-交强险赔偿金额)×事故责任比例×(1-免赔率之和)。

如果保险金额低于实际价值,因总残值里有一部分是属于被保险人自保的,所以残值的计算应为:残值=总残余值×(保险金额/实际价值)。

[案例 4] 一辆新车购置价为 120000 元,即保险金额为 120000 元,实际价值 120000 元,驾驶员承担次要责任,承担经济损失 30%,依据条款规定承担 5% 的免赔率,车辆全部损失,残值 1000 元,暂不考虑交强险,计算车损险赔款。由于保险金额等于实际价值,因此按下式计算:

赔款=(120000 元-1000 元)×30%×(1-5%)=33915 元。

(2) 部分损失赔款的计算

赔款=(实际修理费用-残值-交强险对财产损失赔偿金额)×事故责任比例×(1-免赔率之和)。

①若赔款大于等于实际价值,则按照实际价值赔付,赔款等于实际价值。

②若赔款小于实际价值,则按照实际计算出的赔款赔付。

[案例5] 一辆新车购置价(含车辆购置税)为100000元的汽车投保了汽车损失险,保险余额为100000元,实际价值为70000元,驾驶员承担次要责任,承担经济损失30%,依据条款规定承担5%的免赔率,车辆修理费用9000元,残值220元,暂不考虑交强险,计算车损险赔款。赔款按下式计算:

赔款=(9000元-220元)×30%×(1-5%)=5838.7元<车辆实际价值70000元。

因此,应该按实际计算的赔款赔付,即向被保险人支付赔款5838.7元。

(3) 施救费赔款计算

施救的财产中,含有本保险合同未保险的财产,应按本保险合同保险财产的实际价值占总施救财产的实际价值比例分摊施救费用。施救费用赔款的计算公式为:

施救费赔款=实际施救费用×事故责任比例×(保险财产价值/实际施救财产总价值)×(1-免赔率之和)。

2. 按照投保时保险车辆的实际价值确定保险金额或协商确定保险金额

(1) 全部损失赔款计算

计算方法同"按投保时保险车辆的新车购置价确定保险金额"全部损失的计算方法。

①保险金额高于保险事故发生时保险车辆的实际价值

赔款=(实际价值-残值-交强险赔偿金额)×事故责任比例×(1-免赔率之和)。

[案例6] 一辆新车购置价(含车辆购置税)为100000元的汽车投保了汽车损失险,按照双方约定价值确定保险金额为70000元,驾驶员承担全部责任,依据条款规定承担15%的免赔率,车辆全部损失,残值为500元。已知保险事故发生时车辆的实际价值为60000元,暂不考虑交强险,计算车损险赔款。因为保险金额高于实际价值,因此按下式计算:

赔款=(实际价值-残值)×事故责任比例×(1-免赔率之和)=(60000元-500元)×100%×(1-15%)=50575元。

②保险金额等于或低于实际价值

赔款=(保险金额-残值-交强险赔偿金额)×事故责任比例×(1-免赔率之和)。

如果保险金额低于实际价值,因总残值余价值里有一部分是属被保险人自保的,所以残值计算为:残值=总残余值×(保险金额/实际价值)。

[案例7] 一辆二手汽车投保车辆损失保险,车辆在保险期限内发生保险事故,按照双方协商确定保险金额为50000元投保的,驾驶员承担全部责任,依据条款规定承担15%的免赔率,车辆全部损失,残值为100元。已知保险事故发生时的实际价值为70000元,保险金额低于实际价值,暂不考虑交强险,计算车损险赔款,则:

赔款=(50000元-100元)×100%×(1-15%)=42415元。

(2) 部分损失赔款计算

赔款=(实际修理费用-残值-交强险赔偿金额)×事故责任比例×(保险金额/投保时保险车辆的新车购置价)×(1-免赔率之和)。

①如果赔款小于实际价值,则按照实际计算出的赔款赔付。

②如果赔款大于等于实际价值,则按照实际价值赔付,则赔款等于实际价值。

[案例8] 一辆新车购置价(含车辆购置税)为150000元的汽车按照约定投保了汽车损失保险,保险金额为120000元,该车在保险期内发生交通事故时,实际价值为40000元,驾驶员承担全部责任,依据条款规定承担15%的免赔率,同时又由于非约定驾驶人肇事,增加5%免赔率。车辆修理费用70000元,残值100元,暂不考虑交强险,计算车损险赔款,则:

赔款=(实际修理费用-残值-交强险赔偿金额)×事故责任比例×(保险金额/投保时保险车辆的新车购置价)×(1-免赔率之和)

=(70000-100-100)×100%×(120000元/150000元)×[1-(15%+5%))]=44672元>实际价值40000元,所以实际支付赔款40000元。

(3) 施救费赔款计算

①保险金额等于投保时新车购置价

施救赔款=实际施救费用×事故责任比例（保险车辆实际价值/实际施救财产总价值）×(1-免赔率之和)。

②保险金额低于投保时的新车购置价

施救费赔款=实际施救费用×事故责任比例×(保险金额/投保时保险车辆的新车购置价)×(保险车辆实际价值/实际施救财产总价值)×(1-免赔率之和)。

[案例9] 一辆新车购置价（含车辆购置税）为15万元的汽车全额投保了汽车损失保险，即投保金额15万。该车辆在保险期内发生交通事故时实施救助，包括救助车上物品价值5万元，实际施救费用5000元，驾驶人员承担全部责任，依据条款规定应承担20%的免赔率。同时，又由于违反安全装载规定，应增加5%免赔率。车辆的实际施救费赔款计算为：

施救费赔款=实际施救费用×事故责任比例（保险财产价值/实际施救财产总价值(1-免赔率)=5000×100%×[150000/(150000+50000)]×[1-(20%+5%)]=2812.5（元）

二、第三者责任保险赔款理算

1. 第三者责任险的赔偿金额

第三者责任险的赔偿金额，按"道路交通安全法"规定的赔偿范围、项目和标准以及保险合同的约定进行确定和计算。

(1) 当第三者损失减去交强险赔付金额后，被保险人按事故责任比例应承担的赔偿金额高于责任限额时，则：

赔款=责任限额×(1-免赔率之和)

(2) 当第三者损失减去交强险赔付金额后，被保险人按事故责任比例应承担的赔偿金额低于责任限额时，则：

赔款=应承担的赔偿金额×(1-免赔率之和)

(3) 诉讼仲裁费用

①当被保险人应承担的诉讼仲裁费用超过保险单载明的责任限额的30%时，则：

诉讼仲裁费用=责任限额×30%

②当被保险人应承担的诉讼仲裁费用低于保险单载明的责任限额的30%时，则：

诉讼仲裁费用=应承担的诉讼仲裁费用

2. 车辆损失险、第三者责任险赔款计算注意事项

①赔款计算依据交通管理部门出具的《道路交通事故责任认定书》以及据此做出的《道路交通事故损害赔偿调解书》。

②当调解结果与责任认定书不一致时，对于调解结果中认定的超出被保险人责任范围内的金额，保险人不予赔偿；对于被保险人承担的赔偿金额低于其应按责赔偿的金额的，保险人只对被保险人实际赔偿的金额在限额内赔偿。

③对于不属于保险合同中规定的赔偿项目但被保险人已自行承诺或支付的费用保险人不予承担。

④法院判决被保险人应赔偿第三者的金额，如精神损失赔偿费等保险人不予承担。

⑤保险人对第三者责任事故赔偿后，对受害第三者的任何赔偿费用的增加不再负责。

⑥车辆损失的残值确定，应以车辆损失部分的零部件残值计算。

⑦诉讼仲裁费用标准应按照最高人民法院下发的有关标准执行。车损险诉讼仲裁费用计入车损险施救费，第三者责任险诉讼仲裁费用必须经保险人事先书面同意，在第三者责任险责任限额的30%以内计

算赔偿。

[案例10] 一辆投保机动车辆第三者责任险的车辆，责任限额为10万元。发生交通事故，在事故中负主要责任，承担70%的损失，依据条款规定承担15%的免赔率。此次事故第三方损失为40万元，诉讼费为5000元，暂不考虑交强险，计算车损险赔款，则被保险人按事故责任比例应承担的赔偿金额为：

40×70%＝28万元＞10万元的责任限额，则：

赔款＝责任限额×(1-免赔率之和)＝10×(1-15%)＝8.5万元

被保险人应承担的诉讼仲裁费为5000元，没有超过保单载明的责任限额的30%，10×30%＝3万元，则：

诉讼费用＝应承担的诉讼仲裁费用＝5000元

保险人向被保险人支付赔款（包括诉讼费用）合计为85000+5000＝90000元

三、机动车车上人员责任险赔款理算

车上人员的伤亡赔款首先应减去其他车辆交强险对该车上人员应赔偿部分，然后再计算被保险人按事故责任比例对每座车上人员伤亡应承担的赔偿金额，最后比较应承担的赔偿金额与保险合同载明的每人责任限额的大小。

应承担的保险金额＝(每一投保座上人的损失-交强险赔款)×事故比例

①如果应承担的赔偿金额小于或等于责任限额，则

每人赔款＝应承担的赔偿金额×(1-免赔率之和)

②如果应承担的赔偿金额大于责任限额，则

每人赔款＝责任限额×(1-免赔率之和)

③赔款人数以投保座位数为限，车上人员责任险总的赔款＝$\sum$ 每人赔款。

四、全车盗抢险赔款理算

1. 全部损失

（1）保险金额高于保险事故发生时保险车辆的实际价值时

赔款＝实际价值×(1-免赔率之和)

（2）保险金额等于或低于实际价值时

赔款＝保险金额×(1-免赔率之和)

2. 部分损失

（1）保险金额高于保险事故发生时保险车辆的实际价值时

赔款＝实际修理费用×(1-免赔率之和)

（2）保险金额等于或低于实际价值时

赔款＝实际修理费用×（保险金额/投保时保险车辆的新车购置价）×(1-免赔率之和)

赔款金额不得超过本险种保险金额。对发生全车盗抢险后破案找回车辆有关费用的计算，作为特殊案件按照损余物资处理的有关规定执行。

五、附加险赔款理算

1. 玻璃单独破碎险的赔款计算

赔款＝实际修理费用

2. 自燃损失险的赔款计算

（1）全部损失

赔款=（保险金额－残值）×（1-20%）

（2）部分损失

赔款=（实际修理费用－残值）×（1-20%）

其中，赔款金额不得超过该险种保险金额。

（3）施救费用

赔款=实际施救费用×（保险财产价值/实际被施救财产总价值）×（1-20%）

施救费用不得超过保险金额。

3. 车身划痕损失险的赔款计算

赔款=实际发生的修理费用×（1-免赔率）

在保险期限内，赔款金额累计计算，当达到保险金额时，保险责任终止。

4. 新增设备损失险的赔款计算

赔款=（核定修理费用-交强险赔偿金额-残值）×事故责任比例×（1－免赔率之和）

（1）"核定修理费用"大于等于出险时被保险机动车所保新增设备实际价值的

赔款=（出险时实际价值-交强险赔偿金额-残值）×事故责任比例×（1-免赔率之和）

（2）"（核定修理费用-交强险赔偿金额-残值）×事故责任比例"大于等于被保险机动车所保新增设备保险金额的

赔款=保险金额×（1-免赔率之和）

新增加设备出险时实际价值是指新增加设备的购置价减去折旧后的金额，新增设备的折旧率以本条款所对应的主险条款规定为准。

5. 发动机特别损失险的赔款计算

赔款=（核定发动机修理费用-残值）×（保险金额/投保时保险车辆的新车购置价）×（1-免赔率）

①"核定发动机修理费用十车辆其他部分核定修理费用"应小于等于被保险机动车出险时的实际价值。

②对发动机和车辆其他部分损失的赔款金额与免赔额之和不应超过被保险机动车的保险金额。

③施救费用赔款以不超过保险金额为限。

当被保险车辆发生车辆其他部分的损失时，本险种不承担费用，施救费用由主险承担。

当被保险车辆未发生车辆其他部分损失时：施救费用=实际施救费用×（被保险车辆价值实际/被施救财产总价值）×（1-免赔率）。

6. 车上货物责任险的赔款计算

赔款=（实际财产损失十施救费-残值-交强险对车上货物赔款）×事故责任比例×（1-免赔率）

式中，（实际财产损失十施救费-残值-交强险赔款）×事故责任比例大于等于保险金额的，有：

赔款=保险金额×（1-免赔率）

7. 不计免赔率特约条款的赔款计算

赔款=一次赔款中已承保且出险的各险种免赔额之和，出现下列情况时被保险人自行承担的免赔额，保险人不负责赔偿。

①车辆损失保险中应当由第三方负责赔偿而确定无法找到第三方的。

②因违反安全装载规定加扣的。

③同一保险年度内多次出险，每年加扣的。

④附加盗抢险或附加火灾、爆炸、自燃损失险或自燃损失险中规定的。

⑤对家庭自用车保险合同中约定驾驶人员的，保险事故发生时由非约定驾驶人员驾车而加扣的。

8. 免赔率的确定

免赔率按条款的明确规定确定。其中特别注意的如下。

①全车盗抢险中被保险人索赔时未能提供机动车行驶证、机动车登记证书、机动车来历凭证、车辆购置税完税证明（车辆购置附加费缴费证明）或免税证明等原件，每缺少一项增加1%的免赔率，未能提供车钥匙的，增加5%的免赔率。

②因自然灾害引起的不涉及第三者损害赔偿的单纯车损险案件，不计免赔。但对被保险人未尽到妥善保管或及时施救义务的案件除外。

9. 重复保险处理

重复保险是指投保人对同一保险标的、同一保险利益和同一保险事故分别向两个以上保险人订立保险合同，保险金额总和超过保险价值的保险。

投保人重复投保时，各保险人的赔偿金额的总和不得超过保险价值，各保险人按照其保险金额与保险金额总和的比例承担赔偿责任，合同另有约定的除外。

保险价值指保险车辆出险时的实际价值，重复保险赔款的计算公式为如下。

赔款＝核定赔款×（本保险合同的保险金额/所有有关保险合同保险金额总额）

知识准备六　赔款计算书

在赔款计算核对无误后，可缮制保险赔款计算书，计算书必须有理算人、核赔人签章。

现在，缮制人员对赔款的理算，可以直接在理赔系统中缮制平台处理，缮制人员根据案件的损失情况直接在平台上录入损失金额、责任比例、各种免赔信息等相关因素，系统将自动计算，生成赔款计算书，很快即得出赔款金额。

一、拟订任务实施计划

保险理赔人员按照缮制赔案流程开展工作。

二、接受索赔资料

保险理赔人员应当热情接受咨询，接待客户，接受车险索赔资料，并审核索赔资料，保证车险理赔案件资料的正确流转。

①理赔人员接受客户索赔资料时，要逐一审核，仔细查看每一张单证、每一页数字、每个印章。单证要求齐全有效。

②客户提交索赔的单证不完整的，暂不受理，详细告知补充资料，一次完成。

③填写机动车辆索赔材料交接单，意义核定。

④简单计算赔付金额并告知客户，必要时让被保险人签署确认书。向被保险人说明理算基础，解释保单时条例清楚。

⑤不予以赔付的项目应同时告知客户。简洁明了、条例清楚，或书面告知，不要延迟。

三、审核保险责任

①被保险人将索赔单证交齐后，应仔细审核，确认属于保险责任，对于客户要求赔偿的损失，判断是否在其投保的险种保障范围内。如不属于，及时通知被保险人。

②对照事故的损失类型，判断各损失属于何种险种的保险责任，应当在哪个险种赔偿。

③核对损失金额，对于超出相应险种的赔付限额内的损失，应明确说明保险公司赔付金额以赔付限额为限。超出部分由被保险人自己承担。核对无误，正确录入信息。

④核对保单承保范围主要有：免赔率、免赔额扣除、责任限额、折旧、重复比例分摊等。

四、进行赔款计算

①各项损失项目的损失金额。
②保险金额。
③事故责任比例。
④事故责任免赔率。
⑤绝对免赔率。
⑥规定的免赔率。
⑦残值。

五、核对理算项目

①理算单价。
②费用估算。
③折旧，依照条款约定的《折旧率表》执行。
④对于拖车费、停车费、吊装费及损坏路面、草坪、苗木等的赔偿标准，按照财政局、物价局的规定执行。
⑤追偿款及追偿费用的处理。在系统结案前，追偿款收入及追偿费支出可以在该赔偿案下缮制保险赔款计算书直接做抵销处理。

六、缮制赔款计算书

在赔款核对无误后，可缮制保险赔款计算书。

知识准备七　汽车保险核赔

一、核赔的概念

核赔是指保险公司负责理赔的人员在授权范围内，按照保险条款及保险公司的相关规定对保险赔案进行审核。核赔是对整个案件进行审核，包括报案、查勘定损、核损、复勘以及缮制等。

二、车辆保险核赔流程

核赔的主要工作内容包括审核单证、核定保险责任、审核赔款计算、核定车辆损失及赔款、核定人员伤亡及赔款、核定其他财产损失及赔偿、核定施救费用等。核赔控制整个赔案处理过程，并不是只简单审核单证。核赔时，一是及时了解保险标的出险原因、损失情况，对重大案件，应参与现场查勘；二是审核、确定保险责任；三是核定损失；四是审核赔款计算。核赔工作流程如图5-3所示。

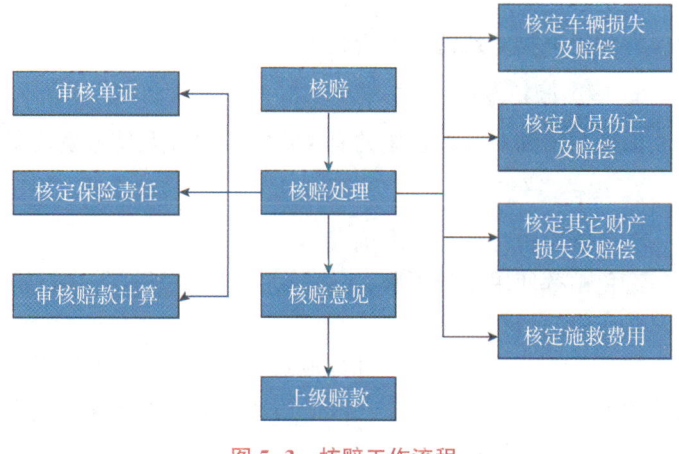

图5-3　核赔工作流程

三、核赔的内容及要点

1. 审核单证

①审核被保险人提供的单证、证明及相关材料是否齐全、有效,有无涂改、伪造等。
②审核经办人员是否规范填写有关单证、必备的单证是否齐全等。
③审核相关签章是否齐全。
④审核所有索赔单证是否严格按照单证规范填写。

2. 核定保险责任

核定保险责任时,应重点审核下列项目。
①被保险人与索赔人是否相符。
②出险车辆的厂牌型号、牌照号码、发动机号码、车架号与保险单是否相符。
③出险原因是否为保险责任。
④出险日期是否在保险期限内。
⑤赔偿责任是否与保险险别相符。
⑥事故责任划分是否准确合理。

3. 核定车辆损失及赔款

①车辆损失项目、损失程度是否准确合理。
②更换的零部件是否按照规定进行了询报价,定损项目与报价项目是否一致。
③换件部分拟赔款金额是否与报价金额相符。
④残值确定是否合理。

4. 核定人身伤亡损失与赔款

核赔人员根据现场查勘记录、调查证明和被保险人提供的《事故责任认定书》《事故调解书》和伤残证明等材料,进行审核。
①核定伤亡人员数、伤残程度是否与调查情况和证明相符。
②核定人员伤亡费用是否合理。
③被抚养人名称、年龄是否真实,生活费计算是否准确合理。

5. 核定其他财产损失

核定其他财产损失时,应根据照片和被保险人提供的有关货物、财产发票,有关单证,核实所确定的损失和损失物资残值等是否合理。

6. 核定施救费用

根据案情和对施救费用的有关规定,对涉及施救费用的有关单证和赔付金额进行审核。

7. 审核赔付计算

①审核赔付计算是否准确。
②免赔率使用是否正确。
③残值是否扣除等。

如果上级公司对下一级进行核赔,应侧重审核普通赔案的责任认定和赔款计算的准确性,有争议赔案的旁证材料是否齐全有效,诉讼赔案的证明材料是否有效,保险公司的理由是否成立、充分,拒赔案件是否有充分证据和理由等。

结案时机动车辆保险赔款计算书上的赔款金额必须是最终审批金额。在完善各种核赔和审批手续后,方可签发机动车辆保险赔款通知书并通知被保险人。

知识准备八　赔付结案

一、结案

在赔案经过分级审批通过之后，业务人员应制作《机动车辆保险领取赔款通知书》，并通知被保险人，同时通知会计部门支付赔款。保户领取赔款后，业务人员按赔案编号输录"机动车辆保险已决赔案登记簿"，同时在"机动车辆保险报案、立案登记簿"备注栏中注明赔案编号、赔案日期，作为续保时是否给付无赔款优待的依据。

二、理赔案卷管理

理赔案卷须一案一卷整理、装订、登记、保管。赔款案卷要做到单证齐全、编排有序、目录清楚、装订整齐，照片及原始单据一律粘贴整齐并附说明。

理赔案卷按分级审批、分级留存并按档案管理规定进行保管的原则。

1. 车险业务档案卷内的排列顺序一般遵循的原则

承保单证应按承保时间作顺序依次排列，理赔案卷应按理赔卷皮内目录内容进行排列。

2. 承保单证、赔案案卷的装订方法

①承保单证、赔付案件中均采用"三孔一线"的装订方法，孔间距为6.5 cm，承保单证一律在卷上侧统一装订，赔付卷一律在卷左侧统一装订。对于承保和理赔中需要附贴的单证，如保费收据、赔案收据和各种医疗费收据、修理费发票等一律粘贴在"机动车辆保险（单证）粘贴表"上，粘贴整齐、美观、方便使用。

②对于承保单证一律按编号排序整齐，每50份装订为一卷，赔付卷要填写卷内目录和备考线，装订完毕后打印自然流水号，以防卷内形式不一的单证、照片等重要原始材料遗失。对于卷内不规格的形式不一的单证（如照片、锯齿发票等），除一律粘贴在统一规格的粘贴表上之外，还应加盖清晰的骑缝章，并在粘贴表的"并张单证"中注明粘贴张数。

③卷内承保、理赔卷的外形尺寸分别以承保副本和机动车辆保险（单证）粘贴表的大小为标准，卷皮可使用统一的"车险业务档案卷皮"加封，并装盒保存（注每盒承保50份，理赔10份）。

④承保单证及赔付案卷卷皮上应列明的内容。承保单证的卷皮上应列明的内容为：机构名称、险种、年度、保险单起止号和保管期限。赔付案卷的卷皮上应注明的内容为：机构名称、险种、赔案年度、赔案起止号和保管期限。

⑤档案管理要求。业务原始材料应由具体经办人提供，按顺序排列整齐，然后交档案管理人员。档案管理人员按上述要求统一建档，保管案卷人员应以保证卷内各种文件、单证的系统性、完整性和真实性为原则，当年结案的案卷归入所属业务年度的理赔案卷，跨年度的赔案归入当年的理赔案卷。

⑥业务档案的利用工作。业务档案的利用工作既要积极主动，又必须坚持严格的查阅制度。查阅时要填写调阅登记簿，由档案管理人员亲自调档案并协助查阅人查阅。

⑦理赔案卷的销毁和注销。根据各个公司的规定，汽车保险业务理赔案卷的保管期限一般为三年，对于超过保管期限的经内勤人员和外勤人员共同确定确实失去保存价值的，要填写业务档案销毁登记清单，上报部门经理后方可销毁。

知识准备九 特殊案件处理

一、简易赔案

在实际工作中,很多案件案情简单,出险原因清楚,保险责任明确,事故金额低,可在现场确定损失。为简化手续,方便客户,加快理赔速度,根据实际情况可对这些案件实行简易处理,称之为简易赔案。

实行简易赔案处理的理赔案件必须同时具备以下条件。

①自然灾害和被保险人或允许的合格驾驶人或约定的驾驶人,单方肇事导致的车损险案件。

②出险原因清楚,保险责任明确,损失容易确定。

③车辆部分损失可以一次核定,损失容易确定。

④车辆部分损失可以一次核定,已损失金额在5000元以内。

⑤受损零部件可以准确、容易地确定金额。

简易赔案处理的程序是:接受报案——现场查勘、施救,确定保险责任和初步损失——查勘定损人员定损——填写简易赔案协议书——报相关处理中心——办理赔款手续——支付赔款。

二、救助案件

救助案件是指对投保机动车辆保险附加救助特约责任范围内的出险车辆实施救助理赔的案件。

救助案件处理的程序是:接受报案并抄单——通知救助协作单位——救助协作单位实行救助并反馈,被保险人予以确认——财务中心向救助协作单位支付救助款——立案——核对并缮制赔案——支付赔款。

三、疑难案件

疑难案件分争议案件和疑点案件两种情况。

一是争议案件是指保险人和被保险人对条款理解有异议或责任认定有争议的案件。在实际操作中,应采用集体讨论研究、聘请专家论证和向上级公司请示等方式解决此类案件,以保证案件得到圆满处理。二是疑点案件指赔案要素不完全、定损过程中存在疑点或与客户协商不能达成一致的赔案。疑点案件调查采取的形式以下几种。

①在查勘定损过程中发现的有疑点的案件由查勘定损人员进行调查。

②在赔案制作和审批过程中发现有疑点的案件由各保险公司的专门机构负责调查。

③骗赔、错赔案件调查由各保险公司的专门机构完成。

四、注销案件

注销案件是指被保险车辆发生保险责任范围内的事故,被保险人报案后未行使保险金请求权致使案件失效注销的案件。它分为超出索赔时效注销和主动声明放弃索赔权利注销两种情况。

超出索赔时效注销是指,自被保险人知道保险事故发生之日起两年内未提出索赔申请的案件,由业务处理中心在两年期满前10天发出机动车辆保险结案催告、注销通知书,被保险人仍未索赔的,案件报业务管理处(科)后予以注销处理。

主动声明放弃索赔权利注销是指,在业务处理中心发出机动车辆保险结案催告、注销通知书后,由被保险人在回执栏签署放弃索赔权利意见,案件报业务管理处(科)后予以注销处理。对于涉及第三方损害赔偿的案件,被保险人主动声明放弃索赔权利的,要慎重处理。

五、拒赔案件

拒赔案件的拒赔原则如下。

①拒赔案件要严格按照《保险法》、机动车辆保险条款有关规定处理。拒赔要有确凿的证据和充分的理由，须慎重决定。

②拒赔前应向被保险人明确说明原因，认真听取意见并向被保险人做好解释工作。

六、代位追偿案件

1. 代位追偿案件的实施原则

①代位追偿必须是发生在保险责任范围内的事故。

②代位追偿是《保险法》和机动车辆保险条款规定的保险人的权利。根据权利义务对等的原则，代位追偿应在保险金额范围内根据实际情况接受全部或部分权益转让。

③代位追偿工作必须注意诉讼时效。

2. 代位追偿案件的处理程序

被保险人向造成损失的第三者提出书面索赔申请——被保险人向保险人提出书面索赔申请，签署权益转让书——业务处理中心将赔案资料转业务管理部门——业务管理部门组织进行代位求偿——业务处理中心整理理赔案卷并归档——财务中心登记、入账。

七、损余物资处理

损余物资处理是指对车损换件、全损残值和盗抢追回车辆等的处理。

学习任务一　汽车赔款理算

班　级		姓　名	
日　期		组　别	
指导老师		成　绩	
实践内容	汽车赔款理算		
实践目的	1. 熟悉事故车索赔应提供的资料 2. 能够审核事故车索赔资料 3. 能够进行车辆赔款计算		
实践设备	电脑、接待桌椅、事故车辆索赔资料、保险单证等		
一、接受任务			
有甲乙两车，甲车为载货汽车，乙车为小型载客汽车，在道路上发生交通事故，双方负事故的同等责任，致使一名骑自行车的人（丙）受伤，并造成路产管理人（丁）遭受损失。交通事故各参与方的损失分别为：甲车车辆损失3000元，车上货物损失5000元；乙车车辆损失1万元，乙车车上人员重伤一名，造成残疾，花费医药费2万元，残疾赔偿金5万元；骑自行车人经抢救无效死亡，医疗费用3万元，死亡赔偿金10万元，精神损害抚慰金2万元；路产损失5000元。甲乙两车均承保了交强险，财产损失、医疗费用、死亡伤残各赔偿限额分别为2000元、10000元、11万元；甲乙车都投保了商业机动车保险，甲车投保险别分别为车辆损失险、第三者责任险、车上货物责任险、不计免赔险；乙车投保险别分别为车辆损失险、第三者责任险、车上人员责任险、不计免赔险。甲车、乙车分别该如何赔款理算？			

续表

二、信息收集

1. （单选题）计算交强赔款时实行免赔率为（　　）。
  A. 20%　　　　　　　B. 10%　　　　　　　C. 0　　　　　　　D. 15%
2. （单选题）下列属于车辆损失险理赔范围的是（　　）。
  A. 车辆行车中由于天气热爆胎引起的轮胎单独破损
  B. 车辆因在高速行驶后，自燃导致车身部分损毁
  C. 保险责任事故发生后，为降低车辆损失而进行抢救的必要的施救费用
  D. 在事故中，车上人员随身携带的物品的损失
3. （单选题）下列选项中，属于机动车辆第三者责任险理赔范围的是（　　）
  A. 保险车辆对被保险人所有或代管的财产造成的损失
  B. 保险车辆行驶时发生意外事故致使本车所载乘客伤亡
  C. 被保险人在使用保险车辆时不慎将路边行人撞伤
  D. 保险车辆行驶时发生意外事故致使拖带的未保险车辆倾覆
4. （单选题）以下不属于交强险的理赔范围的是（　　）。
  A. 事故造成的自己车上的人员伤亡　　　　　　B. 事故造成的对方的车辆损失
  C. 事故造成的车下的人伤及其财产损失　　　　D. 对受害人进行的必要的施救费
5. （单选题）被保险人在车险事故发生后应在（　　）h 内向保险人报案。
  A. 24　　　　　　　B. 48　　　　　　　C. 12　　　　　　　D. 36
6. （判断题）交强险在计算赔款时在分项限额内进行理赔，无免赔率。　　　　　　　　　　（　　）
7. （判断题）对同一损失，交强险赔付后商业险再进行的赔偿。　　　　　　　　　　　　　（　　）
8. （判断题）保险车辆肇事逃逸是所有商业险条款的责任免除。　　　　　　　　　　　　　（　　）
9. （判断题）本车上其他人员的人身伤亡也是第三者责任险的保险责任范围。　　　　　　（　　）
10. （判断题）交强险中无责车辆对有责车辆的财产损失部分由有责车辆保险公司代赔。　（　　）
11. （填空题）风险常用的处理方式有：规避、_____、预防、抑制和_____。
12. （填空题）机动车第三者责任险是指被保险人在交通事故中造成第三者的_____或财产直接损失，对于超过_____各分项赔偿限额以上的部分进行赔偿。
13. （填空题）机动车损失险简称车损险，是指机动车遭受保险责任范围内的_____，造成保险车辆_____，保险人依照保险合同的规定给予补偿。车损险为不定值险，是按保险事故发生时_____确定保险价值的合同。

三、小组讨论
小组成员根据各自在自主学习阶段掌握的专业知识，就任务材料计算甲、乙车该如何赔付，讨论后汇总，由小组代表分享并完成工单。

四、填写工单

1. 交强险赔偿的原则是什么？

2. 车辆损失险施救费赔款如何计算？

3. 汽车保险在确定免赔率时应注意什么？

续表

4. 重复投保时，保险公司应如何赔偿？

五、质量检查

请实训指导教师检查作业结果，并针对任务实施过程中出现的问题提出改进措施及建议。

序号	评价标准	评价结果
1	能掌握事故车索赔流程	
2	能掌握对事故车索赔提供资料	
3	能进行车辆赔款计算	
4	能对任务材料中就甲、乙车的赔付做出说明	
5	能主动进行知识探究	
6	能积极参与小组讨论	

综合评价 ☆ ☆ ☆ ☆ ☆
综合评语：

六、评价反馈

请根据自己在本次任务中的实际表现进行评价，请组长根据组员在本次任务中的实际表现给予小组评价。

序号	评价标准	评分分值	自评分	组长评分
1	明确工作任务，理解其在实践生产中的重要性	5		
2	能掌握对事故车索赔提供资料	10		
3	能进行车辆赔款计算	15		
4	能对任务材料中就甲、乙车的赔付做出说明	15		
5	能掌握事故车索赔流程	20		
6	能主动进行知识探究	15		
7	能积极参与小组讨论和分享	20		
合　计		100		

学习任务二　汽车计算书的缮制

班　级		姓　名	
日　期		组　别	
指导老师		成　绩	
实践内容	汽车赔款理算		
实践目的	会缮制赔款计算书		
实践设备	电脑、接待桌椅、保险条款、保险单证等		

一、接受任务

A 车与 B 车相撞，同时撞伤一行人丙。A 车共 5 座，每座均投保了 5 万元的车上人员责任险。A 车车上共有两人甲和乙，甲经过抢救后死亡，乙残疾。甲的死亡补偿费为 80000 元，抢救费用 12000 元；乙的残疾赔偿金为 30000 元，医疗费用 20000 元，丙的医疗费用 5000 元。A 车在事故中负 70% 的责任，缮制 A 车车上人员责任险的赔款计算书。

续表

二、小组讨论						
小组成员根据各自在自主学习阶段掌握的专业知识，就任务材料中的 A 车缮制赔款计算书，讨论后汇总，由小组代表分享并完成工单。						

<table>
<tr><td colspan="7" align="center">中国平安财产保险股份有限公司</td></tr>
<tr><td rowspan="7">索赔信息</td><td>案件号：</td><td colspan="2">是否符合快赔</td><td>□是</td><td>□否</td><td>□待确认</td></tr>
<tr><td>被保险人</td><td colspan="2">车牌号码</td><td colspan="3">使用性质</td></tr>
<tr><td>驾驶员</td><td colspan="2">联系电话</td><td colspan="3">报案人</td></tr>
<tr><td>出险时间</td><td colspan="2">年 月 日 时 分</td><td>出险地点</td><td>报案时间</td><td>年 月 日 时 分</td></tr>
<tr><td>出险原因</td><td colspan="5"></td></tr>
<tr><td colspan="6">出险原因及经过：</td></tr>
<tr><td colspan="6">兹声明本人报案时所陈诉以及补充填写的资料均为真实情形，没有任何虚假和隐瞒，否则，愿放弃本保险单之一切权利并承担相应的法律责任。本人同意提供给平安集团（指中国平安保险（集团）股份有限公司及其直接或间接控股的公司）的信息，及本人享受平安集团金融服务所产生的信息（包括本单证签署之前提供和产生的），可用于平安集团及因服务必要而委托的第三方为本人提供服务及推荐产品，法律禁止的除外。平安集团及其委托的第三方对上述信息负有保密义务。本条款自本单证签署时生效，具有独立法律效力，不受合同成立与否及效力状态的影响。</td></tr>
<tr><td rowspan="8">车辆损失信息</td><td>项目</td><td>金额</td><td>项目</td><td colspan="2">金额</td><td>项目 金额</td></tr>
<tr><td></td><td></td><td></td><td colspan="2"></td><td></td></tr>
<tr><td></td><td></td><td></td><td colspan="2"></td><td></td></tr>
<tr><td></td><td></td><td></td><td colspan="2"></td><td></td></tr>
<tr><td></td><td></td><td></td><td colspan="2"></td><td></td></tr>
<tr><td colspan="6">工时费合计：　　材料费合计：　　物损费用合计：　　施救费用合计：</td></tr>
<tr><td colspan="6">双方确认同意本次事故损失金额合计：人民币　仟　百　拾　元　角　分</td></tr>
<tr><td colspan="6">是否同意在我司合作快赔修理厂维修　　□是　□否　修理厂名称</td></tr>
<tr><td rowspan="6">转账支付授权信息</td><td colspan="6">本次出险如属于保险赔偿责任范围内，则我单位（个人）</td></tr>
<tr><td colspan="3">*证件类型：身份证　　其他　　*证件号码：</td><td colspan="3">对贵公司支付理赔款项事宜授权如下：</td></tr>
<tr><td colspan="6">委托贵公司将本次理赔款项划入本授权人指定的以下银行账户，后续引发的赔款纠纷由我单位（个人）自行承担。</td></tr>
<tr><td colspan="3">*开户名</td><td colspan="3">*开户银行</td></tr>
<tr><td colspan="6">*账户</td></tr>
<tr><td colspan="6">本授权书所载明的支付信息不得涂改、伪造、变造，否则无效。本授权书所载明的结算账目的窃、冒领或由于被保险人或受益人提供结算账户信息有误或不符合转账支付的账户要求而造成转账不成功等情况，保险人不承担责任。授权人在第一联签章后本授权书即刻生效。</td></tr>
</table>

续表

特别告知	1. 本单证仅适用于发生10000元以下单方非人伤事故时向保险人提起的索赔申请及转账支付委托授权。
	2. 保险人受理报案、现场查勘、参与诉讼、进行抗辩、向保险人提供专业建议等行为，均不构成保险人对赔偿责任的承诺。
	3. 被保险人或受益人授权我司向本书所列示的结算账户支付本次因理赔事项产生的理赔款项，支付金额以我司提供的赔款计算书及其系统数据为准。
	4. 为充分保障您的权益，根据机动车交通事故责任强制保障条例的相关规定，我司已书面告知您需向保险公司提供的与赔偿有关的证明与材料（详见本索赔申请书背面之索赔告知书）。
签字确认	我已阅读并同意本单证所有内容，且已真实填写索赔信息、车辆损失信息及转账支付授权信息。
	*被保险人签章： 领款人签章： 平安保险公司受理人员签章：
	*联系电话： 年 月 日

三、填写工单

1. 如何拟订任务实施计划？

2. 索赔资料有哪些？

四、质量检查

请实训指导教师检查作业结果，并针对任务实施过程中出现的问题提出改进措施及建议。

序号	评价标准	评价结果
1	能缮制赔款计算书	
2	能对任务材料中A缮制赔款计算书	
3	能主动进行知识探究	
4	能积极参与小组讨论	

综合评价 ☆ ☆ ☆ ☆ ☆
综合评语：

五、评价反馈

请根据自己在本次任务中的实际表现进行评价，请组长根据组员在本次任务中的实际表现给予小组评价。

序号	评价标准	评分分值	自评分	组长评分
1	明确工作任务，理解其在实践生产中的重要性	5		
2	能掌握赔款计算书的缮制	15		
3	能对任务材料中A来缮制赔款计算书	20		
4	能主动进行知识探究	15		
5	能积极参与小组讨论和分享	20		
合计		100		

学习任务三　汽车保险事故核赔

班　级		姓　名	
日　期		组　别	
指导老师		成　绩	
实践内容	汽车保险事故核赔		
实践目的	1. 了解核赔的概念 2. 掌握核赔的操作流程 3. 熟悉核赔的内容及要点 4. 能够独立执行一般案件的核赔工作		
实践设备	电脑、接待桌椅、保险条款、保险单证等		

一、接受任务

李某与 2020 年 7 月 5 日向某保险公司投保一辆奥迪 A6 汽车，于同年 10 月 10 日与一辆摩托车发生双方事故，经交警裁定，张某负主要责任。对于该事故，作为核赔人，首先应对三者方的承保情况进行核对。通过上述案例请问：什么是核赔？核赔的主要内容是什么？

二、信息收集

1. （单选题）核赔时，（　　）。
   A. 要及时了解保险标的出险原因、损失情况，对重大案件，应参与现场查勘
   B. 要审核、确定保险责任
   C. 要核定损失
   D. 要审核赔款计算
2. （单选题）核定车辆损失及赔款，要（　　）。
   A. 车辆定损项目、损失程度是否准确、合理
   B. 更换零、部件是否按规定进行了询、报价，定损项目与报价项目是否一致
   C. 换件部分拟赔款金额是否与报价金额相符
   D. 残值确定是否合理
3. （单选题）核赔计算的工作内容包括（　　）。
   A. 残值是否扣除　　　　　　　　　　B. 免赔率使用是否正确
   C. 赔款计算是否准确　　　　　　　　D. 以上答案都正确
4. （填空题）审核单证时，要审核_____是否严格按照单证规范填写。
5. （填空题）核赔时，一要及时了解保险标的出险原因、损失情况，对重大案件，应_____；二要_____；三要_____；四要_____。
6. （填空题）原则上赔款只能支付给_____。

三、小组讨论

小组成员根据各自在自主学习阶段掌握的专业知识，就任务材料问题给予相应解释，讨论后汇总，由小组代表分享并完成工单。

四、填写工单

1. 什么是核赔？

续表

2. 简述核赔的内容。

3. 核赔计算需要注意哪些方面？

五、质量检查

请实训指导教师检查作业结果，并针对任务实施过程中出现的问题提出改进措施及建议。

序号	评价标准	评价结果
1	了解核赔的概念	
2	掌握核赔的操作流程	
3	熟悉核赔的内容及要点	
4	能够独立执行一般案件的核赔工作	
5	就材料中的问题给出合理解释	
6	能主动进行知识探究	
7	能积极参与小组讨论	

综合评价 ☆ ☆ ☆ ☆ ☆

综合评语：

六、评价反馈

请根据自己在本次任务中的实际表现进行评价，请组长根据组员在本次任务中的实际表现给予小组评价。

序号	评价标准	评分分值	自评分	组长评分
1	明确工作任务，理解其在实践生产中的重要性	5		
2	了解核赔的概念	10		
3	掌握核赔的操作流程	15		
4	熟悉核赔的内容及要点	15		
5	能够独立执行一般案件的核赔工作	20		
6	能主动进行知识探究	15		
7	能积极参与小组讨论和分享	20		
合 计		100		

学习任务四　汽车保险事故赔付结案

班　级		姓　名	
日　期		组　别	
指导老师		成　绩	
实践内容			
实践目的	1. 掌握结案的相关知识 2. 掌握汽车保险未决赔案、拒赔案件的处理办法 3. 能够进行汽车保险拒赔工作		
实践设备	电脑、接待桌椅、保险条款、保险单证、理赔单据、理赔案卷等		

一、接受任务

一辆二手通用五菱面包车交易后，还没来得及变更被保人就出了车祸。买主起诉保险公司被驳回后，卖主又起诉保险公司。此案在江北区法院开庭时，保险公司称，卖主不是车主，不应赔付卖主。"这么说来，保险公司就可以不赔了？"卖主陈女士很纳闷。

"这车祸发生得太不是时候了。"陈女士说。陈女士称，2018年6月18日，她到中国人民财产保险股份有限公司重庆市江北支公司为白车牌为渝R998N2的通用五菱车买保险，险种为车辆损失险、第三者责任险等。合同约定保险期限为2018年6月25日至2019年6月24日。2018年10月25日，陈女士将该车转卖给王先生，并在当日办理了车辆过户手续。就在当天，该车在金开大道上与一辆宝马相撞。交警认定，王先生负全部责任。

因为这车是买了保险的，王先生就向保险公司索赔，但遭到拒绝。无奈之下，他向江北区法院起诉，要求保险公司赔付1.3万余元。保险公司认为，王先生与其没有保险合同关系。该车是在保险合同期限内发生车祸，被保险人为陈女士，故只能由陈女士提起诉讼。江北法院随后判决：驳回王先生的诉讼请求。

请同学简单讨论以下问题。
1. 结案时，汽车保险公司工作人员主要任务是什么？
2. 拒赔时，汽车保险公司应遵循什么原则？

二、信息收集

1. （单选题）处理未决赔案时，要按照以下原则处理（　　）
   A. 定期跟踪案件，对于可以结案的案件，需敦促被保险人尽快交齐索赔材料，赔偿结案
   B. 对于还不能结案的案件，应认真核对、调整估损金额
   C. 对于超过时限，被保险人不提供手续或找不到被保险人的未决赔案，按照"注销案件"处理
   D. 以上答案都正确
2. （多选题）理赔案卷管理包括（　　）
   A. 清分单证
   B. 案卷的整理与装订
   C. 财务中心入账
   D. 赔款计算书
3. （多选题）结案时，我们需要（　　）
   A. 清分单证　　　　　　　　　　　　B. 在系统中做结案处理
   C. 支付赔款　　　　　　　　　　　　D. 审核赔款计算
4. （判断题）发生在保险期内，已经估损、立案，但尚未结案或未领取赔偿的案件，称为未决案件。（　　）
5. （判断题）对于超过时限，被保险人不提供手续或找不到被保险人的未决赔案，按照"未决案件"处理。（　　）

三、小组讨论

小组成员根据各自在自主学习阶段掌握的专业知识，就任务材料中王先生的质疑给予相应解释，讨论后汇总，由小组代表分享并完成工单。

续表

四、填写工单
1. 结案的主要任务是什么？
2. 未决赔案的处理原则是什么？
3. 拒赔案件的处理原则是什么？

五、质量检查

请实训指导教师检查作业结果，并针对任务实施过程中出现的问题提出改进措施及建议。

序号	评价标准	评价结果
1	掌握结案的相关知识	
2	掌握汽车保险未决赔案、拒赔案件的处理办法	
3	能够进行汽车保险拒赔工作	
4	能对任务材料中王先生给出合理解释	
5	能主动进行知识探究	
6	能积极参与小组讨论	

综合评价 ☆ ☆ ☆ ☆
综合评语：

六、评价反馈

请根据自己在本次任务中的实际表现进行评价，请组长根据组员在本次任务中的实际表现给予小组评价。

序号	评价标准	评分分值	自评分	组长评分
1	明确工作任务，理解其在实践生产中的重要性	5		
2	掌握结案的相关知识	10		
3	掌握汽车保险未决赔案、拒赔案件的处理办法	15		
4	能够进行汽车保险拒赔工作	15		
5	能对任务材料中王先生给出合理解释	20		
6	能主动进行知识探究	15		
7	能积极参与小组讨论和分享	20		
合计		100		

附 录

附录一 机动车交通事故责任强制保险条款

总 则

第一条 根据《中华人民共和国道路交通安全法》、《中华人民共和国保险法》、《机动车交通事故责任强制保险条例》等法律、行政法规,制定本条款。

第二条 机动车交通事故责任强制保险(以下简称交强险)合同由本条款与投保单、保险单、批单和特别约定共同组成。凡与交强险合同有关的约定,都应当采用书面形式。

第三条 交强险费率实行与被保险机动车道路交通安全违法行为、交通事故记录相联系的浮动机制。

签订交强险合同时,投保人应当一次支付全部保险费。保险费按照中国银行保险监督管理委员会(以下简称银保监会)批准的交强险费率计算。

定 义

第四条 交强险合同中的被保险人是指投保人及其允许的合法驾驶人。

投保人是指与保险人订立交强险合同,并按照合同负有支付保险费义务的机动车的所有人、管理人。

第五条 交强险合同中的受害人是指因被保险机动车发生交通事故遭受人身伤亡或者财产损失的人,但不包括被保险机动车本车车上人员、被保险人。

第六条 交强险合同中的责任限额是指被保险机动车发生交通事故,保险人对每次保险事故所有受害人的人身伤亡和财产损失所承担的最高赔偿金额。责任限额分为死亡伤残赔偿限额、医疗费用赔偿限额、财产损失赔偿限额以及被保险人在道路交通事故中无责任的赔偿限额。其中无责任的赔偿限额分为无责任死亡伤残赔偿限额、无责任医疗费用赔偿限额以及无责任财产损失赔偿限额。

第七条 交强险合同中的抢救费用是指被保险机动车发生交通事故导致受害人受伤时,医疗机构对生命体征不平稳和虽然生命体征平稳但如果不采取处理措施会产生生命危险,或者导致残疾、器官功能障碍,或者导致病程明显延长的受害人,参照国务院卫生主管部门组织制定的交通事故人员创伤临床诊疗指南和国家基本医疗保险标准,采取必要的处理措施所发生的医疗费用。

保险责任

第八条 在中华人民共和国境内(不含港、澳、台地区),被保险人在使用被保险机动车过程中发生交通事故,致使受害人遭受人身伤亡或者财产损失,依法应当由被保险人承担的损害赔偿责任,保险人按照交强险合同的约定对每次事故在下列赔偿限额内负责赔偿:

死亡伤残赔偿限额为180000元;

医疗费用赔偿限额为18000元;

财产损失赔偿限额为2000元;

被保险人无责任时,无责任死亡伤残赔偿限额为18000元;无责任医疗费用赔偿限额为1800元;无责任财产损失赔偿限额为 100 元。

死亡伤残赔偿限额和无责任死亡伤残赔偿限额项下负责赔偿丧葬费、死亡补偿费、受害人亲属办理丧葬事宜支出的交通费用、残疾赔偿金、残疾辅助器具费、护理费、康复费、交通费、被扶养人生活费、住宿费、误工费，被保险人依照法院判决或者调解承担的精神损害抚慰金。

医疗费用赔偿限额和无责任医疗费用赔偿限额项下负责赔偿医药费、诊疗费、住院费、住院伙食补助费，必要的、合理的后续治疗费、整容费、营养费。

垫付与追偿

第九条 被保险机动车在本条（一）至（四）之一的情形下发生交通事故，造成受害人受伤需要抢救的，保险人在接到公安机关交通管理部门的书面通知和医疗机构出具的抢救费用清单后，按照国务院卫生主管部门组织制定的交通事故人员创伤临床诊疗指南和国家基本医疗保险标准进行核实。对于符合规定的抢救费用，保险人在医疗费用赔偿限额内垫付。被保险人在交通事故中无责任的，保险人在无责任医疗费用赔偿限额内垫付。对于其他损失和费用，保险人不负责垫付和赔偿。

（一）驾驶人未取得驾驶资格的；
（二）驾驶人醉酒的；
（三）被保险机动车被盗抢期间肇事的；
（四）被保险人故意制造交通事故的。

对于垫付的抢救费用，保险人有权向致害人追偿。

责任免除

第十条 下列损失和费用，交强险不负责赔偿和垫付：
（一）因受害人故意造成的交通事故的损失；
（二）被保险人所有的财产及被保险机动车上的财产遭受的损失；
（三）被保险机动车发生交通事故，致使受害人停业、停驶、停电、停水、停气、停产、通讯或者网络中断、数据丢失、电压变化等造成的损失以及受害人财产因市场价格变动造成的贬值、修理后因价值降低造成的损失等其他各种间接损失；
（四）因交通事故产生的仲裁或者诉讼费用以及其他相关费用。

保险期间

第十一条 除国家法律、行政法规另有规定外，交强险合同的保险期间为一年，以保险单载明的起止时间为准。

投保人、被保险人义务

第十二条 投保人投保时，应当如实填写投保单，向保险人如实告知重要事项，并提供被保险机动车的行驶证和驾驶证复印件。重要事项包括机动车的种类、厂牌型号、识别代码、号牌号码、使用性质和机动车所有人或者管理人的姓名（名称）、性别、年龄、住所、身份证或者驾驶证号码（统一社会信用代码）、续保前该机动车发生事故的情况以及银保监会规定的其他事项。

投保人未如实告知重要事项，对保险费计算有影响的，保险人按照保单年度重新核定保险费计收。

第十三条 签订交强险合同时，投保人不得在保险条款和保险费率之外，向保险人提出附加其他条件的要求。

第十四条 投保人续保的，应当提供被保险机动车上一年度交强险的保险单。

第十五条 在保险合同有效期内，被保险机动车因改装、加装、使用性质改变等导致危险程度增加的，被保险人应当及时通知保险人，并办理批改手续。否则，保险人按照保单年度重新核定保险费计收。

第十六条　被保险机动车发生交通事故，被保险人应当及时采取合理、必要的施救和保护措施，并在事故发生后及时通知保险人。

第十七条　发生保险事故后，被保险人应当积极协助保险人进行现场查勘和事故调查。

发生与保险赔偿有关的仲裁或者诉讼时，被保险人应当及时书面通知保险人。

赔偿处理

第十八条　被保险机动车发生交通事故的，由被保险人向保险人申请赔偿保险金。被保险人索赔时，应当向保险人提供以下材料：

（一）交强险的保险单；

（二）被保险人出具的索赔申请书；

（三）被保险人和受害人的有效身份证明、被保险机动车行驶证和驾驶人的驾驶证；

（四）公安机关交通管理部门出具的事故证明，或者人民法院等机构出具的有关法律文书及其他证明；

（五）被保险人根据有关法律法规规定选择自行协商方式处理交通事故的，应当提供依照《交通事故处理程序规定》规定的记录交通事故情况的协议书；

（六）受害人财产损失程度证明、人身伤残程度证明、相关医疗证明以及有关损失清单和费用单据；

（七）其他与确认保险事故的性质、原因、损失程度等有关的证明和资料。

第十九条　保险事故发生后，保险人按照国家有关法律法规规定的赔偿范围、项目和标准以及交强险合同的约定，并根据国务院卫生主管部门组织制定的交通事故人员创伤临床诊疗指南和国家基本医疗保险标准，在交强险的责任限额内核定人身伤亡的赔偿金额。

第二十条　因保险事故造成受害人人身伤亡的，未经保险人书面同意，被保险人自行承诺或支付的赔偿金额，保险人在交强险责任限额内有权重新核定。

因保险事故损坏的受害人财产需要修理的，被保险人应当在修理前会同保险人检验，协商确定修理或者更换项目、方式和费用。否则，保险人在交强险责任限额内有权重新核定。

第二十一条　被保险机动车发生涉及受害人受伤的交通事故，因抢救受害人需要保险人支付抢救费用的，保险人在接到公安机关交通管理部门的书面通知和医疗机构出具的抢救费用清单后，按照国务院卫生主管部门组织制定的交通事故人员创伤临床诊疗指南和国家基本医疗保险标准进行核实。对于符合规定的抢救费用，保险人在医疗费用赔偿限额内支付。被保险人在交通事故中无责任的，保险人在无责任医疗费用赔偿限额内支付。

合同变更与终止

第二十二条　在交强险合同有效期内，被保险机动车所有权发生转移的，投保人应当及时通知保险人，并办理交强险合同变更手续。

第二十三条　在下列三种情况下，投保人可以要求解除交强险合同：

（一）被保险机动车被依法注销登记的；

（二）被保险机动车办理停驶的；

（三）被保险机动车经公安机关证实丢失的。交强险合同解除后，投保人应当及时将保险单、保险标志交还保险人；无法交回保险标志的，应当向保险人说明情况，征得保险人同意。

第二十四条　发生《机动车交通事故责任强制保险条例》所列明的投保人、保险人解除交强险合同的情况时，保险人按照日费率收取自保险责任开始之日起至合同解除之日止期间的保险费。

附 则

第二十五条 因履行交强险合同发生争议的,由合同当事人协商解决。

协商不成的,提交保险单载明的仲裁委员会仲裁。保险单未载明仲裁机构或者争议发生后未达成仲裁协议的,可以向人民法院起诉。

第二十六条 交强险合同争议处理适用中华人民共和国法律。

第二十七条 本条款未尽事宜,按照《机动车交通事故责任强制保险条例》执行。

附录二 中国保险行业协会机动车商业保险示范条款（2020版）

总 则

第一条 本保险条款分为主险、附加险。

主险包括机动车损失保险、机动车第三者责任保险、机动车车上人员责任保险共三个独立的险种,投保人可以选择投保全部险种,也可以选择投保其中部分险种。保险人依照本保险合同的约定,按照承保险种分别承担保险责任。

附加险不能独立投保。附加险条款与主险条款相抵触的,以附加险条款为准,附加险条款未尽之处,以主险条款为准。

第二条 本保险合同中的被保险机动车是指在中华人民共和国境内（不含港、澳、台地区）行驶,以动力装置驱动或者牵引,上道路行驶的供人员乘用或者用于运送物品以及进行专项作业的轮式车辆（含挂车）、履带式车辆和其他运载工具,但不包括摩托车、拖拉机、特种车。

第三条 本保险合同中的第三者是指因被保险机动车发生意外事故遭受人身伤亡或者财产损失的人,但不包括被保险机动车本车车上人员、被保险人。

第四条 本保险合同中的车上人员是指发生意外事故的瞬间,在被保险机动车车体内或车体上的人员,包括正在上下车的人员。

第五条 本保险合同中的各方权利和义务,由保险人、投保人遵循公平原则协商确定。保险人、投保人自愿订立本保险合同。

除本保险合同另有约定外,投保人应在保险合同成立时一次交清保险费。保险费未交清前,本保险合同不生效。

第一章 机动车损失保险保险责任

第六条 保险期间内,被保险人或被保险机动车驾驶人（以下简称"驾驶人"）在使用被保险机动车过程中,因自然灾害、意外事故造成被保险机动车直接损失,且不属于免除保险人责任的范围,保险人依照本保险合同的约定负责赔偿。

第七条 保险期间内,被保险机动车被盗窃、抢劫、抢夺,经出险地县级以上公安刑侦部门立案证明,满60天未查明下落的全车损失,以及因被盗窃、抢劫、抢夺受到损坏造成的直接损失,且不属于免除保险人责任的范围,保险人依照本保险合同的约定负责赔偿。

第八条 发生保险事故时,被保险人或驾驶人为防止或者减少被保险机动车的损失所支付的必要的、合理的施救费用,由保险人承担;施救费用数额在被保险机动车损失赔偿金额以外另行计算,最高不超过保险金额。

责任免除

第九条 在上述保险责任范围内,下列情况下,不论任何原因造成被保险机动车的任何损失和费

用,保险人均不负责赔偿:

(一)事故发生后,被保险人或驾驶人故意破坏、伪造现场,毁灭证据;

(二)驾驶人有下列情形之一者:

1. 交通肇事逃逸;
2. 饮酒、吸食或注射毒品、服用国家管制的精神药品或者麻醉药品;
3. 无驾驶证,驾驶证被依法扣留、暂扣、吊销、注销期间;
4. 驾驶与驾驶证载明的准驾车型不相符合的机动车。

(三)被保险机动车有下列情形之一者:

1. 发生保险事故时被保险机动车行驶证、号牌被注销;
2. 被扣留、收缴、没收期间;
3. 竞赛、测试期间,在营业性场所维修、保养、改装期间;
4. 被保险人或驾驶人故意或重大过失,导致被保险机动车被利用从事犯罪行为。

第十条 下列原因导致的被保险机动车的损失和费用,保险人不负责赔偿:

(一)战争、军事冲突、恐怖活动、暴乱、污染(含放射性污染)、核反应、核辐射;

(二)违反安全装载规定;

(三)被保险机动车被转让、改装、加装或改变使用性质等,导致被保险机动车危险程度显著增加,且未及时通知保险人,因危险程度显著增加而发生保险事故的;

(四)投保人、被保险人或驾驶人故意制造保险事故。

第十一条 下列损失和费用,保险人不负责赔偿:

(一)因市场价格变动造成的贬值、修理后因价值降低引起的减值损失;

(二)自然磨损、朽蚀、腐蚀、故障、本身质量缺陷;

(三)投保人、被保险人或驾驶人知道保险事故发生后,故意或者因重大过失未及时通知,致使保险事故的性质、原因、损失程度等难以确定的,保险人对无法确定的部分,不承担赔偿责任,但保险人通过其他途径已经知道或者应当及时知道保险事故发生的除外;

(四)因被保险人违反本条款第十五条约定,导致无法确定的损失;

(五)车轮单独损失,无明显碰撞痕迹的车身划痕,以及新增加设备的损失;

(六)非全车盗抢、仅车上零部件或附属设备被盗窃。

免赔额

第十二条 对于投保人与保险人在投保时协商确定绝对免赔额的,保险人在依据本保险合同约定计算赔款的基础上,增加每次事故绝对免赔额。

保险金额

第十三条 保险金额按投保时被保险机动车的实际价值确定。

投保时被保险机动车的实际价值由投保人与保险人根据投保时的新车购置价减去折旧金额后的价格协商确定或其他市场公允价值协商确定。

折旧金额可根据本保险合同列明的参考折旧系数表确定。

赔偿处理

第十四条 发生保险事故后,保险人依据本条款约定在保险责任范围内承担赔偿责任。赔偿方式由保险人与被保险人协商确定。

第十五条 因保险事故损坏的被保险机动车,修理前被保险人应当会同保险人检验,协商确定维修机构、修理项目、方式和费用。无法协商确定的,双方委托共同认可的有资质的第三方进行评估。

第十六条　被保险机动车遭受损失后的残余部分由保险人、被保险人协商处理。如折归被保险人的，由双方协商确定其价值并在赔款中扣除。

第十七条　因第三方对被保险机动车的损害而造成保险事故，被保险人向第三方索赔的，保险人应积极协助；被保险人也可以直接向本保险人索赔，保险人在保险金额内先行赔付被保险人，并在赔偿金额内代位行使被保险人对第三方请求赔偿的权利。

被保险人已经从第三方取得损害赔偿的，保险人进行赔偿时，相应扣减被保险人从第三方已取得的赔偿金额。

保险人未赔偿之前，被保险人放弃对第三方请求赔偿的权利的，保险人不承担赔偿责任。被保险人故意或者因重大过失致使保险人不能行使代位请求赔偿的权利的，保险人可以扣减或者要求返还相应的赔款。

保险人向被保险人先行赔付的，保险人向第三方行使代位请求赔偿的权利时，被保险人应当向保险人提供必要的文件和所知道的有关情况。

第十八条　机动车损失赔款按以下方法计算：

（一）全部损失

全部损失赔款=保险金额-被保险人已从第三方获得的赔偿金额-绝对免赔额

（二）部分损失

部分损失被保险机动车发生部分损失，保险人按实际修复费用在保险金额内计算赔偿：赔款=实际修复费用-被保险人已从第三方获得的赔偿金额-绝对免赔额

（三）施救费

施救的财产中，含有本保险合同之外的财产，应按本保险合同保险财产的实际价值占总施救财产的实际价值比例分摊施救费用。

第十九条　被保险机动车发生本保险事故，导致全部损失，或一次赔款金额与免赔金额之和（不含施救费）达到保险金额，保险人按本保险合同约定支付赔款后，本保险责任终止，保险人不退还机动车损失保险及其附加险的保险费。

第二章　机动车第三者责任保险保险责任

第二十条　保险期间内，被保险人或其允许的驾驶人在使用被保险机动车过程中发生意外事故，致使第三者遭受人身伤亡或财产直接损毁，依法应当对第三者承担的损害赔偿责任，且不属于免除保险人责任的范围，保险人依照本保险合同的约定，对于超过机动车交通事故责任强制保险各分项赔偿限额的部分负责赔偿。

第二十一条　保险人依据被保险机动车一方在事故中所负的事故责任比例，承担相应的赔偿责任。

被保险人或被保险机动车一方根据有关法律法规选择自行协商或由公安机关交通管理部门处理事故，但未确定事故责任比例的，按照下列规定确定事故责任比例：被保险机动车一方负主要事故责任的，事故责任比例为70%；被保险机动车一方负同等事故责任的，事故责任比例为50%；被保险机动车一方负次要事故责任的，事故责任比例为30%。

涉及司法或仲裁程序的，以法院或仲裁机构最终生效的法律文书为准。

责任免除

第二十二条　在上述保险责任范围内，下列情况下，不论任何原因造成的人身伤亡、财产损失和费用，保险人均不负责赔偿：

（一）事故发生后，被保险人或驾驶人故意破坏、伪造现场，毁灭证据；

（二）驾驶人有下列情形之一者：

1. 交通肇事逃逸；

2. 饮酒、吸食或注射毒品、服用国家管制的精神药品或者麻醉药品；

3. 无驾驶证，驾驶证被依法扣留、暂扣、吊销、注销期间；

4. 驾驶与驾驶证载明的准驾车型不相符合的机动车；

5. 非被保险人允许的驾驶人。

（三）被保险机动车有下列情形之一者：

1. 发生保险事故时被保险机动车行驶证、号牌被注销的；

2. 被扣留、收缴、没收期间；

3. 竞赛、测试期间，在营业性场所维修、保养、改装期间；

4. 全车被盗窃、被抢劫、被抢夺、下落不明期间。

第二十三条 下列原因导致的人身伤亡、财产损失和费用，保险人不负责赔偿：

（一）战争、军事冲突、恐怖活动、暴乱、污染（含放射性污染）、核反应、核辐射；

（二）第三者、被保险人或驾驶人故意制造保险事故、犯罪行为，第三者与被保险人或其他致害人恶意串通的行为；

（三）被保险机动车被转让、改装、加装或改变使用性质等，导致被保险机动车危险程度显著增加，且未及时通知保险人，因危险程度显著增加而发生保险事故的。

第二十四条 下列人身伤亡、财产损失和费用，保险人不负责赔偿：

（一）被保险机动车发生意外事故，致使任何单位或个人停业、停驶、停电、停水、停气、停产、通讯或网络中断、电压变化、数据丢失造成的损失以及其他各种间接损失；

（二）第三者财产因市场价格变动造成的贬值，修理后因价值降低引起的减值损失；

（三）被保险人及其家庭成员、驾驶人及其家庭成员所有、承租、使用、管理、运输或代管的财产的损失，以及本车上财产的损失；

（四）被保险人、驾驶人、本车车上人员的人身伤亡；

（五）停车费、保管费、扣车费、罚款、罚金或惩罚性赔款；

（六）超出《道路交通事故受伤人员临床诊疗指南》和国家基本医疗保险同类医疗费用标准的费用部分；

（七）律师费，未经保险人事先书面同意的诉讼费、仲裁费；

（八）投保人、被保险人或驾驶人知道保险事故发生后，故意或者因重大过失未及时通知，致使保险事故的性质、原因、损失程度等难以确定的，保险人对无法确定的部分，不承担赔偿责任，但保险人通过其他途径已经知道或者应当及时知道保险事故发生的除外；

（九）因被保险人违反本条款第二十八条约定，导致无法确定的损失；

（十）精神损害抚慰金；

（十一）应当由机动车交通事故责任强制保险赔偿的损失和费用；

保险事故发生时，被保险机动车未投保机动车交通事故责任强制保险或机动车交通事故责任强制保险合同已经失效的，对于机动车交通事故责任强制保险责任限额以内的损失和费用，保险人不负责赔偿。

责任限额

第二十五条 每次事故的责任限额，由投保人和保险人在签订本保险合同时协商确定。

第二十六条 主车和挂车连接使用时视为一体，发生保险事故时，由主车保险人和挂车保险人按照保险单上载明的机动车第三者责任保险责任限额的比例，在各自的责任限额内承担赔偿责任。

赔偿处理

第二十七条 保险人对被保险人或其允许的驾驶人给第三者造成的损害，可以直接向该第三者赔偿。

被保险人或其允许的驾驶人给第三者造成损害，对第三者应负的赔偿责任确定的，根据被保险人的请求，保险人应当直接向该第三者赔偿。被保险人怠于请求的，第三者就其应获赔偿部分直接向保险人请求赔偿的，保险人可以直接向该第三者赔偿。

被保险人或其允许的驾驶人给第三者造成损害，未向该第三者赔偿的，保险人不得向被保险人赔偿。

第二十八条 发生保险事故后，保险人依据本条款约定在保险责任范围内承担赔偿责任。赔偿方式由保险人与被保险人协商确定。

因保险事故损坏的第三者财产，修理前被保险人应当会同保险人检验，协商确定维修机构、修理项目、方式和费用。无法协商确定的，双方委托共同认可的有资质的第三方进行评估。

第二十九条 赔款计算

（一）当（依合同约定核定的第三者损失金额−机动车交通事故责任强制保险的分项赔偿限额）×事故责任比例等于或高于每次事故责任限额时：赔款＝每次事故责任限额

（二）当（依合同约定核定的第三者损失金额−机动车交通事故责任强制保险的分项赔偿限额）×事故责任比例低于每次事故责任限额时：

赔款＝（依合同约定核定的第三者损失金额−机动车交通事故责任强制保险的分项赔偿限额）×事故责任比例

第三十条 保险人按照《道路交通事故受伤人员临床诊疗指南》和国家基本医疗保险的同类医疗费用标准核定医疗费用的赔偿金额。

未经保险人书面同意，被保险人自行承诺或支付的赔偿金额，保险人有权重新核定。不属于保险人赔偿范围或超出保险人应赔偿金额的，保险人不承担赔偿责任。

第三章　机动车车上人员责任保险保险责任

第三十一条 保险期间内，被保险人或其允许的驾驶人在使用被保险机动车过程中发生意外事故，致使车上人员遭受人身伤亡，且不属于免除保险人责任的范围，依法应当对车上人员承担的损害赔偿责任，保险人依照本保险合同的约定负责赔偿。

第三十二条 保险人依据被保险机动车一方在事故中所负的事故责任比例，承担相应的赔偿责任。

被保险人或被保险机动车一方根据有关法律法规选择自行协商或由公安机关交通管理部门处理事故，但未确定事故责任比例的，按照下列规定确定事故责任比例：被保险机动车一方负主要事故责任的，事故责任比例为70%；被保险机动车一方负同等事故责任的，事故责任比例为50%；被保险机动车一方负次要事故责任的，事故责任比例为30%。

涉及司法或仲裁程序的，以法院或仲裁机构最终生效的法律文书为准。

责任免除

第三十三条 在上述保险责任范围内，下列情况下，不论任何原因造成的人身伤亡，保险人均不负责赔偿：

（一）事故发生后，被保险人或驾驶人故意破坏、伪造现场，毁灭证据；

（二）驾驶人有下列情形之一：

1. 交通肇事逃逸；

2. 饮酒、吸食或注射毒品、服用国家管制的精神药品或者麻醉药品；

3. 无驾驶证，驾驶证被依法扣留、暂扣、吊销、注销期间；

4. 驾驶与驾驶证载明的准驾车型不相符合的机动车；

5. 非被保险人允许的驾驶人。

（三）被保险机动车有下列情形之一者：

1. 发生保险事故时被保险机动车行驶证、号牌被注销的；
2. 被扣留、收缴、没收期间；
3. 竞赛、测试期间，在营业性场所维修、保养、改装期间；
4. 全车被盗窃、被抢劫、被抢夺、下落不明期间。

第三十四条 下列原因导致的人身伤亡，保险人不负责赔偿：

（一）战争、军事冲突、恐怖活动、暴乱、污染（含放射性污染）、核反应、核辐射；

（二）被保险机动车被转让、改装、加装或改变使用性质等，导致被保险机动车危险程度显著增加，且未及时通知保险人，因危险程度显著增加而发生保险事故的；

（三）投保人、被保险人或驾驶人故意制造保险事故。

第三十五条 下列人身伤亡、损失和费用，保险人不负责赔偿：

（一）被保险人及驾驶人以外的其他车上人员的故意行为造成的自身伤亡；

（二）车上人员因疾病、分娩、自残、斗殴、自杀、犯罪行为造成的自身伤亡；

（三）罚款、罚金或惩罚性赔款；

（四）超出《道路交通事故受伤人员临床诊疗指南》和国家基本医疗保险同类医疗费用标准的费用部分；

（五）律师费，未经保险人事先书面同意的诉讼费、仲裁费；

（六）投保人、被保险人或驾驶人知道保险事故发生后，故意或者因重大过失未及时通知，致使保险事故的性质、原因、损失程度等难以确定的，保险人对无法确定的部分，不承担赔偿责任，但保险人通过其他途径已经知道或者应当及时知道保险事故发生的除外；

（七）精神损害抚慰金；

（八）应当由机动车交通事故责任强制保险赔付的损失和费用。

责任限额

第三十六条 驾驶人每次事故责任限额和乘客每次事故每人责任限额由投保人和保险人在投保时协商确定。投保乘客座位数按照被保险机动车的核定载客数（驾驶人座位除外）确定。

赔偿处理

第三十七条 赔款计算

（一）对每座的受害人，当（依合同约定核定的每座车上人员人身伤亡损失金额−应由机动车交通事故责任强制保险赔偿的金额）×事故责任比例高于或等于每次事故每座责任限额时：赔款＝每次事故每座责任限额

（二）对每座的受害人，当（依合同约定核定的每座车上人员人身伤亡损失金额−应由机动车交通事故责任强制保险赔偿的金额）×事故责任比例低于每次事故每座责任限额时：赔款＝（依合同约定核定的每座车上人员人身伤亡损失金额−应由机动车交通事故责任强制保险赔偿的金额）×事故责任比例

第三十八条 保险人按照《道路交通事故受伤人员临床诊疗指南》和国家基本医疗保险的同类医疗费用标准核定医疗费用的赔偿金额。

未经保险人书面同意，被保险人自行承诺或支付的赔偿金额，保险人有权重新核定。不属于保险人赔偿范围或超出保险人应赔偿金额的，保险人不承担赔偿责任。

第四章 通用条款保险期间

第三十九条 除另有约定外，保险期间为一年，以保险单载明的起讫时间为准。

其他事项

第四十条 发生保险事故时,被保险人或驾驶人应当及时采取合理的、必要的施救和保护措施,防止或者减少损失,并在保险事故发生后48小时内通知保险人。

被保险机动车全车被盗抢的,被保险人知道保险事故发生后,应在24小时内向出险当地公安刑侦部门报案,并通知保险人。

被保险人索赔时,应当向保险人提供与确认保险事故的性质、原因、损失程度等有关的证明和资料。

被保险人应当提供保险单、损失清单、有关费用单据、被保险机动车行驶证和发生事故时驾驶人的驾驶证。属于道路交通事故的,被保险人应当提供公安机关交通管理部门或法院等机构出具的事故证明、有关的法律文书(判决书、调解书、裁定书、裁决书等)及其他证明。被保险人或其允许的驾驶人根据有关法律法规规定选择自行协商方式处理交通事故的,被保险人应当提供依照《道路交通事故处理程序规定》签订记录交通事故情况的协议书。

被保险机动车被盗抢的,被保险人索赔时,须提供保险单、损失清单、有关费用单据、《机动车登记证书》、机动车来历凭证以及出险当地县级以上公安刑侦部门出具的盗抢立案证明。

第四十一条 保险人按照本保险合同的约定,认为被保险人索赔提供的有关证明和资料不完整的,应当及时一次性通知被保险人补充提供。

第四十二条 保险人收到被保险人的赔偿请求后,应当及时做出核定;情形复杂的,应当在三十日内做出核定。保险人应当将核定结果通知被保险人;对属于保险责任的,在与被保险人达成赔偿协议后十日内,履行赔偿义务。保险合同对赔偿期限另有约定的,保险人应当按照约定履行赔偿义务。

保险人未及时履行前款约定义务的,除支付赔款外,应当赔偿被保险人因此受到的损失。

第四十三条 保险人依照本条款第四十二条的约定做出核定后,对不属于保险责任的,应当自作出核定之日起三日内向被保险人发出拒绝赔偿通知书,并说明理由。

第四十四条 保险人自收到赔偿请求和有关证明、资料之日起六十日内,对其赔偿数额不能确定的,应当根据已有证明和资料可以确定的数额先予支付;保险人最终确定赔偿数额后,应当支付相应的差额。

第四十五条 保险人受理报案、现场查勘、核定损失、参与诉讼、进行抗辩、要求被保险人提供证明和资料、向被保险人提供专业建议等行为,均不构成保险人对赔偿责任的承诺。

第四十六条 在保险期间内,被保险机动车转让他人的,受让人承继被保险人的权利和义务。被保险人或者受让人应当及时通知保险人,并及时办理保险合同变更手续。

因被保险机动车转让导致被保险机动车危险程度发生显著变化的,保险人自收到前款约定的通知之日起三十日内,可以相应调整保险费或者解除本保险合同。

第四十七条 保险责任开始前,投保人要求解除本保险合同的,应当向保险人支付应交保险费金额3%的退保手续费,保险人应当退还保险费。

保险责任开始后,投保人要求解除本保险合同的,自通知保险人之日起,本保险合同解除。保险人按日收取自保险责任开始之日起至合同解除之日止期间的保险费,并退还剩余部分保险费。

第四十八条 因履行本保险合同发生的争议,由当事人协商解决,协商不成的,由当事人从下列两种合同争议解决方式中选择一种,并在本保险合同中载明:

(一)提交保险单载明的仲裁委员会仲裁;
(二)依法向人民法院起诉。

本保险合同适用中华人民共和国法律(不含港、澳、台地区法律)。

附加险

附加险条款的法律效力优于主险条款。附加险条款未尽事宜，以主险条款为准。除附加险条款另有约定外，主险中的责任免除、双方义务同样适用于附加险。主险保险责任终止的，其相应的附加险保险责任同时终止。

1. 附加绝对免赔率特约条款
2. 附加车轮单独损失险
3. 附加新增加设备损失险
4. 附加车身划痕损失险
5. 附加修理期间费用补偿险
6. 附加发动机进水损坏除外特约条款
7. 附加车上货物责任险
8. 附加精神损害抚慰金责任险
9. 附加法定节假日限额翻倍险
10. 附加医保外医疗费用责任险
11. 附加机动车增值服务特约条款

附加绝对免赔率特约条款

绝对免赔率为5%、10%、15%、20%，由投保人和保险人在投保时协商确定，具体以保险单载明为准。

被保险机动车发生主险约定的保险事故，保险人按照主险的约定计算赔款后，扣减本特约条款约定的免赔。即：

主险实际赔款＝按主险约定计算的赔款×(1−绝对免赔率)

附加车轮单独损失险

投保了机动车损失保险的机动车，可投保本附加险。

第一条　保险责任

保险期间内，被保险人或被保险机动车驾驶人在使用被保险机动车过程中，因自然灾害、意外事故，导致被保险机动车未发生其他部位的损失，仅有车轮（含轮胎、轮毂、轮毂罩）单独的直接损失，且不属于免除保险人责任的范围，保险人依照本附加险合同的约定负责赔偿。

第二条　责任免除

（一）车轮（含轮胎、轮毂、轮毂罩）的自然磨损、朽蚀、腐蚀、故障、本身质量缺陷；

（二）未发生全车盗抢，仅车轮单独丢失。

第三条　保险金额保险金额由投保人和保险人在投保时协商确定。

第四条　赔偿处理

（一）发生保险事故后，保险人依据本条款约定在保险责任范围内承担赔偿责任。赔偿方式由保险人与被保险人协商确定；

（二）赔款＝实际修复费用−被保险人已从第三方获得的赔偿金额；

（三）在保险期间内，累计赔款金额达到保险金额，本附加险保险责任终止。

附加新增加设备损失险

投保了机动车损失保险的机动车，可投保本附加险。

第一条　保险责任保险期间内，投保了本附加险的被保险机动车因发生机动车损失保险责任范围内的事故，造成车上新增加设备的直接损毁，保险人在保险单载明的本附加险的保险金额内，按照实际损失计算赔偿。

第二条 保险金额

保险金额根据新增加设备投保时的实际价值确定。新增加设备的实际价值是指新增加设备的购置价减去折旧金额后的金额。

第三条 赔偿处理

发生保险事故后，保险人依据本条款约定在保险责任范围内承担赔偿责任。赔偿方式由保险人与被保险人协商确定。

赔款＝实际修复费用－被保险人已从第三方获得的赔偿金额

附加车身划痕损失险

投保了机动车损失保险的机动车，可投保本附加险。

第一条 保险责任

保险期间内，被保险机动车在被保险人或被保险机动车驾驶人使用过程中，发生无明显碰撞痕迹的车身划痕损失，保险人按照保险合同约定负责赔偿。

第二条 责任免除

（一）被保险人及其家庭成员、驾驶人及其家庭成员的故意行为造成的损失；

（二）因投保人、被保险人与他人的民事、经济纠纷导致的任何损失；

（三）车身表面自然老化、损坏，腐蚀造成的任何损失。

第三条 保险金额

保险金额为 2000 元、5000 元、10000 元或 20000 元，由投保人和保险人在投保时协商确定。

第四条 赔偿处理

（一）发生保险事故后，保险人依据本条款约定在保险责任范围内承担赔偿责任，赔偿方式由保险人与被保险人协商确定。

赔款＝实际修复费用－被保险人已从第三方获得的赔偿金额

（二）在保险期间内，累计赔款金额达到保险金额，本附加险保险责任终止。

附加修理期间费用补偿险

投保了机动车损失保险的机动车，可投保本附加险。

第一条 保险责任

保险期间内，投保了本条款的机动车在使用过程中，发生机动车损失保险责任范围内的事故，造成车身损毁，致使被保险机动车停驶，保险人按保险合同约定，在保险金额内向被保险人补偿修理期间费用，作为代步车费用或弥补停驶损失。

第二条 责任免除下列情况下，保险人不承担修理期间费用补偿：

（一）因机动车损失保险责任范围以外的事故而致被保险机动车的损毁或修理；

（二）非在保险人认可的修理厂修理时，因车辆修理质量不合要求造成返修；

（三）被保险人或驾驶人拖延车辆送修期间。

第三条 保险金额

本附加险保险金额＝补偿天数×日补偿金额。补偿天数及日补偿金额由投保人与保险人协商确定并在保险合同中载明，保险期间内约定的补偿天数最高不超过 90 天。

第四条 赔偿处理

全车损失，按保险单载明的保险金额计算赔偿；部分损失，在保险金额内按约定的日补偿金额乘以从送修之日起至修复之日止的实际天数计算赔偿，实际天数超过双方约定修理天数的，以双方约定的修理天数为准。保险期间内，累计赔款金额达到保险单载明的保险金额，本附加险保险责任终止。

附加发动机进水损坏除外特约条款

投保了机动车损失保险的机动车，可投保本附加险。

保险期间内，投保了本附加险的被保险机动车在使用过程中，因发动机进水后导致的发动机的直接损毁，保险人不负责赔偿。

附加车上货物责任险

投保了机动车第三者责任保险的营业货车（含挂车），可投保本附加险。

第一条　保险责任

保险期间内，发生意外事故致使被保险机动车所载货物遭受直接损毁，依法应由被保险人承担的损害赔偿责任，保险人负责赔偿。

第二条　责任免除

（一）偷盗、哄抢、自然损耗、本身缺陷、短少、死亡、腐烂、变质、串味、生锈，动物走失、飞失、货物自身起火燃烧或爆炸造成的货物损失；

（二）违法、违章载运造成的损失；

（三）因包装、紧固不善，装载、遮盖不当导致的任何损失；

（四）车上人员携带的私人物品的损失；

（五）保险事故导致的货物减值、运输延迟、营业损失及其他各种间接损失；

（六）法律、行政法规禁止运输的货物的损失。

第三条　责任限额责任限额由投保人和保险人在投保时协商确定。

第四条　赔偿处理

（一）被保险人索赔时，应提供运单、起运地货物价格证明等相关单据。保险人在责任限额内按起运地价格计算赔偿；

（二）发生保险事故后，保险人依据本条款约定在保险责任范围内承担赔偿责任，赔偿方式由保险人与被保险人协商确定。

附加精神损害抚慰金责任险

投保了机动车第三者责任保险或机动车车上人员责任保险的机动车，可投保本附加险。

在投保人仅投保机动车第三者责任保险的基础上附加本附加险时，保险人只负责赔偿第三者的精神损害抚慰金；在投保人仅投保机动车车上人员责任保险的基础上附加本附加险时，保险人只负责赔偿车上人员的精神损害抚慰金。

第一条　保险责任

保险期间内，被保险人或其允许的驾驶人在使用被保险机动车的过程中，发生投保的主险约定的保险责任内的事故，造成第三者或车上人员的人身伤亡，受害人据此提出精神损害赔偿请求，保险人依据法院判决及保险合同约定，对应由被保险人或被保险机动车驾驶人支付的精神损害抚慰金，在扣除机动车交通事故责任强制保险应当支付的赔款后，在本保险赔偿限额内负责赔偿。

第二条　责任免除

（一）根据被保险人与他人的合同协议，应由他人承担的精神损害抚慰金；

（二）未发生交通事故，仅因第三者或本车人员的惊恐而引起的损害；

（三）怀孕妇女的流产发生在交通事故发生之日起30天以外的。

第三条　赔偿限额本保险每次事故赔偿限额由保险人和投保人在投保时协商确定。

第四条　赔偿处理本附加险赔偿金额依据生效法律文书或当事人达成且经保险人认可的赔付协

议，在保险单所载明的赔偿限额内计算赔偿。

附加法定节假日限额翻倍险

投保了机动车第三者责任保险的家庭自用汽车，可投保本附加险。

保险期间内，被保险人或其允许的驾驶人在法定节假日期间使用被保险机动车发生机动车第三者责任保险范围内的事故，并经公安部门或保险人查勘确认的，被保险机动车第三者责任保险所适用的责任限额在保险单载明的基础上增加一倍。

附加医保外医疗费用责任险

投保了机动车第三者责任保险或机动车车上人员责任保险的机动车，可投保本附加险。

第一条　保险责任

保险期间内，被保险人或其允许的驾驶人在使用被保险机动车的过程中，发生主险保险事故，对于被保险人依照中华人民共和国法律（不含港澳台地区法律）应对第三者或车上人员承担的医疗费用，保险人对超出《道路交通事故受伤人员临床诊疗指南》和国家基本医疗保险同类医疗费用标准的部分负责赔偿。

第二条　责任免除下列损失、费用，保险人不负责赔偿：

（一）在相同保障的其他保险项下可获得赔偿的部分；
（二）所诊治伤情与主险保险事故无关联的医疗、医药费用；
（三）特需医疗类费用。

第三条　赔偿限额赔偿限额由投保人和保险人在投保时协商确定，并在保险单中载明。

第四条　赔偿处理

被保险人索赔时，应提供由具备医疗机构执业许可的医院或药品经营许可的药店出具的、足以证明各项费用赔偿金额的相关单据。保险人根据被保险人实际承担的责任，在保险单载明的责任限额内计算赔偿。

附加机动车增值服务特约条款

第一条　投保了机动车保险后，可投保本特约条款。

第二条　本特约条款包括道路救援服务特约条款、车辆安全检测特约条款、代为驾驶服务特约条款、代为送检服务特约条款共四个独立的特约条款，投保人可以选择投保全部特约条款，也可以选择投保其中部分特约条款。保险人依照保险合同的约定，按照承保特约条款分别提供增值服务。

第一章　道路救援服务特约条款第三条服务范围

第三条　服务范围保险期间内，被保险机动车在使用过程中发生故障而丧失行驶能力时，保险人或其受托人根据被保险人请求，向被保险人提供如下道路救援服务。

（一）单程50公里以内拖车；
（二）送油、送水、送防冻液、搭电；
（三）轮胎充气、更换轮胎；
（四）车辆脱离困境所需的拖拽、吊车。

第四条　责任免除

（一）根据所在地法律法规、行政管理部门的规定，无法开展相关服务项目的情形；
（二）送油、更换轮胎等服务过程中产生的油料、防冻液、配件、辅料等材料费用；
（三）被保险人或驾驶人的故意行为。

第五条　责任限额保险期间内，保险人提供2次免费服务，超出2次的，由投保人和保险人在签订保险合同时协商确定,分为 5 次、10 次、15 次、20 次四档。

第二章　车辆安全检测特约条款第六条服务范围

保险期间内,为保障车辆安全运行,保险人或其受托人根据被保险人请求,为被保险机动车提供车辆安全,检测服务,车辆安全检测项目包括:

(一)发动机检测(机油、空滤、燃油、冷却等);
(二)变速器检测;
(三)转向系统检测(含车轮定位测试、轮胎动平衡测试);
(四)底盘检测;
(五)轮胎检测;
(六)汽车玻璃检测;
(七)汽车电子系统检测(全车电控电器系统检测);
(八)车内环境检测;
(九)蓄电池检测;
(十)车辆综合安全检测。

第七条　责任免除
(一)检测中发现的问题部件的更换、维修费用;
(二)洗车、打蜡等常规保养费用;
(三)车辆运输费用。

第八条　责任限额
保险期间内,本特约条款的检测项目及服务次数上限由投保人和保险人在签订保险合同时协商确定。

第三章　代为驾驶服务特约条款第九条服务范围

保险期间内,保险人或其受托人根据被保险人请求,在被保险人或其允许的驾驶人因饮酒、服用药物等原因无法驾驶或存在重大安全驾驶隐患时提供单程 30 公里以内的短途代驾服务。

第十条　责任免除根据所在地法律法规、行政管理部门的要求,无法开展相关服务项目的情形。

第十一条　责任限额
保险期间内,本特约条款的服务次数上限由投保人和保险人在签订保险合同时协商确定。

第四章　代为送检服务特约条款

第十二条　服务范围
保险期间内,按照《中华人民共和国道路交通安全法实施条例》,被保险机动车需由机动车安全技术检验机构实施安全技术检验时,根据被保险人请求,由保险人或其受托人代替车辆所有人进行车辆送检。

第十三条　责任免除
(一)根据所在地法律法规、行政管理部门的要求,无法开展相关服务项目的情形;
(二)车辆检验费用及罚款;
(三)维修费用。

释义
【使用被保险机动车过程】指被保险机动车作为一种工具被使用的整个过程,包括行驶、停放及作业,但不包括在营业场所被维修养护期间、被营业单位拖带或被吊装等施救期间。

【自然灾害】指对人类以及人类赖以生存的环境造成破坏性影响的自然现象,包括雷击、暴风、暴雨、洪水、龙卷风、冰雹、台风、热带风暴、地陷、崖崩、滑坡、泥石流、雪崩、冰陷、暴雪、冰凌、沙尘暴、地震及其次生灾害等。

【意外事故】指被保险人不可预料、无法控制的突发性事件，但不包括战争、军事冲突、恐怖活动、暴乱、污染（含放射性污染）、核反应、核辐射等。

【交通肇事逃逸】是指发生道路交通事故后，当事人为逃避法律责任，驾驶或者遗弃车辆逃离道路交通事故现场以及潜逃藏匿的行为。

【车轮单独损失】指未发生被保险机动车其他部位的损失，因自然灾害、意外事故，仅发生轮胎、轮毂、轮毂罩的分别单独损失，或上述三者之中任意二者的共同损失，或三者的共同损失。

【车身划痕】仅发生被保险机动车车身表面油漆的损坏，且无明显碰撞痕迹。

【新增加设备】指被保险机动车出厂时原有设备以外的，另外加装的设备和设施。

【新车购置价】指本保险合同签订地购置与被保险机动车同类型新车的价格，无同类型新车市场销售价格的，由投保人与保险人协商确定。

【全部损失】指被保险机动车发生事故后灭失，或者受到严重损坏完全失去原有形体、效用，或者不能再归被保险人所拥有的，为实际全损；或被保险机动车发生事故后，认为实际全损已经不可避免，或者为避免发生实际全损所需支付的费用超过实际价值的，为推定全损。

【家庭成员】指配偶、父母、子女和其他共同生活的近亲属。

【市场公允价值】指熟悉市场情况的买卖双方在公平交易的条件下和自愿的情况下所确定的价格，或无关联的双方在公平交易的条件下一项资产可以被买卖或者一项负债可以被清偿的成交价格。

【饮酒】指驾驶人饮用含有酒精的饮料，驾驶机动车时血液中的酒精含量大于等于 20mg/100mL 的。

【法定节假日】法定节假日包括：中华人民共和国国务院规定的元旦、春节、清明节、劳动节、端午节、中秋节和国庆节放假调休日期，及星期六、星期日，具体以国务院公布的文件为准。

法定节假日不包括：1. 因国务院安排调休形成的工作日；2. 国务院规定的一次性全国假日；3. 地方性假日。

【污染（含放射性污染）】指被保险机动车正常使用过程中或发生事故时，由于油料、尾气、货物或其他污染物的泄漏、飞溅、排放、散落等造成的被保险机动车和第三方财产的污损、状况恶化或人身伤亡。

【特需医疗类费用】指医院的特需医疗部门/中心/病房，包括但不限于特需医疗部、外宾医疗部、VIP 部、国际医疗中心、联合医院、联合病房、干部病房、A 级病房、家庭病房、套房等不属于社会基本医疗保险范畴的高等级病房产生的费用，以及名医门诊、指定专家团队门诊、特需门诊、国际门诊等产生的费用。

【参考折旧系数表】

车辆种类	月折旧系数			
	家庭自用	非营业	营业	
			出租	其他
9 座以下客车	0.60%	0.60%	1.10%	0.90%
10 座以上客车	0.90%	0.90%	1.10%	0.90%
微型载货汽车	/	0.90%	1.10%	1.10%
带拖挂的载货汽车	/	0.90%	1.10%	1.10%
低速货车和三轮汽车	/	1.10%	1.40%	1.40%
其他车辆	/	0.90%	1.10%	0.90%

折旧按月计算，不足一个月的部分，不计折旧。最高折旧金额不超过投保时被保险机动车新车购置价的 80%。

折旧金额＝新车购置价×被保险机动车已使用月数×月折旧系数

附录三　中国保险行业协会机动车单程提车保险示范条款（2020版）

总　则

第一条　本保险条款分为主险、附加险。

主险包括机动车损失保险、机动车第三者责任保险、机动车车上人员责任保险共三个独立的险种，投保人可以选择投保全部险种，也可以选择投保其中部分险种。保险人依照本保险合同的约定，按照承保险种分别承担保险责任。

附加险不能独立投保。附加险条款与主险条款相抵触的，以附加险条款为准，附加险条款未尽之处，以主险条款为准。

第二条　本保险合同中的被保险机动车是指在中华人民共和国境内（不含港、澳、台地区）持有检验合格证、移动证或临时号牌，尚未办理注册登记的汽车、特种车及约定的其他车辆。

本保险合同中的提车是指汽车制造商、销售商或购买人将机动车从保险单载明的产地、销售地或关税缴讫地行驶到购买人指定地点。

第三条　本保险合同中的第三者是指因被保险机动车发生意外事故遭受人身伤亡或者财产损失的人，但不包括被保险机动车本车车上人员、被保险人。

第四条　本保险合同中的车上人员是指发生意外事故的瞬间，在被保险机动车车体内或车体上的人员，包括正在上下车的人员。

第五条　本保险合同中的各方权利和义务，由保险人、投保人遵循公平原则协商确定。保险人、投保人自愿订立本保险合同。

除本保险合同另有约定外，投保人应在保险合同成立时一次交清保险费。保险费未交清前，本保险合同不生效。

第一章　机动车损失保险保险责任

第六条　保险期间内，被保险人或被保险机动车驾驶人（以下简称"驾驶人"）在使用被保险机动车过程中，因自然灾害、意外事故造成被保险机动车的直接损失，且不属于免除保险人责任的范围，保险人依照本保险合同的约定负责赔偿。

第七条　发生保险事故时，被保险人或驾驶人为防止或者减少被保险机动车的损失所支付的必要的、合理的施救费用，由保险人承担；施救费用数额在被保险机动车损失赔偿金额以外另行计算，最高不超过保险金额。

责任免除

第八条　在上述保险责任范围内，下列情况下，不论任何原因造成被保险机动车的任何损失和费用，保险人均不负责赔偿：

（一）事故发生后，被保险人或驾驶人故意破坏、伪造现场，毁灭证据；

（二）驾驶人有下列情形之一者：

1. 交通肇事逃逸；

2. 饮酒、吸食或注射毒品、服用国家管制的精神药品或者麻醉药品；

3. 无驾驶证，驾驶证被依法扣留、暂扣、吊销、注销期间；

4. 驾驶与驾驶证载明的准驾车型不相符合的机动车；

5. 使用各种专用机械车、特种车的人员无国家有关部门核发的有效操作证。

（三）被保险机动车有下列情形之一者：

1. 被保险机动车从事载货或载客运输；
2. 被扣留、收缴、没收期间；
3. 竞赛、测试期间，在营业性场所维修、保养、改装期间；
4. 被保险人或驾驶人故意或重大过失，导致被保险机动车被利用从事犯罪行为。

第九条 下列原因导致的被保险机动车的损失和费用，保险人不负责赔偿：

（一）战争、军事冲突、恐怖活动、暴乱、污染（含放射性污染）、核反应、核辐射；

（二）投保人、被保险人或驾驶人故意制造保险事故。

第十条 下列损失和费用，保险人不负责赔偿：

（一）因市场价格变动造成的贬值、修理后因价值降低引起的减值损失；

（二）自然磨损、朽蚀、腐蚀、故障、本身质量缺陷；

（三）投保人、被保险人或驾驶人知道保险事故发生后，故意或者因重大过失未及时通知，致使保险事故的性质、原因、损失程度等难以确定的，保险人对无法确定的部分，不承担赔偿责任，但保险人通过其他途径已经知道或者应当及时知道保险事故发生的除外；

（四）因被保险人违反本条款第十三条约定，导致无法确定的损失；

（五）被保险机动车全车被盗窃、被抢劫、被抢夺、下落不明，以及在此期间受到的损坏，或被盗窃、被抢劫、被抢夺未遂受到的损坏，或车上零部件、附属设备丢失；

（六）车轮单独损失。

保险金额

第十一条 保险金额由投保人与保险人根据投保时的新车购置价协商确定。

投保车辆标准配置以外的新增加设备，应在本保险合同中列明设备名称与价格清单，并按设备的实际价值相应增加保险金额。

赔偿处理

第十二条 发生保险事故后，保险人依据本条款约定在保险责任范围内承担赔偿责任。赔偿方式由保险人与被保险人协商确定。

第十三条 因保险事故损坏的被保险机动车，修理前被保险人应当会同保险人检验，协商确定维修机构、修理项目、方式和费用。无法协商确定的，双方委托共同认可的有资质的第三方进行评估。

第十四条 被保险机动车遭受损失后的残余部分由保险人、被保险人协商处理。如折归被保险人的，由双方协商确定其价值并在赔款中扣除。

第十五条 因第三方对被保险机动车的损害而造成保险事故，被保险人向第三方索赔的，保险人应积极协助；被保险人也可以直接向本保险人索赔，保险人在保险金额内先行赔付被保险人，并在赔偿金额内代位行使被保险人对第三方请求赔偿的权利。

被保险人已经从第三方取得损害赔偿的，保险人进行赔偿时，相应扣减被保险人从第三方已取得的赔偿金额。

保险人未赔偿之前，被保险人放弃对第三方请求赔偿的权利的，保险人不承担赔偿责任。

被保险人故意或者因重大过失致使保险人不能行使代位请求赔偿的权利的，保险人可以扣减或者要求返还相应的赔款。

保险人向被保险人先行赔付的，保险人向第三方行使代位请求赔偿的权利时，被保险人应当向保险人提供必要的文件和所知道的有关情况。

第十六条 机动车损失赔款按以下方法计算：

（一）全部损失

全部损失赔款＝保险金额－被保险人已从第三方获得的赔偿金额

(二) 部分损失

部分损失被保险机动车发生部分损失,保险人按实际修复费用在保险金额内计算赔偿:赔款＝实际修复费用−被保险人已从第三方获得的赔偿金额

(三) 施救费

施救费施救的财产中,含有本保险合同之外的财产,应按本保险合同保险财产的实际价值占总施救财产的实际价值比例分摊施救费用。

第十七条　被保险机动车发生本保险事故,导致全部损失,或一次赔款金额与免赔金额之和(不含施救费)达到保险金额,保险人按本保险合同约定支付赔款后,本保险责任终止,保险人不退还机动车损失保险及其附加险的保险费。

第二章　机动车第三者责任保险保险责任

第十八条　保险期间内,被保险人或其允许的驾驶人在使用被保险机动车过程中发生意外事故,致使第三者遭受人身伤亡或财产直接损毁,依法应当对第三者承担的损害赔偿责任,且不属于免除保险人责任的范围,保险人依照本保险合同的约定,对于超过机动车交通事故责任强制保险各分项赔偿限额的部分负责赔偿。

第十九条　保险人依据被保险机动车一方在事故中所负的事故责任比例,承担相应的赔偿责任。

被保险人或被保险机动车一方根据有关法律法规选择自行协商或由公安机关交通管理部门处理事故,但未确定事故责任比例的,按照下列规定确定事故责任比例:

被保险机动车一方负主要事故责任的,事故责任比例为70%;

被保险机动车一方负同等事故责任的,事故责任比例为50%;

被保险机动车一方负次要事故责任的,事故责任比例为30%。

涉及司法或仲裁程序的,以法院或仲裁机构最终生效的法律文书为准。

责任免除

第二十条　在上述保险责任范围内,下列情况下,不论任何原因造成的人身伤亡、财产损失和费用,保险人均不负责赔偿:

(一) 事故发生后,被保险人或驾驶人故意破坏、伪造现场,毁灭证据;

(二) 驾驶人有下列情形之一者:

1. 交通肇事逃逸;
2. 饮酒、吸食或注射毒品、服用国家管制的精神药品或者麻醉药品;
3. 无驾驶证,驾驶证被依法扣留、暂扣、吊销、注销期间;
4. 驾驶与驾驶证载明的准驾车型不相符合的机动车;
5. 使用各种专用机械车、特种车的人员无国家有关部门核发的有效操作证;
6. 非被保险人允许的驾驶人。

(三) 被保险机动车有下列情形之一者:

1. 被保险机动车从事载货或载客运输;
2. 被扣留、收缴、没收期间;
3. 竞赛、测试期间,在营业性场所维修、保养、改装期间;
4. 全车被盗窃、被抢劫、被抢夺、下落不明期间。

第二十一条　下列原因导致的人身伤亡、财产损失和费用,保险人不负责赔偿:

(一) 战争、军事冲突、恐怖活动、暴乱、污染(含放射性污染)、核反应、核辐射;

(二) 第三者、被保险人或驾驶人故意制造保险事故、犯罪行为,第三者与被保险人或其他致害人恶意串通的行为。

第二十二条 下列人身伤亡、财产损失和费用，保险人不负责赔偿：

（一）被保险机动车发生意外事故，致使任何单位或个人停业、停驶、停电、停水、停气、停产、通讯或网络中断、电压变化、数据丢失造成的损失以及其他各种间接损失；

（二）第三者财产因市场价格变动造成的贬值，修理后因价值降低引起的减值损失；

（三）被保险人及其家庭成员、驾驶人及其家庭成员所有、承租、使用、管理、运输或代管的财产的损失，以及本车上财产的损失；

（四）被保险人、驾驶人、本车车上人员的人身伤亡；

（五）停车费、保管费、扣车费、罚款、罚金或惩罚性赔款；

（六）超出《道路交通事故受伤人员临床诊疗指南》和国家基本医疗保险同类医疗费用标准的费用部分；

（七）律师费，未经保险人事先书面同意的诉讼费、仲裁费；

（八）投保人、被保险人或驾驶人知道保险事故发生后，故意或者因重大过失未及时通知，致使保险事故的性质、原因、损失程度等难以确定的，保险人对无法确定的部分，不承担赔偿责任，但保险人通过其他途径已经知道或者应当及时知道保险事故发生的除外；

（九）因被保险人违反本条款第二十六条约定，导致无法确定的损失；

（十）精神损害抚慰金；

（十一）应当由机动车交通事故责任强制保险赔偿的损失和费用；

保险事故发生时，被保险机动车未投保机动车交通事故责任强制保险或机动车交通事故责任强制保险合同已经失效的，对于机动车交通事故责任强制保险责任限额以内的损失和费用，保险人不负责赔偿。

责任限额

第二十三条 每次事故的责任限额，由投保人和保险人在签订本保险合同时协商确定。

第二十四条 主车和挂车连接使用时视为一体，发生保险事故时，由主车保险人和挂车保险人按照保险单上载明的机动车第三者责任保险责任限额的比例，在各自的责任限额内承担赔偿责任。

赔偿处理

第二十五条 保险人对被保险人或其允许的驾驶人给第三者造成的损害，可以直接向该第三者赔偿。

被保险人或其允许的驾驶人给第三者造成损害，对第三者应负的赔偿责任确定的，根据被保险人的请求，保险人应当直接向该第三者赔偿。被保险人怠于请求的，第三者就其应获赔偿部分直接向保险人请求赔偿的，保险人可以直接向该第三者赔偿。

被保险人或其允许的驾驶人给第三者造成损害，未向该第三者赔偿的，保险人不得向被保险人赔偿。

第二十六条 发生保险事故后，保险人依据本条款约定在保险责任范围内承担赔偿责任。赔偿方式由保险人与被保险人协商确定。因保险事故损坏的第三者财产，修理前被保险人应当会同保险人检验，协商确定维修机构、修理项目、方式和费用。无法协商确定的，双方委托共同认可的有资质的第三方进行评估。

第二十七条 赔款计算

当（依合同约定核定的第三者损失金额−机动车交通事故责任强制保险的分项赔偿限额)×事故责任比例等于或高于每次事故责任限额时：赔款＝每次事故责任限额

当（依合同约定核定的第三者损失金额−机动车交通事故责任强制保险的分项赔偿限额)×事故责任比例低于每次事故责任限额时：

赔款=(依合同约定核定的第三者损失金额-机动车交通事故责任强制保险的分项赔偿限额)×事故责任比例

第二十八条 保险人按照《道路交通事故受伤人员临床诊疗指南》和国家基本医疗保险的同类医疗费用标准核定医疗费用的赔偿金额。

未经保险人书面同意，被保险人自行承诺或支付的赔偿金额，保险人有权重新核定。不属于保险人赔偿范围或超出保险人应赔偿金额的，保险人不承担赔偿责任。

第三章 机动车车上人员责任保险

保险责任

第二十九条 保险期间内，被保险人或其允许的驾驶人在使用被保险机动车过程中发生意外事故，致使车上人员遭受人身伤亡，且不属于免除保险人责任的范围，依法应当对车上人员承担的损害赔偿责任，保险人依照本保险合同的约定负责赔偿。

第三十条 保险人依据被保险机动车一方在事故中所负的事故责任比例，承担相应的赔偿责任。

被保险人或被保险机动车一方根据有关法律法规选择自行协商或由公安机关交通管理部门处理事故，但未确定事故责任比例的，按照下列规定确定事故责任比例：

被保险机动车一方负主要事故责任的，事故责任比例为70%；

被保险机动车一方负同等事故责任的，事故责任比例为50%；

被保险机动车一方负次要事故责任的，事故责任比例为30%。

涉及司法或仲裁程序的，以法院或仲裁机构最终生效的法律文书为准。

责任免除

第三十一条 在上述保险责任范围内，下列情况下，不论任何原因造成的人身伤亡，保险人均不负责赔偿：

（一）事故发生后，被保险人或驾驶人故意破坏、伪造现场，毁灭证据；

（二）驾驶人有下列情形之一者：

1. 交通肇事逃逸；
2. 饮酒、吸食或注射毒品、服用国家管制的精神药品或者麻醉药品；
3. 无驾驶证，驾驶证被依法扣留、暂扣、吊销、注销期间；
4. 驾驶与驾驶证载明的准驾车型不相符合的机动车；
5. 使用各种专用机械车、特种车的人员无国家有关部门核发的有效操作证；
6. 非被保险人允许的驾驶人。

（三）被保险机动车有下列情形之一者：

1. 被保险机动车从事载货或载客运输；
2. 被扣留、收缴、没收期间；
3. 竞赛、测试期间，在营业性场所维修、保养、改装期间；
4. 全车被盗窃、被抢劫、被抢夺、下落不明期间。

第三十二条 下列原因导致的人身伤亡，保险人不负责赔偿：

（一）战争、军事冲突、恐怖活动、暴乱、污染（含放射性污染）、核反应、核辐射；

（二）投保人、被保险人或驾驶人故意制造保险事故。

第三十三条 下列人身伤亡、损失和费用，保险人不负责赔偿：

（一）被保险人及驾驶人以外的其他车上人员的故意行为造成的自身伤亡；

（二）车上人员因疾病、分娩、自残、斗殴、自杀、犯罪行为造成的自身伤亡；

（三）罚款、罚金或惩罚性赔款；

（四）超出《道路交通事故受伤人员临床诊疗指南》和国家基本医疗保险同类医疗费用标准的费用部分；

（五）律师费，未经保险人事先书面同意的诉讼费、仲裁费；

（六）投保人、被保险人或驾驶人知道保险事故发生后，故意或者因重大过失未及时通知，致使保险事故的性质、原因、损失程度等难以确定的，保险人对无法确定的部分，不承担赔偿责任，但保险人通过其他途径已经知道或者应当及时知道保险事故发生的除外；

（七）精神损害抚慰金；

（八）应当由机动车交通事故责任强制保险赔付的损失和费用。

责任限额

第三十四条 驾驶人每次事故责任限额和乘客每次事故每人责任限额由投保人和保险人在投保时协商确定。投保乘客座位数按照被保险机动车的核定载客数（驾驶人座位除外）确定。

赔偿处理

第三十五条 赔款计算

对每座的受害人，当（依合同约定核定的每座车上人员人身伤亡损失金额—应由机动车交通事故责任强制保险赔偿的金额)×事故责任比例高于或等于每次事故每座责任限额时：赔款＝每次事故每座责任限额

对每座的受害人，当（依合同约定核定的每座车上人员人身伤亡损失金额—应由机动车交通事故责任强制保险赔偿的金额)×事故责任比例低于每次事故每座责任限额时：赔款＝（依合同约定核定的每座车上人员人身伤亡损失金额—应由机动车交通事故责任强制保险赔偿的金额)×事故责任比例

第三十六条 保险人按照《道路交通事故受伤人员临床诊疗指南》和国家基本医疗保险的同类医疗费用标准核定医疗费用的赔偿金额。

未经保险人书面同意，被保险人自行承诺或支付的赔偿金额，保险人有权重新核定。不属于保险人赔偿范围或超出保险人应赔偿金额的，保险人不承担赔偿责任。

第四章 通用条款保险期间

第三十七条 除另有约定外，本保险合同的保险期间为十天或一个月，以保险单载明的起讫时间为准。

其他事项

第三十八条 发生保险事故时，被保险人或驾驶人应当及时采取合理的、必要的施救和保护措施，防止或者减少损失，并在保险事故发生后48小时内通知保险人。

被保险人索赔时，应当向保险人提供与确认保险事故的性质、原因、损失程度等有关的证明和资料。

被保险人应当提供保险单、损失清单、有关费用单据、被保险机动车行驶证和发生事故时驾驶人的驾驶证。

属于道路交通事故的，被保险人应当提供公安机关交通管理部门或法院等机构出具的事故证明、有关的法律文书（判决书、调解书、裁定书、裁决书等）及其他证明。被保险人或其允许的驾驶人根据有关法律法规规定选择自行协商方式处理交通事故的，被保险人应当提供依照《道路交通事故处理程序规定》签订记录交通事故情况的协议书。

第三十九条 保险人按照本保险合同的约定，认为被保险人索赔提供的有关证明和资料不完整的，应当及时一次性通知被保险人补充提供。

第四十条 保险人收到被保险人的赔偿请求后,应当及时做出核定;情形复杂的,应当在三十日内做出核定。保险人应当将核定结果通知被保险人;对属于保险责任的,在与被保险人达成赔偿协议后十日内,履行赔偿义务。保险合同对赔偿期限另有约定的,保险人应当按照约定履行赔偿义务。

保险人未及时履行前款约定义务的,除支付赔款外,应当赔偿被保险人因此受到的损失。

第四十一条 保险人依照本条款第四十条的约定做出核定后,对不属于保险责任的,应当自做出核定之日起三日内向被保险人发出拒绝赔偿通知书,并说明理由。

第四十二条 保险人自收到赔偿请求和有关证明、资料之日起六十日内,对其赔偿数额不能确定的,应当根据已有证明和资料可以确定的数额先予支付;保险人最终确定赔偿数额后,应当支付相应的差额。

第四十三条 保险人受理报案、现场查勘、核定损失、参与诉讼、进行抗辩、要求被保险人提供证明和资料、向被保险人提供专业建议等行为,均不构成保险人对赔偿责任的承诺。

第四十四条 保险责任开始前,投保人要求解除本保险合同的,应当向保险人支付应交保险费金额3%的退保手续费,保险人应当退还保险费。

保险责任开始后,投保人不得解除合同。

第四十五条 因履行本保险合同发生的争议,由当事人协商解决,协商不成的,由当事人从下列两种合同争议解决方式中选择一种,并在本保险合同中载明:

提交保险单载明的仲裁委员会仲裁;

依法向人民法院起诉。

本保险合同适用中华人民共和国法律(不含港、澳、台地区法律)。

附加险

附加险条款的法律效力优于主险条款。附加险条款未尽事宜,以主险条款为准。除附加险条款另有约定外,主险中的责任免除、双方义务同样适用于附加险。主险保险责任终止的,其相应的附加险保险责任同时终止。

附加绝对免赔率特约条款

附加车轮单独损失险

附加精神损害抚慰金责任险

附加医保外医疗费用责任险

附加绝对免赔率特约条款

绝对免赔率为5%、10%、15%、20%,由投保人和保险人在投保时协商确定,具体以保险单载明为准。

被保险机动车发生主险约定的保险事故,保险人按照主险的约定计算赔款后,扣减本特约条款约定的免赔。即:

主险实际赔款=按主险约定计算的赔款×(1-绝对免赔率)

附加车轮单独损失险投

保了机动车损失保险的机动车,可投保本附加险。

第一条 保险责任

保险期间内,被保险人或被保险机动车驾驶人在使用被保险机动车过程中,因自然灾害、意外事故,导致被保险机动车未发生其他部位的损失,仅有车轮(含轮胎、轮毂、轮毂罩)单独的直接损失,且不属于免除保险人责任的范围,保险人依照本附加险合同的约定负责赔偿。

第二条 责任免除

车轮（含轮胎、轮毂、轮毂罩）的自然磨损、朽蚀、腐蚀、故障、本身质量缺陷；

未发生全车盗抢，仅车轮单独丢失。

第三条 保险金额保险金额由投保人和保险人在投保时协商确定。

第四条 赔偿处理

发生保险事故后，保险人依据本条款约定在保险责任范围内承担赔偿责任。赔偿方式由保险人与被保险人协商确定；

赔款＝实际修复费用－被保险人已从第三方获得的赔偿金额；

在保险期间内，累计赔款金额达到保险金额，本附加险保险责任终止。

附加精神损害抚慰金责任险

投保了机动车第三者责任保险或机动车车上人员责任保险的机动车，可投保本附加险。

在投保人仅投保机动车第三者责任保险的基础上附加本附加险时，保险人只负责赔偿第三者的精神损害抚慰金；在投保人仅投保机动车车上人员责任保险的基础上附加本附加险时，保险人只负责赔偿车上人员的精神损害抚慰金。

第一条 保险责任

保险期间内，被保险人或其允许的驾驶人在使用被保险机动车的过程中，发生投保的主险约定的保险责任内的事故，造成第三者或车上人员的人身伤亡，受害人据此提出精神损害赔偿请求，保险人依据法院判决及保险合同约定，对应由被保险人或被保险机动车驾驶人支付的精神损害抚慰金，在扣除机动车交通事故责任强制保险应当支付的赔款后，在本保险赔偿限额内负责赔偿。

第二条 责任免除

1. 根据被保险人与他人的合同协议，应由他人承担的精神损害抚慰金；
2. 未发生交通事故，仅因第三者或本车人员的惊恐而引起的损害；
3. 怀孕妇女的流产发生在交通事故发生之日起 30 天以外的。

第三条 赔偿限额本保险每次事故赔偿限额由保险人和投保人在投保时协商确定。

第四条 赔偿处理

本附加险赔偿金额依据生效法律文书或当事人达成且经保险人认可的赔付协议，在保险单所载明的赔偿限额内计算赔偿。

附加医保外医疗费用责任险

投保了机动车第三者责任保险或机动车车上人员责任保险的机动车，可投保本附加险。

第一条 保险责任

保险期间内，被保险人或其允许的驾驶人在使用被保险机动车的过程中，发生主险保险事故，对于被保险人依照中华人民共和国法律（不含港澳台地区法律）应对第三者或车上人员承担的医疗费用，保险人对超出《道路交通事故受伤人员临床诊疗指南》和国家基本医疗保险同类医疗费用标准的部分负责赔偿。

第二条 责任免除下列损失、费用，保险人不负责赔偿：

1. 在相同保障的其他保险项下可获得赔偿的部分；
2. 所诊治伤情与主险保险事故无关联的医疗、医药费用；
3. 特需医疗类费用。

第三条 赔偿限额赔偿限额由投保人和保险人在投保时协商确定，并在保险单中载明。

第四条 赔偿处理

被保险人索赔时，应提供由具备医疗机构执业许可的医院或药品经营许可的药店出具的、足以证明各项费用赔偿金额的相关单据。保险人根据被保险人实际承担的责任，在保险单载明的责任限额内计算赔偿。

释义

【使用被保险机动车过程】指被保险机动车作为一种工具被使用的整个过程,包括行驶、停放及作业,但不包括在营业场所被维修养护期间、被营业单位拖带或被吊装等施救期间。

【自然灾害】指对人类以及人类赖以生存的环境造成破坏性影响的自然现象,包括雷击、暴风、暴雨、洪水、龙卷风、冰雹、台风、热带风暴、地陷、崖崩、滑坡、泥石流、雪崩、冰陷、暴雪、冰凌、沙尘暴、地震及其次生灾害等。

【意外事故】指被保险人不可预料、无法控制的突发性事件,但不包括战争、军事冲突、恐怖活动、暴乱、污染(含放射性污染)、核反应、核辐射等。

【交通肇事逃逸】是指发生道路交通事故后,当事人为逃避法律责任,驾驶或者遗弃车辆逃离道路交通事故现场以及潜逃藏匿的行为。

【车轮单独损失】指未发生被保险机动车其他部位的损失,因自然灾害、意外事故,仅发生轮胎、轮毂、轮毂罩的分别单独损失,或上述三者之中任意二者的共同损失,或三者的共同损失。

【车身划痕】仅发生被保险机动车车身表面油漆的损坏,且无明显碰撞痕迹。

【新增加设备】指被保险机动车出厂时原有设备以外的,另外加装的设备和设施。

【新车购置价】指本保险合同签订地购置与被保险机动车同类型新车的价格,无同类型新车市场销售价格的,由投保人与保险人协商确定。

【全部损失】指被保险机动车发生事故后灭失,或者受到严重损坏完全失去原有形体、效用,或者不能再归被保险人所拥有的,为实际全损;或被保险机动车发生事故后,认为实际全损已经不可避免,或者为避免发生实际全损所需支付的费用超过实际价值的,为推定全损。

【家庭成员】指配偶、父母、子女和其他共同生活的近亲属。

【饮酒】指驾驶人饮用含有酒精的饮料,驾驶机动车时血液中的酒精含量大于等于 20mg/100mL 的。

【污染(含放射性污染)】指被保险机动车正常使用过程中或发生事故时,由于油料、尾气、货物或其他污染物的泄漏、飞溅、排放、散落等造成的被保险机动车和第三方财产的污损、状况恶化或人身伤亡。

【特需医疗类费用】指医院的特需医疗部门/中心/病房,包括但不限于特需医疗部、外宾医疗部、VIP 部、国际医疗中心、联合医院、联合病房、干部病房、A 级病房、家庭病房、套房等不属于社会基本医疗保险范畴的高等级病房产生的费用,以及名医门诊、指定专家团队门诊、特需门诊、国际门诊等产生的费用。

附录四 机动车交通事故责任强制保险新费率浮动系数方案

一、将《机动车交通事故责任强制保险费率浮动暂行办法》(以下简称《暂行办法》)第三条修改如下:

内蒙古、海南、青海、西藏 4 个地区实行以下费率调整方案 A:

	浮动因素	浮动比率
与道路交通事故相联系的浮动方案 A	A1,上一个年度未发生有责任道路交通事故	-30%
	A2,上两个年度未发生有责任道路交通事故	-40%
	A3,上三个及以上年度未发生有责任道路交通事故	-50%
	A4,上一个年度发生一次有责任不涉及死亡的道路交通事故	0%
	A5,上一个年度发生两次及两次以上有责任道路交通事故	10%
	A6,上一个年度发生有责任道路交通死亡事故	30%

陕西、云南、广西 3 个地区实行以下费率调整方案 B：

	浮动因素	浮动比率
与道路交通事故相联系的浮动方案 B	B1，上一个年度未发生有责任道路交通事故	-25%
	B2，上两个年度未发生有责任道路交通事故	-35%
	B3，上三个及以上年度未发生有责任道路交通事故	-45%
	B4，上一个年度发生一次有责任不涉及死亡的道路交通事故	0%
	B5，上一个年度发生两次及两次以上有责任道路交通事故	10%
	B6，上一个年度发生有责任道路交通死亡事故	30%

甘肃、吉林、山西、黑龙江、新疆 5 个地区实行以下费率调整方案 C：

	浮动因素	浮动比率
与道路交通事故相联系的浮动方案 C	C1，上一个年度未发生有责任道路交通事故	-20%
	C2，上两个年度未发生有责任道路交通事故	-30%
	C3，上三个及以上年度未发生有责任道路交通事故	-40%
	C4，上一个年度发生一次有责任不涉及死亡的道路交通事故	0%
	C5，上一个年度发生两次及两次以上有责任道路交通事故	10%
	C6，上一个年度发生有责任道路交通死亡事故	30%

北京、天津、河北、宁夏 4 个地区实行以下费率调整方案 D：

	浮动因素	浮动比率
与道路交通事故相联系的浮动方案 D	D1，上一个年度未发生有责任道路交通事故	-15%
	D2，上两个年度未发生有责任道路交通事故	-25%
	D3，上三个及以上年度未发生有责任道路交通事故	-35%
	D4，上一个年度发生一次有责任不涉及死亡的道路交通事故	0%
	D5，上一个年度发生两次及两次以上有责任道路交通事故	10%
	D6，上一个年度发生有责任道路交通死亡事故	30%

江苏、浙江、安徽、上海、湖南、湖北、江西、辽宁、河南、福建、重庆、山东、广东、深圳、厦门、四川、贵州、大连、青岛、宁波 20 个地区实行以下费率调整方案 E：

	浮动因素	浮动比率
与道路交通事故相联系的浮动方案 E	E1，上一个年度未发生有责任道路交通事故	-10%
	E2，上两个年度未发生有责任道路交通事故	-20%
	E3，上三个及以上年度未发生有责任道路交通事故	-30%
	E4，上一个年度发生一次有责任不涉及死亡的道路交通事故	0%
	E5，上一个年度发生两次及两次以上有责任道路交通事故	10%
	E6，上一个年度发生有责任道路交通死亡事故	30%

将《暂行办法》第四条修改为："交强险最终保险费计算方法是：交强险最终保险费＝交强险基础保险费×(1+与道路交通事故相联系的浮动比率 X，X 取 ABCDE 方案其中之一对应的值)。"

将《暂行办法》第七条修改为："与道路交通事故相联系的浮动比率 X 为 X1 至 X6 其中之一，不累加。同时满足多个浮动因素的，按照向上浮动或者向下浮动比率的高者计算。"

参考文献

[1] 王俊喜,马骊歌,周明. 汽车保险与理赔[M]. 北京:北京理工大学出版社,2010.
[2] 李景芝,赵长利. 汽车保险理赔[M]. 北京:机械工业出版社,2011.
[3] 王旭荣,彭莹,许海东. 汽车保险与理赔实务[M]. 北京:北京出版社,2014.
[4] 贾喜君,宫唤春. 汽车保险与理赔[M]. 哈尔滨:哈尔滨工业大学出版社,2017.
[5] 梅丽歌. 汽车保险与理赔[M]. 哈尔滨:哈尔滨工程大学出版社,2011.
[6] 黄旭,任晓光. 汽车保险与理赔[M]. 北京:北京邮电大学出版社,2014.
[7] 陈超,王爱兵,王强. 汽车保险与理赔[M]. 上海:同济大学出版社,2018.